審判的人性弱點

Blind Injustice

A Former Prosecutor Exposes the Psychology and Politics of Wrongful Convictions

美國前聯邦檢察官從心理學與政治學角度解讀冤案成因

Mark Godsey

著——馬克・戈希

譯——堯嘉寧

關於本書

本書寫給所有對刑事司法、心理學、刑事鑑識、公民權利或政治有興趣的人。

針對大學或法學院中的冤錯案件課程，本書亦可作為主要或輔助的教科書。欲指定本書作為教材的講師可與作者馬克．戈希聯絡，他將會分享一套資料庫，包括補充影片、實證研究和精選的案例文件，以豐富每一章的課程。作者以本書授課時也會配合播映 Netflix 的紀錄片《謀殺犯的形成》（*Making a Murderer*）或奧斯卡金像獎紀錄片《辛普森：美國製造》（*OJ: Made in America*）。有意採用上述教學模式的講師，歡迎洽詢作者。

希望了解更多的讀者，歡迎加入 Facebook 社團：Blind Injustice。

專文推薦

鑄錯容易認錯難

趙儀珊

盲目的否認、盲目的野心、盲目的偏見、盲目的記憶、盲目的直覺、盲目的隧道視野……本書各章名稱恰如其分地總結了各種導致冤獄案件的關鍵因素。

近年來，台灣就有兩件指標性案件是因為檢察官的努力與貢獻而進入再審程序。不論是在台灣或本書作者母國，考量到司法系統的本質，這都不是件容易的事。檢察官在冤案救援中，一方面面臨需要保護被害人權益的龐大壓力，一方面同時也須承受同儕、機關以及媒體的緊密關切。因為提起冤案再審等同檢察官承認被告一開始便被錯誤的追訴，承認同僚與法官過去使用了（一個、甚至多個）有瑕疵的證據，以及承認先前篤定有罪與追求死刑的檢察官是錯誤的。更糟的是，這也代表檢察體系重複犯下同樣的錯誤（因為這些案件往往經歷層層上訴）。但需要強調的是，這一串滾雪球式的錯誤不必然都是檢察體系的責任，警方調查程序也是可能原因之一。畢竟對檢察官而言，徹底檢視警察調查程序是否完善並不容易，尤其考慮到台灣檢察官所背負的龐大工作重擔，我們實在無法期待檢察官做到這些監督或控管。

但這些冤案到底是如何發生的？司法體系如何一而再、再而三地犯下同樣的錯誤，並且對眼前的不正義視若無睹？心理學實證支持的「確認偏誤」（confirmation bias）理論或許可以解釋，心理學家 Itiel Dror、Saul Kassin 與 Jeff Kukucka 據此進一步提出「司法確認偏誤」（forensic confirmation bias）★的概念，同時這也是本書的討論核心。此理論認為當人已經對某人或某個案件形成某些想法，例如「某人就是犯人」或者「某人就是被害人」，她／他就會往確認此一想法的方向調查案件，其他或對立的想法（也就是「某人是無辜的」或「某人並不是被害人」）就會被忽略。接著導致所謂的「隧道視野」（tunnel vision）：對可能證明某人為無辜的事實或證據視而不見。一旦警察或刑警對案件與嫌犯有了特定想法，他們會傾向於尋找、檢視可以證明此一想法的證據。接著，對此不知情但又接受了警方收集而來的證據的檢察官，又會再次擴大確認偏誤的影響。

這個現象在司法程序中是如此容易就發生，已達到令人不安的程度。僅僅一次帶有偏誤地處理證據，就能引發導致冤案的連鎖反應。此外，系統性問題（即作者所說的「行政之惡」）還會使上訴或再審制度失去其對冤案應有的除錯作用，彷彿盲目的否認、偏見、隧道視野本身也有從眾行為（conformity）似的。身為心理學家，我總

★Kassin, S.M., Dror, I.E., & Kukucka, J. (2013). The forensic confirmation bias: Problems, perspectives, and proposed solutions. Journal of Applied Research in Memory and Cognition, 2(1), 42-52.

是在思考，為何對司法人員來說，維持無罪推定非常困難？還是說無罪推定原則就是會引發（特別是警察與檢察官）如此強烈的認知失調（cognitive dissonance）？那麼我們能如何克服此一障礙？例如，如果設計一份無罪推定檢核表，強迫實務工作者必須檢視所收集的證據有無瑕疵，以及檢視對被告有利的證據，並逐一記錄下來，是否就有機會對抗確認偏誤及隧道視野？

某次與檢察官的對話令我留下了深刻的印象。當時我正在講解證人易受暗示性（suggestibility）的概念，以及避免在偵訊中使用具有誘導或暗示性問題的必要。一位檢察官十分強烈地反對，並認為檢察官追訴犯罪時應用盡任何必要之手段以取得被害人之證詞，誘導被害人亦包含在內。我當時回應：「你要如何在你根本還沒調查完成前，就知道這個人確實是被害人？如果你先用了誘導性問題取得證述，你要如何分辨這個證述是自發的（亦即從被害人的記憶中提取），還是受到了外在因素的汙染，像是你的提問？」

我分享這段經驗並不是為了非議檢察官，而是要強調跨領域討論的必要。許多心理學研究者都在探討導致冤案的可能因素，但其中與司法實務工作者交流、合作者並不多。因此我們目前最迫切的目標，就是要透過心理學研究，嘗試去理解為何實務工作者會這麼做、為何司法程序會有瑕疵、為何整個體制讓執法人員和檢察官等人難以在工作中保持客觀等等問題。與我交談的是負責性侵害案件的檢察官，而性侵害案件的偵查與訴追有著令人難以置信的困難，因為往往欠缺證據，且當涉及弱勢證人時還要面對排山倒海的社會壓力。因此我確實能夠理解為何檢察官在缺乏物證或醫學證據時，會有誘導被害人的迫切需求，因為他們認為若要「幫助」被害人重建性侵被害的記憶，已經別無他法。

同樣的，司法人員也應該要了解冤案、甚或司法程序中各方參與者背後的種種心理機制。就如作者所建議的，冤案的關鍵因素之一，就是欠缺心理科學的知識。我曾經被一個法官詢問，為何錯誤自白會跟心理學扯上關係？這位法官認為那僅是對於一項證據在法律上的判斷罷了。我反問法官是如何評價自白證據的？又是如何分辨自白是合法取得且自發性的？我解釋這類證據（自白）取自人類，而心理學家就是在幫助人們理解這些證據是如何以及為何取得的，進而幫助法官決定自白證據的可信性。簡單來說，任何程序中的「行為」或「人類」都跟心理學有關。本書也認為，只將自白當成「一項證據」，不啻是一種去人性化（dehumanization）的表現。一份自白不僅是一段紀錄上的陳述，而是來自於一個人與另外一人的交流過程，這個人可能因為各種原因而自白，譬如因為他／她感到罪惡或是被如山鐵證所懾服，又或者因為訊問者使用假證據或故意誤導嫌疑人。在自白背後存在著許多心理因素，且絕大多數都與人有關，因此將自白去人性化並不合理。

刑警、檢察官、律師與法官理應知道有關決策（decision-making）、記憶、測謊（deception detection）、詢訊問（interrogation and investigative interviews）等等人類行為的心理學基礎。實務工作者也需要對發展（developmental）與臨床（clinical）心理學有所了解，因為他們在工作上必須知道弱勢、智能障礙或精神疾患族群與一般典型發展的成人，在許多面向上有何不同。證人指認時，僅僅因為施測的警察稍稍「鼓勵」證人多看某張照片幾眼，其結果就可能從無法指認，變成指認出特定人。司法人員應該要知道社會影響（social influence）的強大，以及社會影響會如何危害乍看之下合乎科學標準的採證程序。司法科學家、鑑識人員也需要知道在他們所做的每個判斷背後，可能受到什麼樣的心理因素影響，包括從知覺（perceptual）層次（例如判斷指紋是否吻合）到在法庭上為自己的判斷作證。這些工作並不只是跑一遍技術分析而已，因為僅僅只是刑警的一句要求「確認這枚指紋是否屬於嫌疑人」，就能對鑑識程序造成難以估量的傷害。最後還有其他專業與「專家」需要自我檢討的部分，我自己即便是個心理學家，也總是要落實自我懷疑的過程：檢驗自己是否受到任何偏誤或隧道視野的影響，並捫心自問是否已經想過所有其他的可能性。

我希望這本書能對一般讀者有所啟發（儘管可能同時感到沮喪），但我更希望本書能對司法人員有所裨益。書中有許多案例，或者更精準地說，有許多人不論是處於司法體系中的哪一個位置，都曾經受到人類的錯誤的影響。可能只要一個帶有偏誤的想法就會讓無辜之人身陷囹圄、讓被害人無法獲得正義伸張，作者馬克．戈希切身的自白與反省不僅令人震驚，同時也令人肅然起敬。因為本書是由前檢察官撰寫，我希望可以激勵更多檢察官退一步思考（或是走出隧道之外），從不同角度審視司法程序，重新思考他們的決定與判斷。這非常困難，因為這大概意味著更多的工作，而且檢察官們早已過勞，但我相信這才是真實且公平的正義。

本文作者為國立台灣大學心理系副教授

專文推薦

審判中的平行世界

金孟華

審判中常存在著一種「平行世界」的問題：審、檢、辯三方面對相同的證據時，在事實認定上卻可能存在著天差地遠的區別。記得在美國讀書的時候，指導教授擔任訴訟案件的專家證人，因此隨教授前往法庭旁聽，旁聽的案件是一個竊盜案，被告被控在大賣場中，趁人不注意的時候推著一台推車，上面載著未結帳的電視，若無其事地推出大門。本案的關鍵證據是賣場大門裝設的監視器錄影帶。審判中，檢察官傳喚承辦員警解說監視器畫面的內容，並在現場播放監視器紀錄。播完後，作為一個旁聽者，我在現場看到的監視影片畫質很差，且當時光線不佳，被告又是非裔美國人，膚色較深，實在難以判斷畫面中推著推車的人究竟是否為被告。但作證的員警在主詰問時信誓旦旦地證述畫面中的人就是被告，在反詰問時則強調自己受過專業的訓練，所以可以從畫面中辨認出被告的樣子。由十二位當地居民組成的陪審團顯然對於員警的說法並不買單，最後認定被告無罪。我當時覺得檢察官與員警明明跟大家看到的是一樣的客觀證據，卻有完全不同的解讀，彷彿身處在平行世界一樣。

國內著名的陳龍綺案也有平行世界的現象。陳龍綺案的誤判是因為法院未能正確理解DNA鑑定報告中認定「不排除」的意義，照字面上來看，「不排除」可以是指樣本中有驗到陳龍綺的DNA，也可能是指鑑定人不確定陳龍綺的DNA是否有在樣本中。原審法院採取前者的詮釋方法，繼而認為陳龍綺的DNA在樣本中，並將其定罪，直到再審時才透過新的DNA鑑定技術將陳龍綺排除於樣本之外。我們可以發現，除了DNA證據，原審跟再審其實是用相同的證據進行判斷，但前者可以將其他證據對陳龍綺做不利的解讀，後者也可以做有利的解讀，由於DNA鑑定的結果不同，兩個法院在證據的解讀上也彷彿處於平行世界一樣。

書中提到一種案件類型叫「不予起訴的共同射精者」（unindicted co-ejaculator），指的是就算原本性侵害案的被告被DNA證據排除後，檢察官依然不願意接受被告可能是無辜的結果，而憑空產生出另一名不知名男性被告，改變原本的故事版本，認為被告仍然有參與犯罪，只是因為沒有射精所以沒有留下DNA。這種論述在我國也有類似的案例。呂金鎧在經過DNA鑑定排除後，原審所認定之事實已無法存續，但再審法院卻認為呂金鎧仍有可能透過「合力壓制被害人」而成為性侵的共同正犯。「合力壓制說」跟美國的「共同射精者說」有異曲同工之妙，都是一種無法改變既有觀點而產生之弔詭說詞。相信呂金鎧的律師在讀到這份再審駁回的裁定時，一定跟本書的作者一樣，懷疑自己是不是活在平行世界，或是開始尋找攝影機，懷疑這是不是一齣惡作劇搞笑節目。

其實這些平行世界的問題，從心理學的角度來看都不足為奇，人們大腦運作的預設模式就是要盡可能地簡化決策過程，書中所提到的各種問題，例如「認知失調」、「確認偏誤」、脈絡效應、隧道視野，乃至於記憶相關的問題等等，目的都是為了要幫助人們以更快、更輕鬆的速度理解這個世界或是進行決策。繼而發展出來的機制，其共通的特性就是促使人們利用部分、片面的資訊進行決策，以減少認知資源的負荷。因此，平行世界的發生，可以說是人類認知限制下所不可避免的結果。

在司法程序中，許多證據是客觀的，但是理解客觀證據的方法卻是主觀的，因此平行世界的問題在司法程序中當然也會存在。辯護人、檢察官、法官分別受到不同的脈絡所影響，這些脈絡包括接觸到的其他證據或資訊、本身的經驗、訓練、立場以及外部的壓力等等，在這個前提下，我們必須了解所有的證據解讀其實都具有相對性。那該怎麼辦呢？就如同書中所說的，我們能試著做的是理解自己在認知上的限制，並且在程序上，盡可能地減少錯誤發生的機會，或者提高亡羊補牢的機會。針對前者，本書可以作為一個很好的媒介，作者以淺顯易懂的方式連結法律與司法兩個專業領域，幾乎所有人都是合適的讀者，包括法律系的學生、法律專業社群，以及所有可能在未來擔任國民法官的人們，都可以透過本書了解司法程序中的認知風險。

針對後兩者，是作者給法律人的功課，也正是國內的冤錯案救援工作者長期以來所倡議的兩個面向：防錯的部分包括強調指認的正當法律程序或是特殊證人的詢訊問程序、教育法律人更加理解並挑戰不可信的科學證據；補救的部分則是降低再審的門檻、完善再審的證據調查機制、強化證據監管保存，以及鼓勵檢察官一同加入救援行列。期待透過這本書能夠促使人們以更科學的觀點看待以經驗為基礎的司法程序，促成法律專業社群更多的對話，並且共同努力做出改變。

本文作者為國立交通大學科技法律研究所副教授

專文推薦

「我可能會犯錯」的謙卑認知

葉建廷

本書的第一章章名為「大開眼界」，往下讀沒幾行，作者便寫到在他為美國俄亥俄州無辜計畫擔任冤案救援律師的生涯至今，已經協助二十五名當事人重獲自由，加總起來，他們已經為自己沒有犯過的罪在牢裡關了四百七十年！

看到這令人聳動的數字，我隨即請台灣冤獄平反協會祕書處的同仁幫我統計，能否就冤獄平反協會自二〇一二年成立迄今救援成功的十起冤案當事人，算出相對應的數字。同仁告訴我，本書作者是用在監服刑天數計算，但平冤協會救援成功的當事人則有部分是在救援成功前行使「司法不服從」，沒有辦法用同一基準計算。同仁想了一下，問我：「在監獄為自己沒有犯下的冤案服刑，很痛苦，但是，葉律師，你不覺得從被判有罪確定那一天開始，無辜者在精神上所遭遇的痛苦也不會少，從被判決有罪確定到改判無罪確定的時間來計算如何？」我聽完覺得有道理，過沒多久，同仁就算出了數字。

總日數三萬零七十四天，超過八十二年！

而這個統計數字還未計算沒有向冤獄平反協會喊冤、自行平反成功的個案。這不僅讓人大開眼界，而且還著實嚇人。

本書作者使用盲目的否認、盲目的野心、盲目的偏見、盲目的記憶、盲目的直覺、盲目的隧道視野作為各章名稱，可以說是用讓人最一看就懂的描述，歸結了冤案的各項成因。而在本書第八章，作者歸結我們必須「看到及接受人類侷限」的幾段文字，更是值得省思：「刑事司法制度的每個人都缺乏謙卑的態度，這真是個悲劇」、「要承認刑事司法制度是由制度中的每個人共同構成，我們都有缺點，我們都不完整，我想我們必須足夠謙卑地承認這件事，然後改正一些嚴重錯誤」。

或許法律圈內人看到這些文字，各自會有不同的解讀。但是對於「要不要承認自己可能會犯錯？」這個命題，我們卻應該要謙卑地承認。

過往擔任審判公職期間，與年輕的學習司法官分享審判經驗時，我常常提到：「有沒有想過犯罪嫌疑人為什麼會在警察局，在與他立場完全對立的警察面前自白？」、「拿到一份你之前從沒聽過、也沒學過的聲紋鑑定報告或類似的科學鑑定報告，完全不懂時，你該問誰？還是說，反正因為這份報告是有權機關做的，你就全盤接受（誰會比他們懂啊……）？」這些問題是過往我的老師們不太常跟我提到的。

正因為是人在審判（而且我們在短時間內應該也不會改用AI進行審判），不管是職業法官，或者是將來即將要上場的國民法官，都應該要有「我可能會犯錯」的謙卑認知，將此認知一直放在心上，或許冤案才可能因此杜絕。

本書最後的章節中有一段話很吸引我，也要在這邊和讀者分享：「為什麼刑事司法制度好像自成體系，可以完全拒絕自我反省和改革呢？簡單來說，很大的一個原因是制度內的行動者不需要回應市場需求。」

或許平冤下年度的翻譯選書，或者是自己的本土出版品，都應該要來好好認真考慮「回應市場需求」，也就是不要在審判程序中讓冤案一再發生！當然，這樣的市場需求，目的不在於吸引消費者使用市場，因為沒有任何人願意主動到這個市場來消費，但哪一天迫不得已必須進來消費了，必須讓消費者覺得我在市場裡可以得到公平的審判！我，不是下一個冤案受害者！

本文作者為執業律師暨台灣冤獄平反協會理事長

中文版序

馬克．戈希 Mark Godsey

執筆之際，美國過去二十五年來已有將近兩千七百名無辜者獲得平反，而且每週新增約三人。這些被錯誤定罪的人為了他們沒有犯的罪，總共在牢裡待了超過兩萬四千年。將近二十年前，在我剛開始投入所謂的「無辜運動」時，「無辜的人可能會因為他們沒有犯的罪而被送入監牢」這個想法還很新，美國刑事司法制度中的大部分行動者也都不承認，或者無法接受這個想法。

隨著這個運動在美國於二〇〇〇年代早期獲得越來越多的關注和知名度，我們這些參與運動的人開始收到世界各地的學者和律師寄來的電子郵件詢問。他們問的內容像是：「您好，我讀到了美國的平冤運動和無辜計畫所進行的事，我認為我的國家也正在發生同樣的問題。我應該如何在我的國家推動無辜運動呢？」隨著這類徵詢日益增加，我覺得有必要舉辦一場會議，讓世界上對這個議題有興趣的單位齊聚一堂，一起分享和學習。這個想法最終促使我在二〇一一年四月，於我的家鄉俄亥俄州的辛辛那提市（Cincinnati），主辦了第一屆國際無辜研討會。來自超過二十五個國家的五百多人從各地前來與會。那是一次巨大的成功，從而在往後的十年間，讓無辜運動得以深入全球各地。

我在那場會議前聽到最多的評論，就是質疑美國所發生的事究竟跟國境之外的地方有什麼關聯。人們會認為，「各國的法律體系差距如此之大，對美國冤案的研究，如何能夠應用到其他國家呢？」但時間證明，這樣的想法是錯的。

十年後的今日，無辜運動已經拓展到世界各大洲。除了美國，拉丁美洲、歐洲和亞洲都有無辜計畫的網絡；非洲的相關計畫也蓬勃發展。台灣冤獄平反協會就是其中一例，他們已經協助十位無辜者成功平反，其中還有原本遭判死刑而等待執行的人。我們已經清楚知道，十年前那些不認為無辜運動可以開展到美國之外的人，其實劃錯了重點。他們之所以會這麼想，是因為他們認為各國的法律制度迥異，所以他山之石也不可能跨越國境以攻錯。但我們現在明白，其實各國的法律程序不是最主要的因子。發生錯誤定罪的主因，來自於人類的缺陷，包括人類脆弱的記憶、隧道視野、確認偏誤等等，而這些現象各國皆然。舉例來說，不論一件搶劫案是發生在中國還是美國，權責機構的調查方式都是類似的；他們同樣高度仰賴證人，而無論國籍為何，證人的記憶都具有可塑性，容易受到暗示的影響；他們使用相同類型的刑事鑑定方法，例如指紋比對或鞋印比對，而那些鑑定同樣飽受確認偏誤左右，也不具有足夠的科學性；他們都使用不了解人類心理的方式訊問嫌疑犯，因此可能也會產生錯誤自白；調查人員也都可能陷入隧道視野，過度相信自己最初的「直覺」，因而在不知不覺中只看重能夠確認這個直覺的證據，而對指向其他方向的證據視而不見。

隨著無辜運動在世界各地日益蓬勃，這些人類的缺陷如何讓各國的法律制度之間產生連結已益發清晰。我們清楚看到，會導致錯誤定罪的心理因素，舉世皆然。本書的寫作就是為了解釋人類缺陷，也就是人類心理上的弱點，如何導致錯誤的有罪判決。而今日，這個問題無論是在台灣、阿根廷或美國，都一樣無法避免。錯誤定罪不是國家的問題，而是人類共通的問題。如果我們想要成功對抗冤案，就必須從全球的角度出發，向每一個人學習，與每一個人分享。

目錄

專文推薦　趙儀珊　004

專文推薦　金孟華　010

專文推薦　葉建廷　014

中文版序　017

第一章
大開眼界　027

造成冤錯案件的心理缺失是所謂的「三重打擊」。它們不只在一開始造成錯誤定罪，也讓我們無法看見或理解發生了什麼錯誤。它們讓我們看不見它們所造成的影響。即使錯誤定罪的主張是在二十、三十，甚或四十年之後才提出，同樣的心理問題仍然讓我們在事後繼續否認錯誤。

029　·為什麼他們不承認自己犯了錯？

032　·檢察官轉戰冤案救援律師

第二章
盲目的否認　041

有時候我們會抗拒正義和公平，這純粹是因為我們是人。如果一個人隸屬於一個可以分攤責任的大型體制，而且體制還會創造出官僚心態……有時這是不可避免的，對某些人來說甚至可能是必要的，尤其當他們的工作就是要懲罰其他人時，心中免不了偶有拉扯與痛苦，勢必就得發展出一些方法保護自己。

第三章 盲目的野心

檢警時常會有確認偏誤和隧道視野的問題，美國最高法院稱他們是「查緝犯罪的競爭事業」，有時難免讓人不自覺失了客觀。辦公室和政治壓力都會導致這樣的心態，讓警察和檢察官選擇成為「嚴厲打擊犯罪」的人，一個勁兒的將案件定罪……

第六章 盲目的直覺 275

我們認為代表不誠實的指標其實也不是分辨說謊的好標準。這些只是幾個世紀以來我們一直被教導和接受的概念，只是一些代代相傳的習慣……它的確不是顛撲不破的真理。我們必須極力避免只根據「本能反應」或直覺就下結論，也不能對於直覺這麼有信心，因為它會模糊掉對於客觀事實的觀點。

第七章
盲目的隧道視野
305

這像是場遊戲，在這個過程中完全不考慮客觀性，我們從來沒有想過要懷疑原本的假設。遊戲的重點反而是看你有多聰明，能不能讓所有新證據都符合原本的假設，這樣就能夠讓這個案子的立論更堅定。即使有人唱反調或提出相反意見，也只是為了讓我們的準備更充分，好在法庭上駁倒對方。

309 ・我們很擅長說服自己相信想要相信的事
319 ・檢察官的工作是追尋正義，而不是打贏官司
344 ・高尚導致的腐敗
357 ・制度性腐敗的證據類型
374 ・滾雪球效應

第八章
看到及接受人類的侷限
377

刑事司法制度不是自動運轉的機器，且歷經了幾十年的校準後，它仍然無法達到完美的正義。我們必須承認這個制度是由人類組成的，所以充滿了人類心理的缺陷。我們應該要擁抱人性，不要害怕承認人類錯誤，以降低錯誤出現的機率。

第一章

大開眼界

我的當事人里奇・傑克遜（Ricky Jackson）當初遭判的刑罰，用他的話來說，是「放上電椅處死」。雖然他在一九七〇年代九死一生地逃過那張電椅，但仍然為了一宗他不曾犯下的謀殺罪，在牢裡度過了將近四十年——這項全國紀錄至今還沒有被人打破。二〇一四年十一月，克里夫蘭市冷颼颼的早晨，我陪伴五十七歲的里奇步出監獄，準備踏入一個與他過往所知相差甚遠的世界。一九七五年，俄亥俄州首次試圖入他死罪時，他才剛滿十八歲。

我也曾與雷蒙・托勒（Raymond Towler）一起坐在法庭裡，他同樣為了一件他不曾犯下的性侵案，在牢裡待了二十九年。雷蒙性格沉靜又富哲理，還是傑出的藝術家和音樂家，是個多才多藝的人。我坐在那裡，看著法官敲下手中法槌，向當時已在牢裡飽受折磨數十載的雷蒙說：「你自由了，你可以走了。」語畢，法官走下法官席與雷蒙擁抱，她的眼裡噙著淚水，朗誦了一首愛爾蘭的祝福詩歌：

願你前方的道路寬廣，
願風兒永遠輕拂你的背。
願陽光溫暖你的臉；
願雨水滋潤你的田地，

直到我們再相會的日子，
願上帝輕捧你於祂的掌心。

在我為「俄亥俄州無辜計畫」（Ohio Innocence Project, OIP）擔任冤案救援律師的生涯間，至今已協助二十五名像里奇和雷蒙這樣的當事人重獲自由，加總起來，他們為自己沒有犯過的罪在監獄裡被關了四百七十年。在他們之中，有些人和我的當事人南希・史密斯（Nancy Smith）一樣，環抱孩子的手曾被硬生生拉開，等到終能以自由之身擁抱孩子時，他們皆已成年。也有些人和里奇一樣，再次回到這個世界時，已經找不到任何曾與他們有緊密連結的家人或朋友。

為什麼他們不承認自己犯了錯？

我與已故友人洛伊絲・羅森塔爾（Lois Rosenthal）之所以結識，正是因為她原本就關注冤案的議題。洛伊絲不是律師，而是一位慈善家和社會正義的倡議者。她和她先生迪克以慷慨和博愛的精神改變了我的故鄉辛辛那提，因此城裡許多事物皆以他們為名，包括當代藝術中心（Contemporary Arts Center）。在洛伊絲的協助下，我於二〇〇三年共同創立並經營至今的「俄亥俄州無辜計畫」，才得以站穩腳步與發展。

該組織的主要使命正是讓像里奇、雷蒙和南希這樣的無辜者能夠離開監牢。

在這十幾年間，每當我向洛伊絲描述新的案例，告訴她我們最近調查了哪個受刑人的案子，以及發現了能夠證明其清白的新證據時，她總是會問：「怎麼會發生這種事？」多年來，她一次又一次地問：「這個人在一開始怎麼會被判有罪呢？」

而常常過了幾個月之後，我難免又要告訴她，雖然我們找到許多強力的證據可以證明當事人無罪，但檢察官強硬回擊，不願承認自己犯錯。她會問說：「怎麼會這樣？為什麼他們要這樣？為什麼他們不承認自己犯了錯？他們怎麼能夠讓一個無辜的人關在牢裡？怎麼可以這樣子？」洛伊絲永遠無法理解為何這個體制會如此反應；為何它會扭曲法律與事實，好讓這些不義見不得光；為何它會如此抗拒改革；為何它會用這種方式犯下令人痛心的錯誤，還固執地拒絕改變與改善。

洛伊絲並不是唯一會這麼問的人，聽聞冤獄狀況的人都會有這種反應。事實上，我經常以冤案為題進行座談，每當演講結束後，我被問到的第一個問題總是：「為什麼會發生這種事？」、「為什麼檢察官要把替這些可憐人爭取正義這件事搞得這麼複雜？」、「為什麼不改變制度以減少這些問題？」

由於反覆被問到這些問題，所以我寫了這本書，試圖加以回答。我決定寫下來，是因為我特殊的職涯帶給我獨特的視角，讓我能夠用多數人做不到的方式來回答這些問題。作為一個從事冤案救援的律師與行動者，我經常目睹警察、檢察官、法官和辯護律師的不義之舉，以及數以千計的無辜者如何因為這些行為與制度而深受折磨。換句話說，我見證過讓洛伊絲和其他人百思不得其解的這些問題。

不過在成為一名無辜運動的倡議者之前，有多年時間我也是個頑固的檢察官。兼具這兩種對比強烈的經驗，回頭看過去擔任檢察官的歲月，我發現自己也做出同樣的行為，同時抱持著我現在知道將造成不正義悲劇的心態。當時我周遭其他人亦然。所以本書也算是一種自白與回憶錄，我的個人經驗提供了幕後視角，協助我們檢視造成冤案的心理和政治因素，這是過往其他書籍所沒有的。這本書同時是我個人演變的故事，一段覺悟與發現的旅程。

在本書中，我會解釋人類的心理缺陷和政治壓力為何會讓刑事司法中的行動者，包括警察、檢察官、法官和辯護律師，做出異乎尋常且令人難以置信的不義行動，甚且還渾然不自覺。我會談到何以我們會對這些問題如此盲目，不論是個人或社會整體。我們拒絕承認。事實上，我們的制度充滿盲目所造成的不正義。

最後我會闡釋改善現況、確實認識到問題所在，以及打開心胸所需要採取的行動，如此一來，才能夠建立一個更正義也更正確的制度。

檢察官轉戰冤案救援律師

早年我曾在紐約市擔任了多年的聯邦檢察官，我所起訴的重大刑事犯罪案件常常躍上地方新聞，有時候甚至成為全國性的新聞，包括組織性犯罪、綁架勒贖、恐怖行動、重大詐騙，以及涉及高階政治人物的貪汙案。我曾經因為「積極對抗犯罪」而獲頒地方的執法獎，也曾經從美國司法部長珍妮特．雷諾（Janet Reno）手中拿到「表現卓越」的國家獎項，全國僅有少數幾名檢察官獲此殊榮。我是檢察官中的檢察官。

二〇〇一年我回到故鄉辛辛那提，在北肯塔基大學（Northern Kentucky University）蔡斯法學院（Chase Law School）擔任刑法學教授。蔡斯法學院底下有個名為「肯塔基州無辜計畫」（Kentucky Innocence Project, KIP）的組織。各地的無辜計畫組成一個全國性的網絡，而其組織一般多設在法學院底下，讓法律系學生參與營救遭錯誤定罪的人。原本指導肯塔基州無辜計畫的教授在我任教的第一年剛好輪休，所以我這個新手刑法教授就被要求填補這個位置，負責在那一年指導學生。但身為一個前檢察官，我心中其實充滿懷疑。我並不相信這個國家有哪個被關進監牢的人是無辜的。我根本不想擔起這份差事。可是做為一個希望討新老闆們歡心的菜鳥教授，我實在無法拒絕，只好勉為其難地接手。

在我與肯塔基州無辜計畫的學生們所開的第一場會議中，兩名學生報告說他們剛到監獄裡探視因性侵案入獄的赫爾曼・馬伊（Herman May）。他們帶著滿溢的情感和熱情，談論著他們「看著赫爾曼的雙眼」，感受到他的真誠與痛苦，他們「知道」他是無辜的。我坐在那裡聽他們描述，內心不斷翻白眼。「實在太天真了，」我心想。「真是一群好騙又同情心氾濫的法律系學子。」

我問他們一開始是什麼證據定了赫爾曼的罪。原來赫爾曼會成為嫌疑犯，是因為他打算典當的一把吉他，恰巧是在案發當晚，從案發社區的一輛車裡被偷走的。這樣的巧合讓警察決定把赫爾曼的照片放入序列，拿給被害人指認。被害人指認了赫爾曼，接著在法庭上作證說，赫爾曼就是性侵她的人。

案發後，醫院從被害人身上採到犯案者的精液。被害人供稱她當時沒有其他性行為，所以精液一定是犯案者留下來的。在赫爾曼進行審判當時，尚無法對精液進行DNA鑑定。於是他遭判有罪，被送入監獄。

既然被害人指證歷歷，我相信赫爾曼是有罪的。應該說，我知道他有罪。我覺得學生們根本是無可救藥的浪漫主義者，被害人都已經做出如此確實的指認了，他們竟然還相信這傢伙是無辜的。

然而後來肯塔基州無辜計畫促使法院採用新的科學技術，對精液進行了DNA

鑑定，結果發現犯案者的精液與赫爾曼的DNA序列不符。在為一個自己並未犯下的罪行坐了十三年的牢以後，赫爾曼獲釋走出了監獄。

不用說，這個經驗當然讓我這個檢察官的檢察官大開眼界。我大受衝擊。學生們訴說案發時還是青少年的赫爾曼如何從高中的社會課堂上，一邊哭著、一邊被警察帶至警局，只為了從他的鼠蹊部扯下陰毛送去做鑑識分析。這些故事突然間對我有了新的意義。想到自己幾個月前還在嘲笑這些故事、暗自覺得他根本就是活該，實在讓我很不好受。我不明白這樣的事情怎麼會發生。

不久之後，我參加了全國性的「無辜網絡」（Innocence Network）會議。在那裡我遇到了從各地前來的男男女女，他們都曾經為自己沒有犯過的罪坐了十年、十五年，甚至二十五年的牢。我聽了幾名學者和律師的演講，彷彿發現新大陸一般，看到刑事司法制度的缺點在我面前一一被揭露。這是我第一次真正接觸無辜運動。它讓我開始以全新的眼光看待事物，儘管進程緩慢但確實改變了。我逐漸明白實際發生的事遠比我過往看到的還要多，而且這些制度問題在我檢察官任內就應該要能夠看到，我卻一直視而未見。

隔年，我在辛辛那提大學法學院謀得教職。當時俄亥俄州是全美國還未成立無辜組織的幾個大州之一。在約翰．克蘭利（John Cranley，本書寫作之際為辛辛那提市市長）等人的幫助下，二〇〇三年我於新任教的法學院創立了俄亥俄州無辜計畫。至此我對這個運動已經堅信無疑。

從那時候開始到現在，我們的無辜計畫已經調查過數千名喊冤的俄亥俄州囚犯。我們的調查證實其中許多人確實有罪，但是如同前文所述，我們營救了二十五人，因為他們的確是無辜的。

一九八九年至今，全美已有超過兩千人被證實是冤錯案件的受害者。這個數字每週持續增長。這些案件的詳情皆可在「美國平反案件登錄中心」（National Registry of Exonerations）的網頁上找到，該網站是由幾個知名大學和法學院合力經營。（原注1）我知道這個數字只是冰山一角，因為只有少數案件可以取得DNA和其他新證據。還有許多囚犯因為沒有可著力的證據，所以無法證明自身清白。

促使我寫這本書的原因，不只是因為我們的制度有時會錯判一些無辜的人。事實上，這個國家真的很常把無辜的人送進監獄，這在過去或許是驚天動地的消息，但現在已經不是新鮮事了。

真正的動力來自我個人經歷。在我從檢察官轉戰冤案救援律師的過程中，見過千奇百怪的人類行為，有趣也讓我訝異。我曾看過分明搞錯的證人卻堅信自己是對的。還有證人的說詞如何被檢警扭曲、重塑，但他們渾然不覺，甚至連檢警也沒察覺自己改變了證人的供述，只為了使其符合自己對案件的假設。檢察官、警察、法官和辯護律師也會因為隧道視野而對個案做出不合理的判斷，只因為他們不願意質疑自己最初的直覺，甚至無視於證據。政治和內部壓力也會讓體制內的人做出不公不義的舉動，還不願承認其真正動機；他們變得頑固而傲慢，認為自己可以分辨真假，拒絕承認自己作為人類有其侷限。我曾經見證這些人性的弱點如何帶來悲劇的、讓人撕心裂肺的不正義。

長遠來看，無辜運動最持久也最重要的結果並不是讓無辜者獲釋。我認為這場運動的重點毋寧在於，它讓我們對人類心理有了新的理解，進而帶來刑事司法制度的改革。無辜運動促使社會科學家們以嶄新的活力，投入對於人類認知、記憶和錯誤的相關研究，進而更加理解人類的心智運作。心理學家開始問：「如果DNA證明某人並未犯案，那麼當初為何會有十個證人出庭作證，相信他就是真凶？」、「如果DNA證明凶手另有其人，為什麼一個智商高於平均的人當初會自白殺人，甚至堅信自己確實犯案？」、「為什麼一個理應中立的鑑識專家當初會站上證人席，認定被告指紋符合沾血凶刀上的指紋，結果後來我們卻發現事實並非如此？」

答案會令人驚訝。而這些答案不僅有助我們解釋為何眾多冤案會發生，也讓我們對刑事司法制度的許多基本假設產生懷疑，甚至讓我們開始檢討應該如何理解日常生活中的「真實」。

我有幸能夠同時從學術觀點和冤案救援律師／前檢察官的身分深入探討這些發展。學術觀點是指我所研究和教授的心理學臨床發展；而身為一個冤案救援律師／前檢察官，我更可以從第一線觀察到這些心理學原則如何在真實世界中展現。因此本書就是要同時從學術和真實世界的觀點解析這些原則。每一章都會探討一種存在於刑事司法制度中的人性心理弱點，例如確認偏誤、記憶的可塑性、目擊證人錯誤認知、隧道視野、可信性判斷錯誤、行政之惡（administrative evil）、官僚的否認、去人格化（dehumanization），以及體制內部的政治壓力。我會以學術和實證的心理學研究來討論這些議題，輔以我擔任檢察官和冤案救援律師時所遇到的案件，由此顯示上述這些心理弱點從何扭曲了真相，又從何造成重大的不正義。這些心理學問題不只和刑事司法制度有關，所以我也會試著說明在日常生活中，不論工作或家庭，它們如何讓我們看不見真實。

我也將解釋，造成冤錯案件的心理缺失是所謂的「三重打擊」。它們不只在一開始造成錯誤定罪，也讓我們無法看見或理解發生了什麼錯誤。換句話說，它們讓我們看不見它們所造成的影響。即使錯誤定罪的主張是在二十、三十，甚或四十年之後才提出，同樣的心理問題仍然讓我們在事後繼續否認錯誤。也就是說，這些心理弱點不僅製造問題、阻礙我們看到問題所在，甚至將問題隔開，令我們事後也無法發現和反思。結果就是，我們的社會集體否認我們的偏見、錯誤認知與記憶的問題。檢察官、法官、警察、陪審員、證人、辯護律師、媒體記者，每個人都陷入了制度的迷思，如常地繼續從事他們的工作，未曾察覺他們已履薄冰，處於陷落的邊緣。雖然科學和心理學上的各種突破正快速打破過去的迷思，但是總體來說體制中的行動者並未重視這些突破，他們抗拒「創新」，堅持己見，即使他們的根據極度薄弱。

我要先標註一些警語。第一，我並不是心理學家，而是一名律師。然而從檢察官轉換到冤案救援律師的角色，這樣獨特的職涯讓我可以「實地」察覺到心理學教授或許只能想像的不可思議的人類行為。加入無辜運動之後，我對於所見的人類心理深感著迷，於是開始研究各種心理學學說，希望能夠更加理解每天在法庭上看到的那些令人不安的人類行為，以及過去我身為檢察官時的表現與作為。因此，雖然本書是由一位法律人所寫的關於心理學的書，但我相信它有助於闡釋重要心理學原則在真實情境中的運用。

第二，本書不會討論制度性的種族歧視。種族歧視無疑是重要的心理現象，也會汙染刑事司法制度的結果。即便如此，這個問題已在別處做過許多討論，而且因其過於複雜與普遍，此處篇幅無法處理。本書目的是要揭露其他沒有那麼廣泛被討論過的議題。

第三，有時我會大力批判刑事司法體制中的行動者，尤其是警察、檢察官、法官和辯護律師。但我提出批評並非因為我認為這些專業上充斥著不好的人。正好相反，我對執法者充滿敬意，也自認很支持他們。我對辯護律師滿懷尊敬，他們的工作吃力不討好卻極其重要；法官的工作亦然。本書雖然描述了專業人士的不公行為，但原因正是在於他們也是人。換作是我們，在沒有適當的指引和訓練下，大概也會做出類似的事。我擔任檢察官的時候，的確也曾經做過這類不公的行為，稍後將再詳述。我相信唯有承認和理解我們身為人類的侷限，也就是我們的心理缺陷，以及我們的制度在結構和政治上的缺陷，如此才能以足夠的謙遜，將刑事司法制度打造成真正符合**正義**的體制。

第四，我會多次論及我擔任檢察官時所做的事，還有「我們」在我的檢察官辦公室裡所做的事，這裡的「我們」是指我和檢察官同僚。我會根據我所學到和觀察到的內容，提出我認為的習慣和常規。然而，我提及的大部分作法並非經過正式訓練而來，大多數菜鳥檢察官都是從上級和前輩那裡知道這些習慣和常規。因此，如果我說「我們在檢察官辦公室的作法是X」，意思是我認為這是一般的習慣和常規，但是我無法確定辦公室裡的每位檢察官都這麼做。

最後，這並不是一本末日之書。在本書末尾，我提供了一些解決方案，希望它們有助於減少制度的問題。雖然任何由人所運作的制度必然會出現人所犯的錯誤，但我們還是可以採取一些行動，讓刑事司法制度變得更為正確。我們有責任要探索、學習和採取這些行動。如同許多人生問題，能夠意識到並承認自己的弱點，我們就成功了一半。我也會提出一些刑事司法制度的程序建議，以減少每一次調查中對真相勢必造成的人為扭曲。

第二章

盲目的否認

我卸下檢察官職務並且開始為無辜者打官司之後，很快我就直接體會到檢察官和警察具有高度的心理否認傾向，他們往往不願意承認自己冤枉了無辜的人。克拉倫斯．埃爾金斯（Clarence Elkins）是我最初經手的無辜案件之一，後來成為我第一個平反的案子。克拉倫斯被控在一九九八年六月於俄亥俄州的巴伯頓（Barberton）性侵殺害他的岳母，還強暴他的外甥女，因而遭判刑入獄。

深夜時分，克拉倫斯的岳母茱迪思．詹森（Judith Johnson）在自家客廳裡遭到一名入侵者襲擊。案發現場宛若一部恐怖電影。凶嫌性侵並且殘暴地毆打茱迪思，她周遭的地面和牆壁全都染血。接著凶嫌走進房間，毆打並性侵了克拉倫斯六歲的外甥女布魯克．薩頓（Brooke Sutton），然後將奄奄一息的她丟在那裡。布魯克幸運生還。隔天早上她恢復意識，告訴警察說攻擊她的人「看起來像」她的姨丈克拉倫斯，但這句話很快就變成「就是我的姨丈克拉倫斯」。即便布魯克只在黑暗中看到凶手數秒，而且是在極大壓力下，接著她就被凶手打到失去意識，警察依然在未經其他調查的情況下，立刻逮捕了克拉倫斯，並指控他性侵殺人。雖然克拉倫斯沒有前科，甚至還有不在場證明——謀殺案發生當時，有證人看到他出現在距離茱迪思家三十分鐘路程以外的地方——但俄亥俄州檢方仍然根據孩子的可疑證詞，對克拉倫斯求處死刑。陪審團拒絕判處死刑，但認定克拉倫斯有罪，判他終生監禁。

無論在遭逮捕時、審判期間、坐牢數年歲月，克拉倫斯持續喊冤。

二〇〇五年，當時剛成立的俄亥俄州無辜計畫團隊聽到他的冤情，接手本案，並要求對犯罪現場採得的證據做 DNA 鑑定。自克拉倫斯當年受審到現在，DNA 鑑定技術已有長足進步，所以實驗室成功從茱迪思遭到謀殺後，驗屍官從她陰道採樣的採檢棉棒上驗出 DNA。結果證明並不是克拉倫斯的。既然茱迪思被謀殺時並未有其他性行為，在她陰道內的男性 DNA 自然屬於性侵殺害她的凶嫌。此外，凶嫌在打昏布魯克後曾脫下她的內褲加以性侵，而在她的內褲上找到了同樣不知名男性的皮膚細胞。只有真凶能夠在案發當晚把他的 DNA 留在茱迪思的陰道和布魯克的內褲上。既然 DNA 不屬於克拉倫斯，邏輯上來說他肯定是無辜的。

我本來以為得到鑑定結果後，檢察官就會撤銷對克拉倫斯的告訴，還他自由，並開始尋找真凶。畢竟克拉倫斯顯然是無辜的，而那就表示有一個冷血的凶手仍然逍遙法外。當時我還是冤案救援的新手，還很天真，所以當我得知檢察官抗拒接受，仍然堅稱克拉倫斯有罪時，我感到非常驚訝。他們不僅抗拒，還回以憤怒和惡意，以及一些荒謬至極的論述。

針對 DNA 證據，檢察官的主張是，儘管犯行殘暴，但不知怎地克拉倫斯就是沒有在犯罪現場留下任何 DNA。他們說，我們採檢時找到的男性 DNA，一定是在犯罪發生之前或之後，因非故意的方式所造成的證據汙染。他們認為或許是在原審期間，有一名男性陪審員在沒有人看到的時候打開了證物袋，用手擦過布魯克那骯髒、沾滿血跡的內褲之類的，所以把DNA留在上頭——各位讀者請不要太驚嚇！

可是檢察官根本沒有證據證明這種令人難以置信的牽強情節真的發生過。例如，他們沒有任何男性陪審員（或其他男士）的供詞，說他曾經打開證物袋，把自己的DNA留在證物上頭。事實上，這些不過是檢察官編的故事，而且他們的理論就常識來說，甚至在實際證據上都矛盾不通。在整個審判過程中，茱迪思陰道的採檢棉棒一直密封在證物袋裡。「證據監管鏈」（chain of custody）的文件顯示，案發後驗屍官立刻進行採檢，直到多年後才將棉棒送去做鑑定，在這期間，信封一直封得好好的，妥善保存在驗屍官辦公室。封緘從來沒有遭到不當破壞，所以也不可能有男性陪審員或是其他任何人，把自己的DNA留在信封裡的棉棒上。

為了反擊他們不願面對的事實，檢察官還想出其他更匪夷所思的論點，例如說，從被害者陰道採到的DNA或許是她案發日稍早，和某位不知名男性握手沾到的，後來她手淫或用手觸摸陰道時因此沾染上。天啊！然而，即使如此，他們仍然無法解釋這名和茱迪思握手的男性，如何把自己的DNA留在布魯克的內褲上。

我們在二〇〇五年提出釋放克拉倫斯的要求，而在聽審席上，檢察官語氣激昂且言之鑿鑿地提出上述這些愚蠢論點。實際上，即便鑑定結果已明確提供了克拉倫斯無罪的證據，但首席檢察官依然稱呼他是「性侵犯克拉倫斯．埃爾金斯」。有一次，檢察官要向庭上陳述論點時，便停下來，指著坐在我旁邊、身穿橘色囚服、戴著手銬腳鐐的克拉倫斯，戲劇化地叫他「性侵犯克拉倫斯．埃爾金斯」。歷經錯誤定罪、無辜入獄，多年來受盡折磨與羞辱的克拉倫斯，在DNA結果已經證其清白後，竟然還能夠冷靜地坐在那裡，聽著檢察官這般言行，對此我實在非常驚訝。但他似乎能夠寬容看待這一切。

當我在法庭上向法官解釋鑑定結果時，首席檢察官和他的助理檢察官就在旁邊翻白眼，並一再發出各種惱人的嘆氣。法庭程序的每一個空檔，只要首席檢察官和我走到法庭外的走廊，就會有相機和麥克風堵到我們面前，而他總是反覆強調，克拉倫斯絕對是有罪的，DNA什麼的都只是掩人耳目的煙霧彈。

他語氣中滿滿的確信，以及他對自己角色的自信，讓我印象深刻。對我來說，這簡直就像是一個檢察官站在法庭上，熱血激昂地爭辯著月亮其實是起士做的。我不禁自問：檢察官是明知他的論點不合理，但基於政治理由才演上這一齣，還是他其實真心相信自己所說的話？他在說謊嗎？他很壞，所以想把一個無辜的人關進監獄？或者他只是不夠聰明，真的搞不懂DNA鑑定結果的意義？到底是愚蠢，還是邪惡？

後來只要我在冤案中看到檢察官做出類似反應，我就會如此問自己。

幾年下來，我不斷聽聞其他檢察官在別的案件中也採取類似立場，我終於知道答案了：檢察官是真的相信自己所說的話。他不是在演戲，他也不邪惡，只是因為克拉倫斯的清白，和他長久以來內化的想法有所矛盾，而他已經為這個體制投注畢生，於是產生一種否認的心態，繼而使他無法客觀衡量證據。可以說，無論理智還是情感，他都無法接受這個事實。

在該案中，連法官也呈現這種否認的心態。即便檢察官的論點漏洞百出，即便我方的證據再明確不過，法官還是駁回了我們對於釋放克拉倫斯的聲請，這代表他可能得在監獄中度過餘生了。

絕望之際，我們的調查沒有停步。克拉倫斯當時的太太梅琳達，以及試著找出真凶的私家偵探馬丁．楊特（Martin Yant），很快便鎖定一個高度可疑的嫌疑犯厄爾．曼（Earl Mann）。厄爾有施暴的前科，而且在案發當時就住在茱迪思家隔壁的隔壁。他看起來還和克拉倫斯有點像。我們得知二〇〇五年時，厄爾因為另案和克拉倫斯在同一所監獄服刑。俄亥俄州有三十座監獄，但他們兩個人不僅在同一所監獄，甚至還在同一區。

在這個有點諷刺的命運轉折中，克拉倫斯取得了厄爾用過的菸頭，並寄到我們的

DNA實驗室。經確認，厄爾的DNA和茱迪思陰道以及布魯克內褲上所採到的不名男性DNA吻合。但即便後續的血液檢測也得出相同結果，檢察官依舊不願相信克拉倫斯的清白。最後，直到我們取得厄爾的自白，以及俄亥俄州檢察總長吉姆·佩特羅（Jim Petro）如英雄般為了克拉倫斯的利益而介入，檢察官才終於不再反抗，同意讓克拉倫斯平反。（原注1）二〇〇五年十二月，克拉倫斯終於以自由人的身分走出監獄。厄爾在不久之後也認罪，現正因為性侵和謀殺的暴行在獄中服刑。

好人創造的「邪惡」之果

擔任冤案救援律師的生涯中，我不時看到好人（檢察官和警察）做出一些我所謂的「邪惡之舉」，卻又麻木不仁。我知道好與壞之間的界線很模糊，不會有人是全然的好或全然的壞。人是複雜的生物，我無意在此討論善惡的哲學問題。我所謂的好人，是根據日常的定義，指沒有特定人格障礙（如反社會人格）的個人，也就是一般人多數時候都努力要做對的事，避免自己的行為對他人造成不必要的悲劇傷害。

就此意義而言，我相信多數的檢察官和警察都屬於「好人」，然而我確實看到他們做出一些過分的邪惡之舉。在一件又一件的案例中，我們明明找到了強力的證據，足資證明當事人是平白遭受牢獄之災的無辜者，但警察和檢察官連證據都沒仔細看，就反射性地拒絕我們的論點，還在法庭上提出欺偽狡辯的論點，任無辜者繼續受苦。而有時候法官竟然也站在他們那一邊。

過去二十五年來，我從檢察官的職位退下來，轉職冤案救援律師，一路上我見證了各種心理現象，其中最引起我注意的，就是埋首司法體制中的人竟能如此堅決地否認自己的錯誤。這些人在概念上還是會承認，**有時候**確實會有無辜的人被冤判、被錯關。他們也在報章雜誌上看過冤案平反的故事；二〇一五和一六年，美國冤案的平反速度大約是每週三件。但若是提及他們單位過去承辦的案件，他們總是千篇一律地說該案件不是冤案，無論證據為何。

這就像是針對美國國會所作的民意調查。如果問題是國會有沒有恪盡職守，民眾多半會給很低的分數，往往只有百分之十的人回答有。但如果是問他們選區的議員有沒有善盡職責，民眾經常不吝給出高分，大多比對國會整體的評價高出數倍。（原注2）但如果每位議員的選民都贊同其表現可圈可點，那麼國會整體的評價怎麼會如此低落呢？原因在於，人們總認為是「其他人的議員」搞砸了事情。與此類似，承認冤案有時會發生的執法者，往往會堅決否認任何被他們定罪的被告是無辜的。

丹尼爾・梅德韋德（Daniel Medwed）教授在著作《起訴情結》（*Persecution Complex*）中曾說過，檢察官屈服於否認的心態「是為了逃避『面對無法面對之事』」，也就是囚犯或許真的是無辜的。他表示，「否認可能導致檢察官表現得器度狹小，譬如拒絕道歉，或者做出一些不合常理的小動作，即便已經正式宣判無罪。」（原注3）這些話也適用於警察。在某些案例中，檢察官表現否認的方式，是報復性地迫使平反者再次接受審判，即使有罪證據已經完全不存在。（原注4）冤獄平反者德里克・迪安寇（Derrick Deacon）就受到這種報復性再審的對待，而再審的陪審團依舊認定德里克應無罪釋放。首席陪審員甚至表示：「本案根本不成立。完全沒有一絲不利於德里克・迪安寇的證據。他都已經在牢裡關了二十四年，為什麼檢方還要再試第二次？」（原注5）

無辜運動會用一個詞來形容這種警察和檢察官有時用來逃避面對現實的主張：「不予起訴的共同射精者」（unindicted co-ejaculator）。此詞改寫自「不予起訴的共謀者」（unindicted co-conspirator）這個美國法庭上常用的法律用語。簡單來說，如果某個男性被判犯下性侵罪，被害人證稱沒有其他性行為，且只有一人犯案，結果幾年後，DNA再鑑定結果顯示，案發後採到的精液並不符合被告，檢察官就會改變說詞，主張當時一定有兩人犯案。他們認為被告一定有犯案，只不過是和別人共同犯案，而正是那個不知名的別人，那個「不予起訴的共同射精者」（當然檢察官不會這麼說）留下了精液。被告還是有性侵被害人，只不過沒有射精。

在其他案件中，有些警察和檢察官會固執己見，即使沒有任何證據，也堅稱州政府實驗室所做的DNA鑑定結果一定是錯的，或者一定是檢測過程的某個環節出了差錯。（原注6）但若檢察官要採用同一個實驗室做的DNA鑑定結果來將人定罪，而被告主張檢驗有誤時，他們往往嗤之以鼻。

我已經數不清有多少次在處理冤案的法庭上，聽到檢察官主張類似的論點，每一次我都很想站起來，向法官和旁聽席上的所有人說：「等一下，這些人是認真的嗎？是在跟我開玩笑嗎？法庭裡面裝了隱藏式攝影機嗎？我上電視了嗎？我是在火星上嗎？還是我瘋了？如果我沒聽錯的話，要麼他們瘋了，要麼就是我瘋了。」當然，我從來沒有真的這樣做過，但偶爾當我看見法官聽到檢察官這種詭異論調竟然還點頭稱許時，這股衝動又會再度燃起。我在這些案件裡看到的如此極端、令人驚異的否認，讓我怎麼想也想不透，因此我決定鑽研他們背後的心理成因，並且最終決定寫這本書。我對於親眼看到的事百思不解，因此只好轉向心理學尋求答案。

在我擔任冤案救援律師的生涯中，有不少案件的情況是，即便證據已經證明當事人的清白，他們卻還是繼續在牢裡待了很久。我們明明已經向法院提出強而有力、可以證明當事人無罪的論述，卻因為檢察官用一些愚蠢的理論反擊，像是「不予起訴的共同射精者」，或像是克拉倫斯案中那個「手淫老太太」的論點，無辜的當事人就只能繼續待在獄中煎熬。即便我們最終成功協助許多無辜者平反，但他們之中有許多人是在無罪證據出現之後，又多受了好幾年的牢獄之災，就只因為執法者和法院的這類反應。現在我手上也有這樣的案件，明明DNA結果已經證明當事人無罪，但訴訟來回多年，至今人還被關在牢裡。這些案件中呈現的集體否認心態，不只發生在檢察官和承審法官身上，上訴審法院亦不例外。雖然說遠離檢察官的轄區，我們就比較有機會獲得公平的審判，但要碰上一個心胸開闊的法官，依然是可遇而不可求。沒有人能夠保證無辜的人可以獲得正義，即使他已經找到強力的無罪證據。司法體制中的否認心態，已經發展到這種程度。

我時常到監所裡探視這些無辜的當事人，他們因為思念子女或者在父母過世時無法陪侍在側而承受的極端痛苦，總是令我非常心痛。我的一位當事人南希・史密斯，就是在找到有力的無罪證據後多年才終於獲釋。每次我去監獄裡看她時，總覺得她就像是被捕獸夾困住的熊，永遠處於焦慮的狀態，那實在是一種心理折磨。南希是俄亥俄州伊利里亞（Elyria）一間日托中心的校車司機。一九九〇年代早期，媒體大幅報導了各州發生的日托中心猥褻案，在那之後，各地紛紛爆出類似的兒童猥褻疑雲。這些案件有個共通之處，就是許多據說案發的日托中心，包括南希工作的地方，都接受了「重生方案」（Head Start）的資助；這個聯邦計畫會對受害者家屬發給優渥補償，或者協助他們取得豐厚的民事和解費用。在南希的案子裡，許多主張受害的家庭後來皆獲得了數百萬美元的安家費。一般認為，在這些現在被統稱為「日托歇斯底里案」（*Daycare Hysteria Cases*）的案例裡，有很多遭到起訴的人其實都是無辜的，後來也有不少人已經平反。（原注7）「日托歇斯底里案」的確就是當代的獵巫行動，就像「塞勒姆審巫案」（*Salem witch trials*）★。我離題了。

在南希．史密斯案中，有一對父母（他們後來獲得了數百萬美元的補償）聲稱，某天早上南希把他們兩個分別是三歲和四歲的孩子接走後，沒有送到日托中心，反而是帶往一間奇怪的房子，和她的「男朋友」共同猥褻兩個孩子，當晚再把他們送回家。兩個孩子在審判前不斷改變說詞，故事中甚至還有些瘋狂的指控，例如南希和她男友逼他們喝尿、用針頭戳他們。兒虐議題的專家看到這類案件時，會告訴你這種不合常理的情節往往就是危險信號。如果小孩子沒有真的遭到虐待，而且年紀又太小，無法理解性或是真正的性騷擾一般是怎麼回事，當被問到「他們對你做了什麼壞事？」，常常會給出一些古怪、令人難以置信的答案。

南希遭判有罪並入監執行幾年後，相關有利證據才浮出水面，原來在據稱爆發虐待事件的那一天，所有孩子都有到校的紀錄。而且在那天的校車上，有一位成年的助手與南希同行，他後來作證表示，那些天方夜譚般的指控根本子虛烏有，孩子們到校後全都下了車，當天下課後也全都被送回家。此外，早上把孩子送到學校到傍晚送他

★譯按：一六九二至九三年間，在麻薩諸塞灣省的塞勒姆，有許多人因為被控使用巫術而遭到審判，其中二十人遭處死刑。

們回家之前，南希還有第二份工作，而工作紀錄顯示，據稱案發那天，南希有去上班。孩子們的警詢影片後來也曝光，顯示家長們在過程中有教導孩子要說什麼，好讓南希和據說是她共犯的人入罪。儘管令人難以置信，但審判時南希的委任律師完全沒有做任何調查，沒有傳校車的助手出庭作證，也沒有調查任何能夠證明她清白的資料。因為這些指控，南希過了將近十五年如地獄一般的日子，而對她做出指控的一家人卻變得富有。在各種證據出現後，南希於二〇〇九年獲釋，《日界線》（*Dateline NBC*）後來也以一個小時的專題探討這個荒唐至極的案件。（原注8）

不過在她獲釋之前許久，在平反的機會看來還只是渺茫夢想的時候，我曾到牢裡看過南希。我從未見過有誰像那天的南希．史密斯一樣，陷入如此悲慘的情緒深淵。對於無法撫養自己的四個孩子，她感到痛苦不堪。南希是單親媽媽，在她被冤枉入獄後，她幾個年紀較小的孩子就由親戚輪流撫養。那些年間，她的孩子生活顛簸，其中一人還患了嚴重的心理疾病，並因而染上癮症。而她完全無能為力。她無法理解為什麼這種事會發生在她身上，她說話時坐立難安，全身顫抖，由於哭得厲害，我甚至聽不太懂她在說什麼。她陷入一種看不到盡頭、極度的精神折磨之中。

那天從監獄開車返家的路上，我想著她所面對的是如此可怕的不正義——即便已有強力的證據證明她無辜，她還是得留在牢裡，與自己的孩子分離。一想到她所受的折磨，我就覺得難以忍受，就連我的身體都跟著不舒服了起來。我有一股想要把她救出來的壓力，不過當時還是調查的早期階段，平反看來遙遙無期。這樣的壓力讓我想吐，只好把車子開到路邊停下。

我也曾因為其他案子而度過無數難以成眠的夜晚。那是我作為律師的體會。我無法想像無辜者本人以及他們的家人承受的是怎樣的痛苦和不堪。

二〇〇三年，我們接下迪恩．吉利斯皮（Dean Gillispie）的案子，到了二〇一一年他才終於證明清白且獲得釋放。迪恩的母親在我們接案不久後就說過：「自從迪恩被俄亥俄州綁架之後，這是我們家人第一次能夠好好地過聖誕節。光是知道有人會傾聽、有人終於與我們並肩作戰，就能感受到一點點聖誕氣氛。」二〇〇三年前，她和家人已經過了十二次不能與兒子共度的聖誕節，而且在我們終於讓迪恩以自由人身分回家之前，他們其實還得撐過八次這樣的節日。事實上，即便我們取得的證據證明了迪恩的清白，他還是繼續在牢裡待上三年，只因為檢察官和承審法官的抗拒。他們和克拉倫斯案的檢察官一樣，心胸狹窄得可怕。

在這些案子裡，我看到警察、檢察官和法官採取不合理，甚至欺偽的立場，剝奪無辜者的自由，並且對其整個家庭帶來極大的苦難。這些都可以被視為是邪惡之舉。然而，我將在下文說明，我相信刑事司法制度中的這些行動者，都是一般所謂的好人。如果這種反應真是出自**邪惡**，那麼我們可能會認為體制內多數的警察和檢察官都很邪惡，畢竟他們多數人對於試圖喊冤的定讞案件都是這種反應。然而他們並不邪惡，他們就是正常的一般人。他們也會扶老人家過馬路，或者幫生病的鄰居鏟掉車道上的積雪；他們會受邀到高中公民課演講，向學生講述美國偉大的司法制度，每個人都會覺得他們很棒，孩子也會希望長大後成為像他們一樣的人。然後他們回到工作崗位上，又繼續在這類案件中做出令人心碎、麻木不仁的不義之舉，因為他們是在否認的官僚迷霧中做事。

認知失調、行政之惡、去人格化，當這三個心理因素結合起來，就會導致刑事司法制度中的這些好人創造出這樣的「邪惡」之果。

認知失調

認知失調是一種心理現象，當我們聽到一些與內心深植的信念相衝突的資訊時，我們往往傾向抗拒，或者對這些資訊置之不理。（原注9）認知失調的理論認為，人類無法長時間抱持兩種互相衝突的信念，因為會造成內心極大的不安或是不協調。為了解決這種不協調的感覺，我們必須採取行動以降低矛盾，而這通常表示我們會堅守心中認為最重要的信念，並且在潛意識中拒斥對立的信念。（原注10）許多時候，我們不僅會拒絕聆聽矛盾的資訊，為了降低初期體驗到的不安，我們還會猛烈抨擊對立面的主張，說服自己相信它大錯特錯，必須大聲加以駁斥。我們會合理化自己深信的事物，認為它絕對正確，因此當信念初次遇到挑戰時，為了減緩心中的不安，我們就會做出補償現象，過度用力打擊對方，以維持自己信念的合理性。

第二次世界大戰期間，許多德國納粹黨的支持者最終都察覺到，他們其實是在對猶太人和其他特定族群進行大規模的種族屠殺。我相信多數人在察覺到此事之後，應該都經歷過這種認知失調的不安全感。他們熱愛自己的政黨，因為它讓德國成為世界強權，讓他們深刻感受到自我的價值；但他們也知道種族屠殺是不道德的。當面臨兩個互相衝突的信念時，他們勢必得做出選擇。他們可以選擇離開納粹黨，不再參與黨的活動，但此舉將帶來個人或職業上的重大犧牲，許多人可能不願意這麼做。他們也可以繼續留在黨內，鴕鳥心態地說服自己種族屠殺並沒有真的發生，只是敵方散播的瘋狂謠言。又或者，為了讓他們對自己深愛的國家所做的事覺得好過一點，他們也可以「毫無保留」地積極跟隨黨的意識形態，說服自己在這個情境下屠殺猶太人是道德的與正確的事，然後防衛性地攻擊其他持不同意見的人。

後來有些德國人決定離開納粹黨，有些人還涉險搶救猶太人，但也有許多人拒絕承認發生的事，甚至過度補償地積極採取黨對「最終解決方案」（Final Solution）★的

★譯按：指納粹針對歐洲猶太人實施系統化的種族滅絕計畫，主導對猶太人的大屠殺。

立場。他們的職務離集中營越近，就越難否認正在發生的事，因而越容易選擇以「毫無保留」的方式來正當化自己的行為，避免認知失調。

人們在一般的事情上也會出現認知失調的現象。抽菸的人都知道菸對健康有害，但不太可能一邊對健康感到極度焦慮、一邊繼續抽菸，因為這種狀況令人難以容忍，所以我們的潛意識不會讓它存在太久。抽菸的人必須做點什麼才能解決這個認知失調。戒菸是其中一個選擇，也有些人確實這麼做。有人會繼續抽菸，但為了合理化這個失調的狀況，他們可能會開始喊口號，說自己很快就會戒菸，所以不會有任何老菸槍的健康問題。一年復一年、十年復十年，他們不斷說自己「很快就會戒菸」，即便旁觀者都清楚他們絕對不會戒。或許他們會對自己說，戒菸會變胖，而肥胖也會帶來像是糖尿病等健康風險，而他們認為這比抽菸的風險更高。他們會說：「我的家族有糖尿病史，只有抽菸才能讓我變瘦。兩害相權取其輕，我沒有別的選擇。」

又或者他們會跟自己說抽菸帶來很大的快樂，這比健康的風險更重要。他們告訴自己：「如果沒辦法盡情享樂，再多活十年有什麼意義呢？」、「抽菸會讓我平靜，讓我更能享受生活。我不抽菸就沒法專心工作。抽菸會讓我變得更好。與其過著壓力不斷、成天擔心健康的長壽人生，我寧願選擇短暫但快樂的人生。我只想放過自己，讓自己輕鬆一點。」

數十年前，認知失調之父心理學家利昂・費斯廷格（Leon Festinger）曾潛入某個異教，信徒們相信那年十二月二十一日的午夜，世界將如教主所言被毀滅，而只要能在末日時跟著教主到某處，就會有太空船前來迎接並拯救他們。許多信徒真的為此賣掉了自己的房子，把財產都送給別人，畢竟在外太空根本不需要這些東西。

費斯廷格想知道，當末日預言並未如預期實現時，信眾們會是怎麼反應。到了午夜，什麼事都沒有發生，太空船沒有出現，世界也沒有被毀滅。直到凌晨兩點，人們開始緊張起來，到了四點四十五分，教主突然接收到新的預言，宣布說因為他們這群人始終堅持信仰，所以神決定要饒恕這個世界。教主宣稱，由於信眾們展現的信仰讓人欽佩，所以神改變了心意。正如費斯廷格所預料，這些教徒們對教主變得更加佩服也更加堅信。他們帶著狂喜邀請媒體報導這個神蹟，活力充沛地積極傳教，因為他們竟然有幸目睹神蹟。（原注11）

我相信絕大多數警察和檢察官都是好人。他們成為執法人員，是為了幫助他人、讓世界變得更好、打擊犯罪、替被害人發聲，而且是為了正義而戰。這樣的努力成為他們性格的一部分，也是他們自我認同和職業精神的重要成分。他們自然接納了身邊同僚傳達出的想法：「我們是好人，為了他人的安全，我們不惜將自己置身危險之中。」而這也是事實。執法人員投注心力於公共利益。舉例來說，檢察官如果選擇成為執業律師，肯定可以賺更多錢，但他們為了公共利益寧願選擇少賺一些。

當他們剛踏入刑事司法體制時，透過那些卓越睿智的前人的努力，甚至可以上溯至幾位開國元老，這套制度看起來運作得相當順暢，經過數十年的磨練和調整已近乎完美。他們何其有幸能夠成為其中一份子，協助實現司法正義，並為下一代而戰。他們每個人都將畢生奉獻給這個體制，驕傲地深信自己的貢獻是為了達成某個高尚的目標，而這個集體目標的意義大過任何部分的總和，比任何個人都更重要。他們的部分自我認同和自我價值也是來自這個信念。

因此，當無辜運動和心理學領域的發展開始質疑這個體制中某些核心的基本假設時，這些人的反應往往充滿防衛性，甚至可能帶著敵意。如果有人指出某個案件中出現蒙冤的無辜者，他們會先加以否認，通常還會附上一些匪夷所思的理論，強調被告為何有罪——即便DNA鑑定結果已經證明被告無罪的事實，如同前文所見。又或者，如果有人提出體制需要改革，例如讓證人指認或是刑事鑑識證據變得更加可靠，他們往往會嘲笑這些提議，繼續按照過往的作法行事，不願意傾聽或進一步思考改革的建議。

當然，倘若有誰對你說：「你們讓一個無辜的人被判有罪，他在牢裡關了三十年，結果逍遙法外的真凶又性侵並謀殺了三名女性，這都是你們的失誤造成的結果。」

這樣的話自然很難讓人接受。這種訊息會讓人產生難以忍受的認知失調。這個事實和刑事司法體制內的人所相信的一切有所矛盾，也違背了他們奉獻一生、自我價值所繫的那個制度。

因此當他們聽到這樣的事，勢必得做出選擇。他們可以客觀地驗證這個主張，確認它是否為真。但大部分的人都很難做到。相反的，許多人會做出膝反射式的直覺回應，也就是嚴厲地拒絕調查新證據，用一些不合理的論調捍衛他們深信不疑的制度公平性。面對這些挑戰他們信仰和認同的人，他們以憤怒加以回應。如果有人告訴他們刑事司法制度有其缺陷，必須全面檢討，許多方面也需要改革，他們會回以同樣的防備和憤怒。

丹尼爾・梅德韋德教授早年是位冤案救援律師，他曾在演講中告訴我班上的同學說，他首次在工作上見識到這個心理現象時有多麼震驚。他在紐約的無辜組織擔任辯護律師，在他的第一例案件中，他的團隊收集到足以證明當事人無罪的壓倒性證據。他告訴學生：「證據非常充分。檢察官都是明理的人，也想要知道真正的答案。我們不必向法院聲請釋放當事人，只需要去找檢察官，把證據給他們看，我相信他們也會和我們有相同的看法，願意放當事人自由。」但是他錯了，他太天真了。他對人類心理不夠了解，就如同我首次踏進這個領域時一樣。檢察官的反應讓梅德韋德大受衝擊，他們甚至用一些荒謬的方式編造新證據，以避免承認當事人的清白。對此他深感不解，在後來擔任法學教授的學術生涯中持續研究這類反應背後的心理學，並寫下與這個主題有關的幾篇文章，最後出版了《起訴情結》一書。

———

跟其他州一樣，俄亥俄州的法律規定，當定讞後的案件符合特定的法律要件時，檢警必須移交犯罪現場的生物證據以供DNA鑑定。在俄亥俄州無辜計畫受理的超過一百個案件中，我的辦公室都會援引這條法律替喊冤的囚犯要求進行DNA鑑定。在我從事這份工作的最初幾年，我會打電話給負責的檢察官辦公室，跟他們說：「有一名囚犯寫信給我們說他是無辜的。我們審視這個案件之後，發現應該有DNA可供檢測，才能確定他是不是在說謊。貴辦公室是否同意提供證據讓我們進行檢測？我方會負擔檢測費用。如果您同意，我們就不需要浪費時間就此事向法院提起訴訟了。」

答案幾乎都是「不同意」。接著我會強調：「我們並不是說他一定是無辜的。只是既然有DNA，我們可以做個檢測就知道答案了，這也不會花費您什麼，何不讓我們進行檢測呢？」答案大多還是「不同意」。曾經有位檢察官在電話中對我說：

「你們的名稱『俄亥俄州無辜計畫』讓我不太舒服。為何要用這個名稱？這是一種侮辱。我知道你們想要幫助那些人離開監獄，不過那些人想當然不是無辜的。」

幾年下來，除了俄亥俄州幾個曾經同意檢測的郡，我們甚至不再打電話去詢問這件事了。我們會直接向法院提出聲請，指明我們的當事人符合俄亥俄州的DNA法對鑑定的要求，因為我們知道檢察官一定會強烈反對。

當我在演講中提及這樣的狀況時，聽眾總是會問：「為什麼檢察官不同意進行DNA鑑定呢？」我能夠想到的唯一答案，就是他們具有上述的否認心態，而且確信被他們證明有罪的人是罪證確鑿，所以他們才會認為這一切都是在浪費時間。然而這種防衛性態度不只是不正義，還浪費了大筆納稅人的錢。倘若我們被迫在法院中對鑑定進行攻防，訴訟經常耗時長達數年，占據法院寶貴的時間和資源。

有個案件是我從申冤人那裡取得DNA鑑定的要求，於是我聯絡當地檢察官，請求他們的同意。我也告訴他們檢測費用會由我方負擔。即便已有許多生物證據能夠輕易判定喊冤是否屬實，檢察官還是拒絕了，於是我們只好向法院提出聲請。經過大規模的訴訟後，即便當事人完全有權根據俄亥俄州的DNA法要求檢測，承審法院依然拒絕了我們的聲請。一兩年後，我們讓那件案子離開該名檢察官的管轄區域，上訴審法院裁定原審法官拒絕根據俄亥俄州的DNA法同意檢測是「濫用裁量」，於是全案又發回原審法院進行重審，並指示要將生物證據提交給實驗室做鑑定。

DNA鑑定後，發現該名囚犯確實有罪。對於從事無辜運動的人來說，這並非罕見的狀況。我們最初要求檢測的時候，當然也不知道囚犯到底是不是無辜的。我們只是想透過鑑定找出答案。我告訴學生們，以DNA結果確認罪行，其實是我們能夠期望的最好結果，畢竟「如果你什麼事也不做，讓無辜的人被關在牢裡，而真凶逍遙法外並犯下更多罪行，實在很病態」。所以當DNA結果確認罪犯真的有罪，我其實有點不知道該做何反應。我很高興我們得到最終的答案。而在這起案子裡，我也做了我們接到這類結果時會做的事——撤回聲請，終止委任關係。

我們在當事人確定有罪後就會提出這樣的聲請，通常檢察官會以書面表示同意，然後法院就會指示結束此案，檢察官和辯護律師不必到庭。這些都是透過信件或後來是透過電子郵件的書面作業。但在上述案件中，當我們提出撤回的聲請後，檢察官卻向法院聲請舉行聽審程序，要進一步討論這個案件。我對於這個要求感到很疑惑，因為看來只是在浪費時間。既然所有人都同意DNA結果確認囚犯有罪，這件事理應可以很快解決，何必再浪費時間到法院去討論是不是該撤回聲請。不過基於禮貌，我並沒有反對這個奇怪的要求。

舉行聽審的前一天晚上，我接到一位熟識記者的電話，大意是告訴我「明天會有一位選舉出來的檢察官親自出席，而不是交由助理檢察官處理，檢察官召開這場聽審是為了趁機譴責俄亥俄州無辜計畫，你們為了一個有罪的性侵犯而浪費納稅人的錢，還占用他們和法院的時間。他已經通知媒體了，所以我們明天都會過去瞧個究竟。我只是來提醒你一聲。」

接到這通電話後，我馬上與檢察官辦公室聯絡，提醒他們我早就說過不需要經過訴訟，而且我們會支付DNA鑑定的費用。我也指出，幾年前我們就可以確認該名囚犯有罪了，甚至不需要動用納稅人的一分錢。是因為他們那時候拒絕做免費的檢測，才會浪費這麼多時間和金錢。換句話說，是因為檢察官的錯誤才多繞了這一圈。

第二天早上，在聽審召開之前，那位記者又打電話給我，說「對方取消媒體採訪，檢察官也不會來了，只會派一個下屬過來」。聽審只進行了大約六十秒，雖然看起來煞有介事，不過是擺擺樣子而已，又是一個浪費時間的舉動。檢察官拒絕DNA鑑定除了是浪費納稅人的錢（耗費數年的訴訟，最後還是要做檢測），他們甚且對鑑定的聲請充滿敵意，摩拳擦掌想要當眾羞辱俄亥俄州無辜計畫，聲稱我們代表一名有罪的囚犯。儘管他們最後打消了這個念頭，但原因只是他們終於明白浪費納稅人錢的不是別人，正是他們自己。

任何從事無辜運動的律師都可以給出一個又一個例子，說明檢察官如何以封閉的思考來反擊無辜者的主張，拒絕承認任何經他們證明有罪的人可能是無辜的。我在本書已經舉過許多例子，不過讓我再舉一個，這個案例是在我剛踏入這個領域時發生的，當時我還天真。

俄亥俄州無辜計畫曾有個當事人叫里科．蓋恩斯（Rico Gaines），他因為謀殺罪遭判刑入獄，定罪的主要根據是一些有問題的目擊者證詞。在里科身陷囹圄好幾年之後，檢察官的主要證人翻供了，說他在法庭上的證詞是錯的。

現在我知道，光有這樣的主張通常不足以替無辜者打贏官司。檢察官的證人在數年後翻供對法院並不會有什麼影響，法院多半會認為證人此時翻供，應該是因為「有罪的謀殺犯」或其家屬的施壓。

不過本案我們還掌握了其他線索。有個住在案發地點同一條街上的男子和我們聯絡，表示他目睹了那宗槍擊案。當時他人站在自家車道靠近馬路的地方，看見也聽到幾個人在前面的街道上起了爭執，便趕緊蹲下躲到自己的車子後方，探頭偷看發生什麼事，結果目擊了開槍的瞬間。整起謀殺案可以說就發生在他眼前。這名男子不但知道我們的當事人並未涉案，甚至還能指認出開槍者，就是社區內幾個聲名狼藉的傢伙，大家都知道他們常做出犯罪和暴力行為。

他解釋說自己之所以在原審時不敢吭聲，是因為擔心若指控了這些素行不良的人，形同把自己家中才十幾歲的孩子們置於危險中。現在孩子都已經長大離家了，他又從報紙上得知那幾名真凶都因為別的案子而被關在獄中，他不擔心自己或孩子的安危了，所以才決定出面。這位新證人跟我們的當事人並不是朋友，也沒有明顯的說謊動機。

此外，彈道鑑定報告也顯示，檢方在審判中依據線人證詞所主張的犯罪方式與事實不符，新證人所描述的案發經過反而更符合鑑定結果。

我們和檢方聯絡，告知他們出現了新證據，我們願意提供這位新證人的聯絡方式，如果需要的話，還可以對他進行測謊。結果檢方回絕了，他們不想與該名證人見面，也不想測謊。於是我們就自己將該名證人送去測謊，而他也順利通過了。即便我知道測謊不是那麼可靠，但我們有時還是會請證人測謊，因為如果通過的話，有時候就有機會動搖檢察官的心證。不過既然檢方始終毫無意願，我們便據此新證據向法院提出聲請，希望能證明里科的清白。

聲請狀送出後，檢察官突然來訊說他們改變主意了。他們現在想和這名新證人見面，親自判斷證人說的是否屬實。我們本以為案件說不定會有新進展而大感振奮，也很高興檢方看起來願意用開放的心態重新審視這個案件，於是我們便與證人聯絡，安排他到檢察官辦公室面談。但他抵達後，檢方根本沒有要和他面談，反而根據他過期未繳的交通罰單將他拘留。檢察官對他提出指控，還跑了整套的逮捕程序。那名證人為了離開，只好打電話給教會，請牧師協助向其他信徒籌錢，幫他付掉所有未繳的罰鍰。等罰單全部結清後，檢察官才放他離開。

檢察官想要傳達的訊息很明確。他們其實沒有以開放的心態看待這個案子，只是無所不用其極地要嚇阻證人，阻止他在後來的平反聽審中出庭作證。

最後我們還是成功協助里科平反，讓他從無期徒刑中解脫，而那時他已在獄中待了九年。但他的檢察官仍然像許多其他冤案的檢察官一樣，拒絕相信當事人的清白，不願真誠地保持客觀或尋找真相。

儘管當然會有例外，不過檢察官對定讞後平反的案件採取這樣的回應，應該算是常態。當我在演講中提到這類故事時，聽眾會感到不解，他們會一再地問：「為什麼檢察官會這麼做？他們不想得到正義的結果嗎？」、「他們不希望知道真相嗎？」他們看起來似乎不相信我所說的。所以當紀錄片《謀殺犯的形成》推出後，我很高興大眾終於能夠看到這類檢察官堅拒反抗的清楚例子。一九九五年，遭指控對潘尼．貝倫斯頓（Penny Beernsten）施暴並性侵的史蒂芬．艾佛瑞（Steven Avery）還在法庭中努力推翻錯誤判決時，隔壁郡的檢察官曾致電負責該案的警長辦公室，表示他們剛逮捕的格雷戈里．艾倫（Gregory Allen）供稱自己犯下該性侵案。然而接到電話的警官不僅沒有把此事告訴法院或史蒂芬的律師，甚至也沒記錄下來。他確實告訴了幾名主管，但大夥兒都沒有把它當一回事。

幾年後，在DNA鑑定證明格雷戈里為真凶，史蒂芬終獲平反之後，威斯康辛州檢察總長開始進行調查，警長辦公室才證實當初確實曾經接過這通電話。

為什麼當初電話打來的時候，他們沒有採取行動呢？這也是否認心理的一種形式。對於史蒂芬犯罪這件事情，他們的心中毫無懷疑，因此那通電話對他們來說就無關緊要。更確切地說，他們感到認知失調，電話裡的事實和他們對史蒂芬的有罪認定相互衝突，所以他們便把它置於一旁。一旦心意已決，人們通常就很難再改變想法。曾有心理學研究顯示，賭馬的人在下注之後（不能再做更改），相較於還在排隊要下注的人，他們更堅信自己做了對的選擇。（原注12）下好離手的那一刻，你的心志就會變得更加堅定。在檢察官和警察認定誰有罪的那一刻，他們就等於下好離手，不會再回頭了。

我自己擔任檢察官的時候，某種程度上也犯過這個毛病。以下就是一個例子。曾有兩三年的時間，我經常和一個「告密者」合作。他在一次被逮捕之後「帶槍投

靠」，成了我們的線民以換取減刑。（線民承認犯下被捕的犯罪情事，但刑期可暫緩執行，有時暫緩長達數年，直到與檢方的合作結束。而根據合作期間對執法單位的貢獻，刑期也能有所寬減。）由於我有幾場訴訟需要他作證，那時候常與他碰面討論準備。我覺得他很聰明又有趣，看起來也頗為誠實。我們共事得不錯，我也喜歡他。有一次我忘記為什麼，不經意提起他過往的一份自白；那是好幾年前他第一次被捕時在警車後座所做的。當我講到這份自白時，他竊笑了一下。我說：「怎麼了？你為什麼笑？」他說：「那件案子我有做，但我沒有像那個刑警說的在警車裡自白，那是他編出來的。當時我的律師給我看他寫的自白報告時，我簡直不敢相信。不過沒有關係，反正我本來就會認罪，我不會爭辯我真的有做的事情。」

說刑警偽造自白是很嚴厲的指控，應該要詳細調查。但那時候我認為他只是隨口亂說，沒有多想。我覺得太荒謬了，於是就改變話題。但今日再回頭看，我知道那個線民沒有理由說謊。他在幾年前就已經認罪，也馬上就轉為線民，何必在兩三年後編造自白遭偽造的故事？而如果展開調查，他很可能被迫出面指控那名與他合作，而且合作期滿後還可以左右他最後刑期的刑警。其實他反而有很強的動機不要說出這件事。此外，當時的狀況也不像是他想向我告發，所以刻意提起自白的事。話題完全出於偶然間的隨口提起，而且還是我提起的。實際上，他對此事也沒有太在乎，我轉移話題後他也沒有再轉回去。

回想起來，我們首次逮到這個線民之前，我曾對該名刑警施壓，希望他能取得嫌犯的自白。我告訴他這件案子不好辦，而他看起來總是有辦法讓嫌犯自白，因此我真的希望他這次也能夠「發揮功力」，取得那個傢伙的自白。

由於當時我並未回應那名線民的指控，所以我也不知道在其他未結的案子中，是否也有涉及該名刑警取得的爭議自白。我很確定任何處理這類案件的律師都會想弄清楚，這位假裝弄到當事人自白的刑警，之前有無可能也偽造過其他自白。但我當時甚至沒想到要去做這樣的調查。我第一次想到應該做調查，已經是我在寫這個章節因而回想起這件事的時候了。我就像是《謀殺犯的形成》裡的警官，明明接到電話，得知格雷戈里．艾倫坦承犯下那起讓史蒂芬．艾佛瑞遭判刑的性侵案，卻認為只是個荒謬的假消息，完全不值得多想。

雖然直至今天，我都不知道那名線民說的偽造自白是不是實話，但我知道正是因為認知失調，我才會對他的指控置之不理。我把它掃進心裡的角落，因為它和我對制度的信念有所扞格。而且我相信，即便我把此事向上呈報，徵詢上司們的意見，他們大概也不會多管，絕對不可能因此展開內部調查。實際上，我還有可能因為太好騙了，竟然相信一名線民的話就懷疑一名警官，而遭到上司斥責。一個告密者提供的資訊能夠讓我們把某人送進監獄，我們就選擇相信，而一旦他的話挑戰了我們對於制度的基本信念，我們就會不假思索地認定他的指控毫無價值。

作為冤案救援律師，俄亥俄州的警察機關總是不願配合我們希望警局提供檔案的要求，這一點讓我感到很挫折。我們開始調查案件時，第一個步驟就是根據俄亥俄州的《公開檔案法》（Public Records Law）要求相關警署提供公開紀錄，取得原始的警局檔案之後，我們才能夠評估調查要如何進行，以及需要收集什麼證據。二〇〇三到大約二〇〇九年，我們剛開始進行這項工作時，警署多半都會直接提供我們檔案。但在幾個備受大眾矚目的平反案件之後，許多警署就不再把檔案移交給我們了。有時他們是直接忽略我們的信，有時則會回信表示調查仍在進行中，調查內容涉及《公開檔案法》中不得公開的例外事項。不過我們有些當事人是在幾十年前就被判有罪，連這種案件他們都聲稱調查還未結束，根本是不可能的事。由於俄亥俄州各地的多個警察單位幾乎是同時開始這樣回應，看來並非偶然，而是刻意。簡直就像是他們在州會議上通過決議，不再把檔案移交給俄亥俄州無辜計畫，免得我們繼續平反更多案件。最後，我們組織裡頭中一位實務課程教授唐納德．卡斯特（Donald Caster）只好根據

《公開檔案法》對哥倫布警察機關（Columbus Police Department）提起訴訟，試著創造新的判決先例，讓警署不能夠再作此狡辯。二〇一六年我們贏了這場訴訟。

回想起我當檢察官時，第一次碰到有人對一件舊案提出公開檔案的要求。上級指示我打電話去華盛頓哥倫比亞特區的某個聯邦辦公室，詢問我應該如何回應。我打了電話，對方回覆的大意是：「如果你可以主張調查還沒有結束，你就這樣說，總之不要交出檔案。好比說，如果檔案中有任何線索顯示被告當初可能和另一人一起犯案，但當時你們沒有足夠的證據逮捕那個人，或者那時候沒有追查，那你就照實說調查還在進行。說不定哪天會有誰走進你的辦公室，給你足夠的證據逮捕另外那個人。」雖然我並未繼續調查該案，也已經有好幾年的時間根本不曾想到它，但當時我確實設想出一個不太可能的情節，好讓自己可以依照指示主張調查還沒有完全結束。然後我就再也不曾想起那個案子了。我完全沒有覺得這個指示有什麼問題，那時候我甚至還很高興能有這個簡單的方法擋掉這種「胡攪蠻纏的事」。

近幾年來，認知失調也激起人們對於刑事鑑識改革主張的強烈反擊。無辜運動、心理學研究和科學的新突破再再顯示，刑事鑑識中有許多領域都存在謬誤（我將在後

文深入探討），但在這些領域中謀生的人卻抨擊提出新想法的人，彷彿他們是十四世紀挑戰教會神聖真理的異教徒。

以「嬰兒搖晃症候群」（shaken baby syndrome, SBS）為例。過去二十年間，美國就算沒有數千也有數百人因為這個醫學理論被判有罪，但是我們現在都知道這個理論大有問題，可能造成冤案。根據嬰兒搖晃症候群的診斷標準，如果死亡或重傷的嬰兒在被送到醫院時出現三個特定症狀，視網膜出血、硬腦膜下方出血（硬腦膜下血腫）和腦水腫，就表示嬰兒曾被照顧者搖晃。這個理論認為唯有經劇烈搖晃，這三個症狀才會同時出現。如果嬰兒失去意識後，父母或保母打電話將孩子送醫，事後診斷出這三種症狀，照顧者就會被認定曾經搖晃嬰兒而被控以謀殺，如果嬰兒沒有死亡則被控施暴，而且極有可能被判有罪。

然而現在我們知道有許多情況和疾病都可能導致上述三種症狀出現，就連「從低處墜落」，例如從沙發或尿布檯上摔下去，有時也可能造成這種症狀。據此，近年來許多被依此理論起訴謀殺的人，若有錢請到醫學專家反駁檢方根據嬰兒搖晃症候群所提出的專家意見，紛紛獲判無罪。也有幾名過去因此遭判有罪的人，幸運地碰上獨立思考、願意用開放的心態重新檢視醫學文獻的法官，在獄中關了幾年後獲得平反。（原注13）不過仍有許多因此遭判有罪的人還在獄中，其中有不少是無辜者。

上述這些新發展引起部分小兒科醫師很大的反彈，尤其是那些以協助檢察官作證維生的醫師。他們忿忿地抨擊那些主張嬰兒搖晃症候群理論可能有誤的醫師和神經外科醫生。他們沒有要討論是非曲直，有時反而只是想要威脅質疑現況的人。一名出面挑戰現狀的醫生在替被告作證後，甚至被控偽證罪，所幸最後獲判無罪。英國的維恩．斯夸爾（Waney Squier）博士是世上最頂尖的神經病理學家，雖然她也曾經服膺嬰兒搖晃症候群理論，後來卻出庭表示，許多診斷為嬰兒搖晃症候群的個案是不正確的，結果她竟然在二〇一六年為此受到懲戒。（原注14）對此，全世界超過二十名頂尖病理學家以及該領域的其他領導人物，共同發表了以下社論：

我們很關注維恩．斯夸爾博士，這位曾在約翰．拉德克利夫醫院（John Radcliffe hospital）擔任顧問醫師長達三十二年，可謂英國兒科神經病理學領域最頂尖的科學家，週一遭到醫學總會小組，根據她在所謂嬰兒搖晃症候群案件中的證詞，而將之從註冊醫師名單中除名。她面臨各項指控，其中包括過於不尊重同儕的觀點。

每個世代都有如宗教般受人信奉的正統理論，如果說歷史有什麼必然性，大概就是昨日被深信不疑的許多信念，將會是明日眾人訕笑的對象。時間終究會告訴我們嬰兒搖晃症候群是否屬於此類。然而，斯夸爾博士的事件同時彰顯，權威當局對於不墨守常規的人施以嚴厲懲罰，這種模式令人感到不安。

二十一世紀的裁判竟不容許一名醫師有質疑「主流」信念的自由，這真是科學史上值得哀悼的一天。即便孩子可能是死於截然不同的自然原因，父母或照顧者卻只能接受一名醫師認定嬰兒遭到搖晃的錯誤「診斷」，對他們來說，這更是格外哀傷的一天。（原注15）

《症候群》（*The Syndrome*）這部紀錄片完整呈現了這個爭點，以及檢方與醫學體制的反應。對此議題有興趣的人都應該去看看這部吸引人的紀錄片，片中不僅點出認知失調如何作用，還能看見當有人宣稱一直以來醫學體制可能搞錯了，這個體制回應的論述水準有多低劣。舉例來說，有一幕是在一場有關嬰兒搖晃症候群的會議中，一位投身此領域多年的醫生拿著吉他自彈自唱，他用《綠野仙蹤》裡〈如果我有一個腦袋〉（If I Only Had a Brain）的曲調，請觀眾跟他一起唱出下面這段極具諷刺意味的歌詞：

> 我說這些搖晃案件的主張啊，根本毫無根據，
> 我的意見才是大家需要的。

雖然我的理論引發眾怒，但我仍會努力工作賺錢，
讓我得到一萬美元。
我可以當個忠於自己所信的誠實者，
就像在奧茲國的各地那樣。
但是我的錢包說它需要，所以我會說那些都是再出血，
讓我得到一萬美元。
噢，我會告訴你為什麼檢方的證據不支持那樣，
讓我的主張看起來沒什麼理由，
總之就是沒有證據，我又何必在乎呢？
我不在乎其他醫生說什麼，我一定會說他們就是從低處掉下去的，
我會在證人席上這麼說。
腦子裡的大出血，我會說不是虐待，
讓我得到一萬美元。
也有其他原因會造成眼睛出血，那些自白都在說謊，
我就像是在唱獨腳戲。
軼事不會成為科學，研究不值得信賴，

讓我得到一萬美元。
噢，我會告訴你為什麼檢方的證據不支持那樣，
讓我的主張看起來沒什麼理由，
總之就是沒有證據，我又何必在乎呢？
許多評論者會攻擊我，但辯護人還是愛找我們，
因為我有助於他們的計畫。
他們異口同聲責難我，我也不在意他們說我無情，
因為我總是會得到一萬美元。我想要得到一萬美元。
我真的需要一萬美元。

捍衛嬰兒搖晃症候群的人據理力爭時，通常有個主張是這個理論之所以正確，是因為有些因此而遭逮捕的人，事後也自承確實這麼做。他們認為這些自白就證明了理論是對的。這番話凸顯了醫學專業想要把診斷適用於專業範圍外的領域時所產生的問題。顯然這些醫生並不完全了解虛偽自白的現象，本書稍後會再作探討。這不令人驚訝，因為大部分人都不了解，包括許多法官，除非他們有讀過心理學文獻，而且親眼看過它在法庭實際上演。他們也不了解剛失去孩子的母親或父親——這或許是人生中

最恐怖的遭遇——極容易屈服於虛偽的自白。尤其如果警察告訴他們，唯有透過自白可以獲得較輕的處置，早日與其他孩子團聚；又或者如果有人告訴他們，倘若不願自白，那麼將會是他們的另一半得承擔罪責。

結果這個不正確的醫學理論可能造成錯誤自白，接著他們再拿這些錯誤自白做為這個不正確的醫學理論的驗證，完全是循環論證。

刑事鑑識體制對於外界針對咬痕證據的批評，同樣做出類似的守舊反擊。唯二曾經全面檢驗此類鑑識證據的獨立機構，都發表了不認可咬痕證據的報告，其一為聲譽卓著的美國國家科學院（National Academy of Sciences）於二〇〇九年所提出的報告，顯示咬痕證據有其根深柢固的問題；其二則是德州鑑識科學委員會（Texas Forensic Science Commission）於二〇一六年所做的認定，主張該州應該暫停使用這類證據。（原注16）對上述報告，美國鑑識齒科學委員會（American Board of Forensic Odontology, ABFO）做出回應並反擊。根據《華盛頓郵報》的觀察，ABFO的支持者「會發起極具侵略性，有時甚至非常針對個人的行動，試圖削弱提出疑慮者的可信度」。（原注17）支持現狀的人還有一種手段，就是對膽敢質疑該組織的牙醫師提出擾人的倫理控訴。（原注18）

ABFO曾於二〇一五年進行一項研究，試圖證明咬痕證據的可信度，好讓批評者無話可說。難堪的是，該研究以失敗收場。共有三十九名鑑識齒科醫師參與研究，對上百個案件進行研判，但有時卻得出南轅北轍的認定，顯示這個「科學」確實有主觀且武斷的本質。美國國家科學院的保羅・賈內利（Paul Gianelli）教授表示，此研究結果雖「令人困擾」但「不令人意外」，他補充說道：「近幾年在不少案件中，對於同一個咬痕，會出現一名咬痕專家認定是人的咬痕，另一名專家卻認定是完全不同的痕跡，例如蟲咬或是皮帶扣的壓痕。」

這個研究最讓人不解的部分是，ABFO甚至試圖隱瞞自己的結果。ABFO內部的消息來源告訴《華盛頓郵報》，組織高層對他們自己的研究結果感到「衝擊」與「震驚」，甚且想要取消舉辦在即的研討會，因為原本預計要在會中發布研究結果。研討會最終還是照常舉辦，但報告人對此研究的重要性輕描淡寫，還批評該組織適用的研究方法有缺陷。而且即便該研究已暴露出咬痕科學有嚴重的謬誤，但ABFO仍然鼓勵會員在法庭中繼續為此項「科學」作證。

最後他們決定不發表或公布此項研究。而保羅・賈內利對此回應：「如果ABFO真的是個以科學為基礎的組織，我期待他們不但應該對研究結果感到不安，更應該發表此研究。越快越好。如此一來，假如還有進行中的刑事案件想要採納咬痕證據，才有辦法將此研究結果納入考量。」（原注19）支持咬痕證據的檢察官，倘若不是不誠實的

話，有時候也會有類似的防衛性反應。（原注20）

即便不是刑事鑑識領域，挑戰現況的人也經常面臨這種回應。二〇一二年，路易維爾市（Louisville）一位刑警聯繫肯塔基州無辜計畫，表示他剛訊問完的一名男性自白犯下一件謀殺案，而肯塔基州無辜計畫有位救援個案正因此案在監服刑。據那名刑警所稱，上司很不高興他竟然向一個他們認為偏向辯方的組織洩漏這個資訊，他因而被降職。而根據媒體後來取得的警署內部信件來看，警署對他此舉確實很生氣，信中表示，對此「機密事項」他不應該「多管閒事」。路易維爾市最後支付該名刑警四十五萬美元的吹哨者和解金，補償他因此遭受的報復性對待。（原注21）

二〇〇九年，密蘇里州堪薩斯城（Kansas City）一名叫羅伯特．尼爾森（Robert Nelson）的囚犯想要用DNA鑑定來證明自己的清白，但被法院拒絕了。他於二〇一一年再次提出聲請，要求法院重新考量，聲請再次被拒絕，而這次的理由是他並未符合該州DNA法的要求，使用正確的聲請表格。尼爾森的姊姊與法院聯絡，詢問他們能不能提供一份聲請表格給尼爾森當作範本。一位名叫莎朗．斯奈德（Sharon Snyder）的法院職員接了電話，並且給她一份另一名囚犯聲請獲准的表格做為範本。這份表格是公開文件，並不具有機密性。尼爾森接著提出第三次聲請，這次他遵照正確的程序，而且也獲准了。DNA鑑定結果證明了他的清白，在為一宗自己並未犯下的性侵罪遭關押了三十年之後，尼爾森終於獲得平反。然而，當法院得知是莎朗・斯奈德把這份可以公開取得的文件提供給尼爾森的姊姊後，他們就把斯奈德給開除了，當時距離她的退休年限只剩下九個月。（原注22）尼爾森後來在全國性的電視節目上讚揚斯奈德是他的「天使」，斯奈德則說雖然自己遭到開除，但她並不後悔幫了對方，而且如果一切重來，她「同樣會這麼做」。

行政之惡

一般來說，好人即便是獨自行動時，也會表現出良善的一面。一個人時，內心的道德準則是行動的唯一指引，也是唯一要負責的對象。然而當好人成為大型官僚體制如刑事司法制度的一部分時，認知失調和否認的問題也會呈級數擴增，因為官僚體制往往是根據早已設定好的政策和程序進行。大型官僚體制中的個人都只是機器中的齒輪，只需要做他們被「認為該做」的事。如果發生了任何不義，也不會有哪個個人被認為是造成問題的原因。或許可以說，究責這個炸彈已經被拆掉了。該負責任的是整個「體制」，而不是任何個人。

官僚體制中的行動者受制於政策和程序，亦即「組織路線」，所以他們已經習慣不去檢查自己在單獨行動時的內心道德準則，他們甚至不會想到要這麼做。由於身邊的每個人都依循著相同的程序，所以當他們如實遵照自己被告知要做的事時，他們也會僵化地認為，自己是在做對的事情。換句話說，在體制中，團體的作法和程序就會成為指路明燈，取代個人內心的道德準則。

這個現象叫作「行政之惡」（administrative evil）。正是這個過程讓「善良的」德國人像機器上的齒輪一般參與了對猶太人的大屠殺。一位專研組織研究的教授曾說：

現代的普羅文化強調嚴格依照法律才能取得合理性，這足以產生新型而且危險的邪惡。對猶太人的大屠殺是個信號事件，標誌了行政之惡的出現，即便其展現為不人道行徑和種族屠殺，但行政之惡其實和社會生活中的職業認同有著密不可分的關係。行政之惡的共通特徵在於，一般人在他們的正常職業和行政角色中明明做出了邪惡之舉，卻毫無察覺他們正在做錯的事。在道德倒置的情況下，人們甚至可能以為這些邪惡之舉是善良的。（原注23）

許多一九六〇和七〇年代的心理學實驗顯示，一般人身為團體或官僚體制的一份子時，如果遵守習慣和規定，的確可能會做出自己單獨行動時不會做出的殘酷行為。為了顯示美國人不會像第二次世界大戰期間的德國人那樣，遵從權威的指示做出邪惡的殘忍行為，斯坦利．米格拉姆（Stanley Milgram）教授曾設計了一項著名實驗。這場實驗在聲譽卓著的耶魯大學實驗室進行，受試者被告知實驗與記憶力有關，他們要在一位身著實驗白袍的「科學家」的監督和指導下扮演「老師」；同時他們被告知，老師的目標是要協助另一邊的受試「學生」增進記憶力。

在科學家的監督和指導之下，受試者要讀出一連串搭配好的單字給學生聽（這些「學生」其實是米格拉姆安排好的人），學生會記下來並且複述。如果學生說出正確的配對單字，老師只要表示答案是對的；如果學生說錯了，老師就必須按下面前精密操作檯上的按鈕，施以電擊。隨著學生犯錯越多，電擊的強度就會增加。沒有回答會被視為答錯，所以也會遭到電擊。操作檯上有三十種不同強度的電擊鈕，最低是十五伏特，以十五伏特為間隔逐漸增加，最高四百五十伏特。每一級的電流強度都會顯示不同的名稱，最高的幾級是「強電擊」、「超強電擊」、「極強電擊」、「危險：嚴重電擊」，最高級別則是帶有威脅性的「XXX」。

老師和學生分別待在相鄰的兩個房間中，所以老師們看不到學生，但中間的門沒關，所以他們可以聽見學生的聲音。在實驗開始前，老師們會被帶到隔壁的房間，坐在學生的椅子上，連接上電擊設備接受四十五伏特的電擊，讓他們知道低度的電擊是什麼感覺。四十五伏特的電擊雖然不構成危險，不過已經讓人有感。

老師們不知道學生其實是演員扮的，也不知道即便按了較高度數，學生所受到的電擊都不會超過四十五伏特。受到七十五伏特電擊時，學生會發出聽得到的哼聲，一百二十伏特時學生會抱怨疼痛，一百五十伏特時則會開始求饒。到了兩百七十伏特，學生就會開始大叫，彷彿遭受巨大的痛楚。在三百到三百三十伏特之間，學生就無法再回答問題了，只有在被電擊時發出極為痛苦的尖叫。到了三百三十伏特，學生對問題和電擊都不再反應，假裝已經失去意識或死亡。

米格拉姆預期老師們會不願意增加電擊強度，所以他交代科學家要做出一些事先排練的「刺激舉動」。在頭兩次老師顯出猶豫的時候，科學家只需要說：「請繼續。」接下來，科學家依序要說的是：「這個實驗需要你繼續進行，請繼續。」、「你必須繼續進行。」、「你沒有選擇，必須繼續。」如果老師在收到最終指令之後還是猶豫不前，實驗就會終止。

在進行這個實驗之前，米格拉姆問了一些人，包括精神科醫師、研究生、大學生和康乃狄克州紐哈芬市（New Haven）的中產階級居民，看看他們覺得實驗結果會是什麼。被問到的每個人都預測，除了反社會人格者，所有老師，至少超過百分之九十九的人，都會很快地中斷實驗，不願意對學生施以超過最低度的電擊。這個預測也和米格拉姆的預設一致。

實驗結果出乎每個人的意料。超過六成的老師一路把電壓加到了四百五十伏特，遠遠超過學生會失去意識、甚至死亡的上限。米格拉姆將實驗做了一些修改後，又再做一次，改由幾名老師共同執行電擊。結果，百分之百的老師都沒有要求停止，反而一路執行到電擊的最高級四百五十伏特。

米格拉姆原本的假設是，美國受試者不會同意把電流增加到低度以上，實驗前接受調查的其他人也這麼想。他本來計畫先以美國人為實驗對象，然後再去德國進行同樣的實驗。他假設德國人和美國人不同，德國人會遵照指示持續執行到具危險性的高壓電流，如此就能證明是德國文化中的某種要素，讓德國人在猶太人大屠殺中遵從權威和官僚的指示。但是因為美國人的表現已經如此，顯然他也不需要再到德國進行實驗了。

米格拉姆的實驗結果也呼應了「史丹佛監獄實驗」（Stanford prison experiment）的結果。這個實驗是在史丹佛大學心理學系的地下室進行，菲利普．津巴多（Philip Zimbardo）教授從具有「正常」人格特徵的男學生中，選出了十八名並未特別具侵略性與被動服從性的受試者。這十八名年輕男性支領費用，參加為期兩週的「監獄實驗」，但是津巴多教授向他們保證，他們會受到良好的照顧，不會被虐待。他把這些人分成兩組，九名囚犯、九個獄卒，並且營造出標準的監獄環境和結構，讓獄卒領著囚犯度過兩週時間。獄卒會執行規定，要求囚犯們遵守規矩，就像是真正監獄中的獄卒一樣。

實驗原本預定為期兩週，但在六天後被迫提前結束，因為獄卒們已經一步步陷入集體的殘酷管教和施虐中。獄卒們的攻擊性和暴虐傾向一天比一天高，而囚犯則越來越陰鬱和順從。在六天之內，津巴多教授不得不釋放五名囚犯，因為他們顯得沮喪且極為焦慮。獄卒也開始逼迫囚犯做一些羞辱他們的事，例如排泄在水桶裡卻從來不清理、要他們反覆吟唱下流的歌，甚至要他們徒手清洗馬桶。

如果是在今天，米格拉姆和津巴多的實驗都不可能進行，因為有違過去幾十年來成立的審查委員會針對以人類為研究對象所制定的倫理守則。不過這些實驗展現了官僚科層對道德觀的消磨、對權威的服從和群體壓力。在我們的社會中，如果人們有機會接觸到米格拉姆實驗中的電擊裝置，我懷疑有多少人會願意把它用在自己的朋友、家人或鄰居身上。這個想法令人憎惡。當我們單獨行動時，應該不會這麼做；也就是當個人以自己內心的道德為行動指引時，絕對不會這麼做。

然而，當一個正常人被置於一個官僚環境下，而該環境認可的方式之一就是要製造痛苦，他也被告知要這麼做，那麼大部分的人的確可能會眼睛眨都不眨一下就跟著照做。為什麼？因為身處官僚科層，上有權威，也有原本就訂好的方針和程序要遵守，他不會覺得那些行動是他自己的行為，而是所屬機構的行為，他的聲望也繫於此，因此他會聽從權威與機構的指示。機器中的每個齒輪都已經習慣要遵從機構所決定的程序和規則，因此不會如同單獨行動時那樣，依照自己內心的道德準則。」「相較於現代組織中的合法權威，個人良知的力量其實非常薄弱。」、「大部分組織的指導價值都會依從合法的權威。換句話說，正確的事幾乎總是等於對組織好的事情。」（原注24）如同一位組織研究的專家所述：

由於行政之惡總是有所「遮蔽」，沒有人是明目張膽地受邀進行一個邪惡之舉，實際上這類邀約大概也從不存在。相反的，這類行為比較可能是以專家或是技術人員的適當語言所提出，甚至是包裹在良善、有價值的計畫中（道德倒置）。邪惡的發生是一道光譜：一端是相對不知情而犯下的，另一端則是明知卻蓄意而為的邪惡（有遮蔽和未遮蔽的）。個人和團體在進行邪惡之舉時，有可能不知道他們的行為結果，或是相信他們的行為是正當的，是為了達到更大的福祉。行政之惡就落在光譜的這一端，執行或對邪惡之舉有貢獻的人不曾認知到他們正在做一件錯的事。典型的狀況是，一個正常人只是適當地扮演組織中的角色，本質上就是在做周圍的人同意他應該做的事，結果卻同時參與了一件事後被理性批判的觀察者稱之為邪惡的事。（原注25）

我是伍迪．艾倫（Woody Allen）的影迷。他的電影情節往往都會帶點道德寓意。不過伍迪經常讓他的角色在過場時，做出一些和主要劇情無關的評論，因此電影中充滿對伍迪的道德觀來說相當重要的概念。在《漢娜姊妹》（*Hannah and Her Sisters*）中，有個角色向另一個角色提到自己整晚都在看電視，他說：「你錯過了一個非常沉悶的電視節目，是關於奧斯威辛集中營的。裡頭穿插了一些恐怖的片段，還有一些看起來很困惑的學者說，他們不懂為何會有數百萬人遭到有計畫、有步驟的謀殺。他們之所以沒辦法回答『怎麼會發生這種事？』，是因為問錯問題了。想想看人類是怎樣的吧，他們應該要問的是，『怎麼沒有更常發生這種事？』」

我也很同意這個詮釋，不過我想要做點修改。我會把最後一句話改成：「真正的問題是，『我們每天都會因為與納粹德國相同的官僚心態，而對彼此犯下不正義的事，為什麼我們視而不見？』」就猶太人大屠殺來說，社會得到「最簡單明瞭」的教訓是，我們千萬不能重蹈覆轍。當然，這是最重要的目標，但問題是，我們認為德國人對猶太人的大屠殺只是歷史中的一段異常。我們總是說，只要能避免未來再次出現這樣異常的時刻就好。但事實上，讓大屠殺發生的官僚心態隨時都存在於我們身邊，帶來極度的不公義，儘管在規模上不及大屠殺，但就個體層次來說已是如此。如果我們把大屠殺看成只是嚴重的異常，卻沒有看到這樣的心態如何透過官僚機構，每天都在較小的範圍內發揮作用，我們其實等於沒有從這段恐怖歷史中學到足夠的教訓。

每當檢察官和法官盲目地拒絕考慮無罪證據，因而造成當事人巨大的痛苦時，客觀上來說，那就是邪惡之舉。當然我相信，他們從來沒有這樣想過；而且我依然認為，他們都不是惡人。相反的，我認為他們就是一般人，只是根據自己被教導的方式工作，試圖打倒那些「壞人」堆到他們面前的主張而已，他們從未思考自己的道德觀，也不曾跳脫他們習於遵從的官僚架構，用其他視角看待問題。他們會這麼做，只因為他們也是人。我相信在同樣的情況下，幾乎所有人都會做出和他們一樣的事。

去人格化

認知失調和行政之惡的問題之所以會在刑事司法制度中擴散，部分原因是體制中的行動者總是系統性地將刑事被告非人化。去人格化（dehumanization）是「一種心理過程，對立雙方在此過程中都不會把對方視為人看待，因而也不認為對方值得一般的道德考量」。（原注26）去人格化時常在我們生活周遭上演，只要人們透過官僚機構系統性地對他人施以懲罰，不論在何時何地，那就是去人格化現象的展現。舉例來說，戰爭時期，交戰雙方都不把敵對陣營視為人。第二次世界大戰期間，納粹將猶太人去人格化；美國人將「日本鬼子」去人格化，不但做了許多將日本人非人化的宣傳，還把日裔人士關入拘禁營。殖民時期，奴隸主將非洲人去人格化。(原注27) 任何形式的種族主義都涉及去人格化。

與戰爭對立的情況類似，屬於官僚結構的檢警（某程度而言，法官也是）必須對其他人施以巨大的痛苦和處罰，有時還會以道德為名，認為那些人「活該」。對他們來說，把自己所懲罰的對象視為「敵人」的角色，會讓他們在心理上比較容易做出這些行為，因為這樣想有助於緩和認知失調。刑事被告常被類型化為「邪惡」、「罪有應得」、「一丘之貉」，不值得獲得任何關注。(原注28)

此外，刑事司法體制向來疾步前行，隨時都有數百萬件案子進出。法官、警察、檢察官和辯護律師的職涯中往往經手數以千計的案子，聽憑他們處置的人確實是來來去去。不用多久，這些體制內的行動者就會習於把刑事被告當作是一個物品看待，一個沒有名字、沒有面孔、以號碼代稱、只是放在辦公室架上的檔案。他們將自己所學到的方法、慣例與官方規範套用到那些檔案上，卻從未仔細想過那些檔案的背後，其實都是活生生的人；他們可能也從未思考過，為了達到最人道的結果，是不是應該根據個案調整習慣和規則。這是一種類似生產線的心態，每個行動者都只是機器上的齒輪，千篇一律套用官僚規章即可，不需要深入思考那些習慣和規定帶來的影響。

當我獲得紐約市聯邦檢察官的工作機會時，我還在紐約市一間大型律師事務所任職。當時我要離職以及離職的原因早已在公司上下傳遍。對於年輕律師來說，聯邦檢察官是聲望很高的職業，所以他們都給我衷心的祝福，也包括許多在加入這間事務所前曾經擔任過聯邦檢察官的同事。

然而有一名之前曾是聯邦檢察官的律師看起來不太為我感到高興。當其他人在走廊上恭喜我時，她帶著不安的神情，不發一語走過去。我猜想她或許不知道我們在聊什麼，所以我走進她的辦公室，對她說：「嘿，妳聽說我要去聯邦檢察官辦公室工作了嗎？我知道妳以前在那裡工作過。」她冷漠加以回應。我說：「妳不喜歡那裡嗎？」她說當初工作時她是喜歡的，但隔開一些距離之後再回頭看，她才知道自己其實不喜歡當時的經驗。我問她指的是什麼，她說：「在那裡，我變成一個嚴酷且愛批評別人的人，我不把人當人看。離開後，我花了很久的時間才擺脫這種心態。有些人或許不在乎，但事後回想起來，我發現我其實不適合那裡。」

當時我對新工作感到興奮，沒有太把她的評論當一回事。接著我便以無比的熱忱投入檢察官的工作，而且我也做得很好。我當了好幾年的聯邦檢察官，處理過各種不同的重大犯罪，也有不少案子獲得全國矚目，甚至還得過獎。幾年之後的現在，我已經回到辯方這邊，我想我懂她那番話的意思。老實說，在我還是檢察官時，內心也早就隱約明白。

在檢察官辦公室的時候，我們確實沒有把被告當人看。他們被歸類成「對造那邊的人」。我們每個人手上都有許多案件，所以時常會搞錯被告的名字。我曾經不只一次在法庭上叫錯被告的名字，而且還沒有馬上發現自己說錯。在我們辦公室，這也不是什麼罕見的錯誤。辯護律師也會犯同樣的錯。對我們來說，被告不過是某個案卷資料罷了。在我們身處的這場官僚遊戲中，他們是可以被替代的。他們的名字不重要，他們身為人的其他特質也不重要。重要的就只有他們的案件事實，以及我們要套到他們身上的那些標準規則。

我們辦公室會用「壞人」這個說法來指稱要被懲罰的「對造」，然後將慣例和程序套用在他們身上，沒有任何個人之分。我記得在我早年的檢察官生涯中，有一次向上級報告某個案子要認罪協商。我的上級想確認不是我太好講話才接受認罪協商，所以他問我那名被告做了什麼。我告訴他之後，他回我：「他是個壞人，你不能同意他的條件。」當用上「壞人」這個詞的時候（其實每個案子幾乎都這麼用），就表示你「心腸不能太軟，該做的事就要做，要打垮對方」。我們是好人，他們是壞人，而這些壞人不值得更仔細的考量，我們只需要像生產線一樣，依慣例對他們適用既有的習慣和規則就好。一切事情非黑即白。

當去人格化的心態走到極致，就會出現類似「兩噸競賽」的事情——芝加哥的檢察官之間會比賽誰起訴的人加起來先達到「四千磅的鮮肉」。這個競賽讓檢察官們追逐找到體重最重的被告。（原注29）雖然就我所知，我的檢察官辦公室並沒有人進行類似競爭，不過我的確可以理解這樣的心態，因為我也曾經如此。刑事被告不過就是某個「物件」、「用品」和「壞人」，整個過程也不過是官僚競賽。

我當檢察官時曾偵辦過一起青少年搶劫郵車的案子，他們從車上偷了數千美元。那輛車每天固定在營業結束時間繞行紐約市的郵局，收集每間郵局該日收到的現金和匯票。每一輪結束時，車上大概都載了數萬美元。這群青少年用半自動式的攻擊武器劫持郵車，逼迫駕駛把車開到一棟廢棄的建築物後面，他們對空鳴槍，把發燙冒煙的槍管塞進駕駛嘴裡，害得他咳到差點噎住。他們拿槍威脅駕駛，要他打開保險箱，搶了錢之後就跑了。

我被分派到該案時，逮捕和保釋聽審都已經結束，所以我接手時，連被告們的長相都不知道。那件案子對我來說就只是個檔案，被告也只是一串數字。在我接下案件後不久，其中兩名青少年的律師找上我，說他們的當事人想要認罪協商，也願意出面指證共犯的犯行以換取減刑。不過另一名被告（我將稱呼他華德）的辯護律師則明確表示，他的當事人不會認罪，他們要進法庭接受審判。所以我就與要協商的兩名青少年的律師碰面，讓他們認罪、簽名，同意配合指證華德。

替兩個年輕人準備指證華德的過程相當費時。他們都被拘留，所以我每次要聽取他們的證詞時，法警就必須把他們帶到我的辦公室，結束後再把他們帶回監獄。他們的成長過程都住在低收入國宅，雙親的陪伴有限，甚至缺席，也沒有人重視他們的教育。所以每次在練習證詞時，如果我問他們一些問題，譬如「接下來發生什麼事？」，得到的答案通常都很難理解，因為他們未受妥善教育，無法清楚表達自己的意思。

為了讓他們能夠好好作證，我必須花很多時間跟他們溝通，教他們如何以清楚、有條理的方式講出一個故事。舉例來說，我得告訴他們，如果一句話裡頭講了五次「他的」，陪審團就會聽不懂。對於「接下來發生了什麼事？」這個問題，如果讓他們自由發揮，他們可能會回答：「他們先是說我們四點鐘一起過去好了，然後他又打電話給我，說再等一會兒，接著她走過來，盯著我的傳呼機看了一分鐘，也同意他說的，然後他也說好，接下來，我們一起決定先去找點吃的，他最後才終於說好我準備好了。」我得告訴他們講慢一點，提到每一個人的時候要講名字，不要都用「他」、「他們」和「我們」，這樣陪審團才跟得上他們的敘述。他們講話時總是夾雜許多難懂的街頭俚語，所以我得教他們要怎麼講才能夠讓陪審團理解，但由於他們已經太習慣自己講話的方式，要改正措詞簡直難如登天。

在華德審判前的幾個月，我每天都得幫這兩名少年準備證詞。經過那段時間的相處後，我越來越喜歡他們。儘管他們沒有受過太多教育，但其實都很聰明，個性中有良善和迷人之處。我很快就開始相信，他們本質上都是「好」人，只是成長環境太過艱難，缺乏正面的引導和好的榜樣，於是最後做了壞的選擇。

我變得有點保護他們，甚至像是家長。我希望案件結束之後，他們的人生仍然有成功的可能，所以我試著告訴他們一些從來沒有人教他們的人生課題。我會和他們討論哲學話題，也試著讓他們思考訴訟結束後自己要做什麼。他們如此年輕，天真無辜的模樣深深觸動我。好比說，其中一名青少年在準備審判數小時後，會露出一副累癱的樣子，所以在下午的休息時間，我有時會讓他在會議室裡看他喜歡的《蜘蛛人》卡通，當然必須有法警陪同。

我很快就決定要盡量為他們爭取較輕的量刑，讓他們能盡早離開監獄，走出這段經歷，這樣他們的人生才能盡快有更積極的可能，如同我們說好的那樣。

這與我對共同被告華德的看法完全不同。在為華德的審判做準備時，我越來越確信他就是這起搶案的首謀，性格邪惡，犯案時如同脫韁野馬般失去控制。我很確定，如果這次沒讓他被判有罪，總有一天他會殺人，為此我感到深惡痛絕。在準備開庭的過程中，華德成了我的敵人，為了社會好，我必須打倒他。我把他想像成一個很難對付、卑鄙、邪惡的人，把「敵人形象」都套到他身上——我們會把這種印象套用到所有我們想懲罰的人身上。

開庭前不久，法官要我們過去討論最後的審前動議。為此程序，身穿囚衣、戴著手銬腳鐐的華德被傳喚到法庭上。那是我第一次見到他。我沒有辦法把目光從他身上移開。我想他那時候應該是十八歲，但他看起來像是十四歲，還只是個孩子。他的身型嬌小，還有一張娃娃臉，看起來怕得要死，但是又試圖不讓別人看出來。他坐在被告席上，律師就坐在他旁邊，他假裝理解每一件正在進行的事，每當法官或他的律師說了什麼，他就很用力地點頭，然後匆忙又潦草地在筆記本上塗寫，彷彿在寫什麼重要的事。他的舉動真的讓人覺得天真又單純，而且被嚇壞了，就像與我合作的證人說著《蜘蛛人》要開演了，然後緊張地問我他能不能看。

真正讓我難受的是，沒有任何支持他的人到場。這很不尋常，多數被告的親友們都會前來參與法院程序，給被告一些精神支持。華德只是個孩子，但沒有任何人來法院支持他，連他父母都沒來。但憑這一點，我就知道他經歷了怎樣的人生。我知道他和兩名與我合作的證人一樣，人生中有許多東西都遭到剝奪了，而那兩個人至少還有我嘗試扮演他們父親的角色。

我本來對華德的想像和他在各方面實際展現出來的樣子，竟然存在著這麼強烈的對比，令我感到迷惘又不安。雖然我一直告訴自己不能對刑事被告有這樣的感情，但不知為何，我真心為華德感到難過。聽審結束後，我回到辦公室，關上房門，感到心煩意亂，彷彿肚子被誰打了一拳。整整有十分鐘，我強忍住淚水，在辦公室裡來回踱步，電話鈴聲作響也不接。我無法停止思考華德和我喜歡的兩名合作證人有多麼相像，以及竟然沒有任何人到庭支持他。他的本性裡一定有良善的一面，就和另外兩個證人一樣。實際上，他們三人本來就是很好的朋友，相互幫助、一起在艱困環境下成長，因為根本沒有其他人照顧他們。

但是我的理智知道，華德應該為他犯下的罪受罰。而且我還有工作要做，就是處罰他——按法條規定，把他送進監獄關上三十年。我努力要放下聽審時自己對他的印象，繼續程序，但我沒辦法完全放下。審判開始了，以往大部分審判都能激起我的競爭心，但這次的審判沒那麼有趣了。我的內心很衝突，我很憐憫他，因為真的沒有其他人支持他。我幾乎每天早上都會祈禱法庭裡出現一個幫他加油的人，但從來沒有出現過。

所以當其中一名證人沒有如預期說出我要她提供的有利證詞時，我便藉機提出協商，想要速戰速決。雖然我或許有機會讓華德遭訴的所有罪狀都被判有罪，但我跟上級檢察官說，出了點狀況，問他能否和華德協商，只求處十年徒刑，而非原先預期的三十年。在和上級討論時，我可能有點誇大這個狀況對案件的影響程度，好讓他同意我的要求。我的上級同意了，華德後來也接受了這個協議，最後被判入監十年。

接下來的挑戰，是要替兩名合作證人爭取最短的刑期。我不記得他們後來確切的刑度為何，但確實都頗輕，或許是有期徒刑兩年。幾年後我曾在法院的走廊上遇到其中一人，那時他已經獲釋，正回來向假釋官報到。他告訴我，他的人生已經不同了，他在監獄裡取得高中學位，現在拿棒球的獎學金進了大學。我覺得很開心。他是個成功的故事。但我也不禁在想，如果華德當初也決定選擇合作以交換減刑，會不會現在也已經在讀大學，往成功的人生邁進呢？

我知道我犯了一個對檢察官來說相當致命的錯誤。我喜歡上我的合作證人，並將他們視為是人，而在此過程中，我也把華德看作是人對待，繼而讓我無法如我應該做的完成任務。我或許還做了個不必要的交易，讓華德獲得優渥的減刑。國會以及選出國會代表的人民所通過的刑法認定，華德所犯的罪應該判處三十年有期徒刑，但我不願對他施以這個程度的懲罰。因為我將他當作人看待，因為我讓個人的情感凌駕於官僚規定之上，這形同是讓我的感情勝過我應該要遵守的法律本身。

雖然我無法肯定，但我不認為我們辦公室裡有其他檢察官曾因為被告而在辦公室裡強忍眼淚。就算有，也從來沒有人提起過。從來沒有。因為沒有人會以看待人的角度談論被告。就連我自己，除了我太太之外，我也從來沒有和任何人談過我對華德的感覺。

我再也沒有讓華德案裡發生的事情重演。實際上，在我努力回復檢察官心態後，曾有他案的法官向我的上級抱怨，我不應該在被告被判刑後那樣歡欣鼓舞，此番話讓我大感驚訝，甚至有點氣憤。那天是聖誕節前夕，下午約五點半左右，該案的陪審團帶著有罪的判決回到法庭，正好我們辦公室在法律圖書館裡舉辦聖誕節派對，派對才剛開始。幾名聯邦法官也出席了那個派對。我和另一名共同起訴該案的檢察官，以及幾個協助該案件的聯邦調查局調查員，蹦蹦跳跳地走進那場派對，我大吼著：「我們贏了！夥伴們，所有罪狀都判有罪！」派對上的人列隊和我們擊掌，手上還舉著一杯杯的聖誕調酒。

我從沒有想過慶祝這種事是不適當的，每次勝訴時我們都會這麼做。在另一個案件中，陪審團在傍晚左右做出有罪判決，負責該案的紐約市警察局的刑警開車載著我和另一名檢察官橫跨市區，大吃一頓作為慶祝。警車上的警笛作響，車頂的燈光閃爍著，雖然是尖峰時段，但所有車輛都停下來讓我們闖越紅燈，從曼哈頓的十字路口呼嘯而過，彷彿我們正要趕去某個犯罪現場。我們兩個檢察官在警車後座放聲大笑，因為勝利而覺得飄飄然。

但一位法官卻被我們在聖誕派對上的慶祝行為給激怒了，雖然我猜那天來到派對的多數法官對此根本沒有多想。他寫了個訊息給我的上級，投訴我那天的行為，還說了一些話，大意是：「刑事定罪並不是什麼值得慶祝的事。它雖然必要，但被告也是人，那對他們的家屬也是無法承受之痛。歡欣鼓舞地慶祝這樣悲傷的事並不恰當。在刑事司法制度中，沒有人是贏家。」我的上級在一群人的面前大聲讀出這封信，我們全都認為實在太誇張了。「這太蠢了吧！」、「他以為他是誰啊？」我們還笑他是「沒頭沒腦的來找碴嗎？」當然我也並未被告誡說以後不要再這樣慶祝了，因為在我們的文化中，這是可以接受的事情。

幾年前，俄亥俄州最高法院在上訴時推翻了我們的當事人南希・史密斯的平反判決。我在本章最初曾提過南希，她被控猥褻兒童並蒙冤遭到定罪，由於被迫和四個孩子分開，她在牢裡極度痛苦。獲得平反和釋放後，她終於能和現在已經長大成人的孩子重新建立關係，而且當孩子們白天外出工作時，她也開心地在家幫忙帶孫子。

俄亥俄州最高法院並未討論南希是否無罪，而是依程序事項推翻原判決，理由是審判法院並沒有審理本案的管轄權。這代表南希原本得馬上回到牢裡。我們或許有足夠的理由糾正這個錯誤，也可以繼續訴訟，好讓她依正確程序平反，但這類訴訟可能要花上一到兩年，甚至更久，而且她必須回到牢裡，直到她循法律人認可的管道再平反一次。但沒人可以保證她能夠再次獲得平反——這條路總是有各種想不到的障礙，或許可能由具不同意見的新法官接手此案。對南希來說，即使日後可能重獲平反，再度回到牢裡儼然是一場無法忍受也難以想像的惡夢。

俄亥俄州最高法院做出裁定後，檢察官顯然很擔心南希有一天會再度確定平反。所以他們便向她提出一項協議。她原本遭控的每一項兒童猥褻罪名都各要服幾年徒刑，檢察官願意為其中幾項平反，只留下部分罪名，這樣刑期就會剛好符合她首次平反之前遭關押的時間。如此一來，她等於已經服完刑期，部分的有罪判決將維持不變，剩下的控告則會撤銷。接受這個協議可以確保她不必再回到牢裡，但她得放棄對其他有罪判決提出上訴，還得同意絕對不會以冤錯案件為由，對任何公職人員或部門提起訴訟。

這對南希而言是個痛苦的抉擇。她可以繼續奮鬥，直到證明自己完全無罪，但在此同時她就得立刻重回牢裡。既然她完全無法想像再度坐牢，那麼她就只得接受這個協議。

協議結果揭曉的那天，法庭中坐滿了她的家人。每個人都十分緊繃，因為沒有人確定她做的決定到底對不對。兩邊的選項其實都令人難以忍受，簡直是在兩個邪惡之間選一個。

我在此提及這件事，是為了要講講法官那天的處理方式。幾年前曾判決她無罪的法官請求迴避，自行退出該程序，所以當天是由一名鄰郡的客座法官接手。該名法官顯然完全不在意現場的人所感受到的痛苦，他走進法庭之後，立刻說了個笑話。他假裝不知道法庭裡會來這麼多攝影機，用手指撥撥頭髮後大笑幾聲，貌似可愛地說：「早知道今天這裡會有這麼多攝影機，我就會先去剪個頭髮。」他說完後，現場鴉雀無聲，他快速掃視法庭，似乎很驚訝這群小人物怎麼沒有爆出一陣打從心底贊同的笑聲。接下來三十分鐘的法庭程序，他都用這種漠不關心的態度，在我看來幾乎是一種漫不經心的態度，在攝影機前過度誇張地演出。

雖然在法律上，這位法官那天的表現稱不上是「錯誤」，但這件事足以看出雙方之間的不一致，當法庭上某些人真心感到痛苦時，法官看待這整件事的態度卻明顯是沒把對方當人看待。就像是醫生嘻嘻哈哈地告訴病患和家屬說，他的生命只剩下六個星期。

我其實能夠理解法官的看法。他看待這個程序的方式就和我當檢察官時一樣。那不過就是一個尋常的工作日，他處理的是一個沒有名字、沒有面孔的被告，只不過是待辦卷宗中的一份檔案，他只需要把官僚的規定套用到對方身上就好，不用注意到對方其實也是個人。

從事冤案救援工作時，我偶爾會嘗試打破體制中這種去人格化的現象，引導檢察官把我的當事人和他們的家人看作正在受苦的人。但是這麼做從未見效。其中一個失敗的例子就是迪恩・吉利斯皮的案子。讓我先交代一點迪恩案的背景。

一九九一年，二十五歲的迪恩因性侵三名女性被捕並遭判有罪。犯下這系列案子的連續性侵犯有個一貫手法，他總是在光天化日下在公共停車場綁架女性，嫌犯會佯裝成警察、秀出徽章，聲稱受害者在附近商店偷東西，接著用槍逼著對方開車到罕無人跡之處，譬如建築物後方或樹林之中。到了之後，他便會脫下褲子，強迫她們為他口交。性侵過程中，他會和被害人提到一些具體的事情，譬如他會說：「我是中央情報局派來的殺手」、「我來自德州的聖體市和俄亥俄州的哥倫布市」、「我會做這種事是因為在我十二歲那年，我的祖父曾經猥褻我」。受害者形容嫌犯是深褐色的皮膚，脖子上掛著一條用鍊子串著的獎牌，他會抽菸，頭髮是亞麻色或淺咖啡色，帶一點紅色，他的下巴邊緣長了些面皰，還有一些其他特徵。受害者與警方合作畫出一張嫌犯的合成素描，圖像被印成海報貼滿了戴頓（Dayton）地區的大街小巷。

過了兩年，案子一直沒有破，直到迪恩被捕為止。他被逮捕時交遊廣闊、沒有犯罪紀錄，還有一個好工作和光明的未來。他出身一個勤懇的中產階級家庭，家族也沒有犯罪史。迪恩可以說是一個人緣好的人，不過因為工會糾紛，他和不少工廠裡的管理階層結怨頗深。在某次怒氣爆發的激烈衝突後，一名主管拿著迪恩留在員工檔案裡的照片到負責該案的警署，舉報說「迪恩這傢伙長得很像通緝海報上的那個性侵犯」。在此之前，通緝海報已經貼在工廠的牆上整整兩年，但直到兩人的衝突無法收拾之前，那個主管都不曾試圖指認迪恩。

審判中，陪審團聽到負責此案的新手刑警說，他把迪恩的照片和其他五名男性的照片放在一起，三名被害人都指認迪恩為性侵犯。她們後來也在法庭上指認了迪恩。

不過除了三名被害人的指認，沒有其他對迪恩不利的證據，沒有鑑識證據，什麼都沒有。迪恩在法庭上提出了不在場證明——在其中兩件性侵案發生的週末，有證人證明迪恩在肯塔基州和朋友一起露營，其中一位朋友甚至還把那次旅程寫在日記裡；但檢察官告訴陪審團，迪恩的朋友都在包庇他。迪恩是白皮膚，雖有些曬黑，但本來的膚色並不是深褐色；他在高中之後頭髮就一直是灰色；他脖子和胸部都有很濃厚的毛髮，不可能戴項鍊或獎章；他不抽菸，下顎也從來沒有長過面皰。儘管他有許多生理特徵都和被害人最初對性侵犯的描述相反，但陪審團仍然認為他有罪。畢竟，如同我將在後文討論的，雖然人類的記憶和證人的證詞都不可靠（刑事司法制度並未完全承認這點），但是如果三名遭性侵的被害人都站上法庭，聲淚俱下、情緒激動地說她們「確信」被告就是性侵她們的那個人，被告大概就只有敗訴的份了。迪恩後來遭判二十二至五十六年的刑期。

迪恩被關了二十年之後，我們的無辜計畫分別在兩個法院、根據兩個事實為他洗刷冤屈。首先，我們的調查顯示，陪審團對於案件何時開始變得對迪恩不利有被誤導之嫌。我們找到了原本偵辦此案的刑警，當時他們辦這件案子時，一切都還不明朗，後來才由逮捕迪恩的那名菜鳥刑警接手。這些有經驗的刑警告訴我們，迪恩工作上的仇家在他們還負責本案的時候，就曾經試著舉報迪恩。但經過調查，兩名刑警很快就認定迪恩不可能是嫌疑犯。除了迪恩明顯不符合被害人描述的生理特徵，其中有一名被害人在警方完成初步報告的幾天後，曾經打電話回來說她忘了提到，犯案者脫下褲子、要她跪下來替他口交時，她有看到褲頭外圈標籤上的腰圍和褲管尺寸。接到這通電話後，刑警重新寫了一篇報告說明犯案者的褲子尺寸，夾在檔案裡。當迪恩的主管舉報他可能是嫌疑犯時，這兩名刑警也查了迪恩在監理處的身高和體重紀錄，發現他完全不可能穿那種尺寸的褲子。他們的經驗老道，看得出舉報人是不是在挾怨報復，而他們認為迪恩主管的舉動明顯出於敵意，純粹是為了洩憤而指認，因此他們也在報告中排除了迪恩是嫌疑人的可能性，這篇報告同樣也放在案件資料夾中。

這兩名刑警後來都調離了警署，一位到佛羅里達州，另一位則去了亞利桑那州，最後這個毫無頭緒的案子就交給了一名新手刑警。巧的是，這名刑警剛好是迪恩仇家的朋友，他們兩家結識多年。於是迪恩的仇家再次拿著迪恩的照片進到警署，想要再試一次，畢竟這位刑警應該比較容易聽進他的話。接著，檔案中載明排除迪恩嫌疑的報告不翼而飛，對迪恩有利的資料也全都不見了，譬如提及嫌犯褲子尺寸的報告。新手刑警把迪恩當成新的嫌疑人展開調查，他接著請被害人過來，從幾張相片中指認出迪恩。審判時，陪審團對於之前發生的事情並不知情，也並未掌握全部事實。就連迪恩的辯護律師也不知道。二〇一一年，聯邦法官根據兩名最初承辦本案的刑警所說的證詞，否決了迪恩的有罪判決，將他釋放。

我們的調查也顯示出有可能犯下這些性侵案的人是誰，一則匿名的密報將矛頭指向另一名嫌疑犯。我們進行了徹底調查，發現那位被指名的嫌犯確實有亮出徽章、假扮警察後犯罪的前科，包括誘拐婦女。也有人聽他說過自己是為中央情報局工作的殺手、來自德州和哥倫布市，以及十二歲時遭到家裡的男性成員猥褻，這些都符合當時該名性侵犯所言。根據與他熟識的證人描述，他的皮膚在夏天總是深棕色的（性侵案發生在八月），他抽菸，有著淺咖啡色、帶點紅色的頭髮，在一九八〇年代晚期（性侵案發生的時間），的確戴著鍊子和獎章。我們檢視了他的逮捕紀錄，並和他的幾個前女友談過（她們過去曾有一次或多次因為他的事情而報警），得知他在性事上獨鍾口交，伴侶希望性交時他反而沒有辦法。

為了州法院要舉行的聽審，我們做了一張圖表說明這名嫌疑犯和性侵犯之間的相似點。右半邊是一九八八年，根據被害人對犯罪者的描述所畫出的合成素描；左半邊是這名嫌疑犯在一九九〇年照的一張相片。為了比較，我們以各半邊的臉合成在一起（參照圖一）。

嫌犯的合成素描與迪恩．吉利斯皮案中另一名嫌疑犯的肖像比較。出自該案的法庭檔案。我們向州法院提出這項證據後，迪恩的有罪判決二度遭到否決，這次很可能是因為陪審團看到強而有力的新證據指向另一名嫌疑犯，所以認為迪恩是無罪的。

現在回到我希望檢察官將當事人視為人，而非檔案數字這件事。當迪恩的無罪證據首次浮現時，他人還在獄中，我要求和檢察官會面，說服他不要阻止迪恩即將申請的假釋。我沒有要求檢察官為迪恩平反，只是希望他們不要反對假釋，好讓迪恩尋求平反的訴訟過程中可以不受監禁。我花了大約一小時說明我方找到的無罪證據，其中包括警察的瀆職，但是該名郡檢察官沒好氣地說：「你到底想要我做什麼？我以為你只是希望我們不要反對他假釋？為什麼你要講這麼多，還說警察瀆職？這些和假釋又沒有關係。」我很想要回他：「我的目的就是讓你去調查警

[redacted]
（一九九〇年的照片）

1. 夏天時皮膚呈深棕色
2. 亞麻色或淺咖啡色的頭髮，帶點紅色
3. 獨特的命令式口吻
4. 在黎巴嫩懲教工作；會到戴頓地區喝酒（曾有酒駕紀錄）
5. 只喜愛口交；對陰道性交有障礙
6. 宣稱自己是職業殺手
7. 聲稱自己在十一或十二歲時曾遭家中男性成員猥褻
8. 宣稱自己來自哥倫布市和德州
9. 用假名「羅傑」稱呼自己的兄弟
10. 八〇年代晚期經常佩戴有獎章的項鍊
11. 冒充執法人員（亮出警徽），厚臉皮地利用陌生人及犯罪

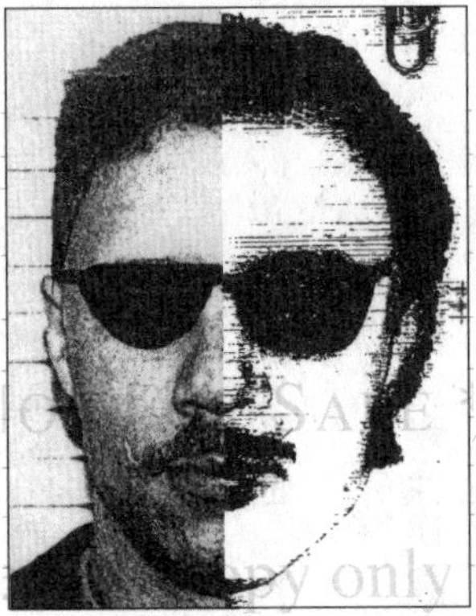

犯罪者
（一九八八年的合成素描）

1. 根據描述，犯罪發生時（夏天）膚色為深棕色
2. 亞麻色或淺咖啡色的頭髮，帶點紅色
3. 獨特的命令式口吻
4. 在戴頓地區喝醉酒
5. 逼被害人口交（似乎對性交沒興趣）
6. 宣稱自己是職業殺手
7. 聲稱自己在十一或十二歲時曾遭家中男性成員猥褻
8. 宣稱自己來自哥倫布市和德州
9. 犯案時用「羅傑」這個名字
10. 犯下性侵案時戴著有獎章的項鍊
12. 冒充執法人員（亮出徽章），厚臉皮地利用陌生人及犯罪

圖一、俄亥俄州無辜計畫前去訪談時，[redacted]提到案件時似乎想要歸罪於別人；他先是宣稱對吉利斯皮的「性侵案」一無所知，然後又詢問那些「女士」究竟是如何形容犯罪者；看起來似乎很在意那個案件，也想知道警察會不會重啟調查

察的瀆職。」這個案子在接下來的幾年繼續進展，檢察官不僅反對迪恩的平反，對於警察瀆職一事也毫無反應，即使聯邦法官都已因此否決了迪恩的有罪判決也一樣。

總而言之，歷經一小時的會談，這位幾年前在陪審團面前負責迪恩案的助理檢察官最後告訴我，其實已經太遲了，他已經寄了一封信給假釋委員會，反對迪恩的假釋申請。他把信拿給我看，信很短，部分內容大意是：「迪恩．吉利斯皮的確通過了測謊，但那是因為他是非常邪惡的反社會者，所以才能騙過測謊儀。」

這句話引起我注意，因為我知道他根本不真的認識迪恩，只不過曾經在法庭上見過他，也從來沒有和迪恩交談過。我知道他只能把迪恩看作「敵人」，如同我當初對華德的看法，或是我想要送進牢裡的所有其他被告。但每一個真正認識迪恩的人都會知道他非常聰明、溫暖且無私。這也是為什麼有這麼多人喜愛他。到獄中看過他幾次後，迪恩就成了我的朋友，我也越來越喜愛他的家人，並且理解他們所受的苦。我也知道，檢察官對迪恩的偏見不僅是徹底的錯誤，更是制度僵化的官僚難以克服的刻板印象。

會談結束，我們要走出去之前，我對那名檢察官說：「我想要給你一個建議，我猜一定沒有其他辯護律師跟你說過。在你這樣說另外一個人之前，難道你不覺得應該先試著了解他嗎？我建議你去牢裡看看他，多花一點時間問他一些問題，試著了解他。我不用在場沒關係。與他坐在一起幾個小時，看看他的靈魂。等你那麼做之後，再告訴我你是否依然覺得他是個反社會的人。既然我們談的是另一個人的自由，是否請你確實找到根據之後，再提出你的意見。」那位檢察官看起來有點驚訝，或是對我的提議感到惱怒，只是輕聲地說他會考慮。

幾天後，我又寄了一封電子郵件給他，重新提出這個建議，但沒有收到回覆。又過了一段時間，我向最初偵辦此案的刑警史蒂文．弗里茲（Steven Fritz）說明我的提議，正是他把警察瀆職的事情告訴我們的，他也很同情迪恩的遭遇。史蒂文曾有幾年的時間為那名檢察官辦案，他很了解對方，也覺得他是個好人。史蒂文說他會和檢察官談談，試著勸他去牢裡看看迪恩。史蒂文後來告訴我，他確實寄了封電子郵件給那名檢察官，問他為什麼不回應我的提議。檢察官這次回覆了，大意只是說「不要再提那件事了」。

回顧這整件事，其實檢察官的反應並沒有讓我太驚訝。檢察官的訓練的確就是要對犯罪者去人格化，和迪恩見面實在超出了官僚的規範，我的提議顯然很奇怪。不過他的回應也反映出，我們的刑事司法制度精神就是如此沒有妥協的餘地。

成為一名冤案救援律師，和不正義奮戰，有時候是件沮喪且令人灰心的工作。大眾只會在新聞上看到無辜者獲得平反時那個珍貴的瞬間，也就是我們大獲全勝後，與重獲自由的囚犯欣喜慶祝的場面。那些瞬間發生時，人們常會上我們的臉書專頁稱我們是「英雄」。但現實是，持續對抗一個拒絕承認錯誤、不把當事人當人看、奮力把無辜者留在牢裡的制度，實在是件極度消耗能量又令人洩氣的事。尤其當有些案子明明已有明確的無罪證據，檢察官卻堅拒平反的聲請，而法院還站在他們那一邊的時候。我們相信無辜計畫的當事人中有許多是被冤枉的，而且有證據足資證明，然而他們只能繼續待在鐵窗的那一端。在某些案件中，無罪證據可說是鐵證如山了，譬如DNA鑑定結果，但下場依舊如此。

幾年前，俄亥俄州無辜計畫有一屆的法學院學生設計了一件T恤，衣服背面是一個戴著拳擊手套的人對著一條冰河揮拳，因為學生們深深體會我們所對抗的制度就像冰河一般難以撼動。有些律師離開了我們的計畫，也是因為推倒這堵難以動搖的牆讓他們筋疲力盡，還要承受巨大的心理壓力。能夠長期走下去的律師一定要不斷彼此扶持、互相打氣，才能夠繼續投入這場戰役。

有一次，我們輸了一場證據真的十分充分的無辜者訴訟，整個辦公室就像一顆洩了氣的皮球。全心投入此案的學生完全不敢置信，大家都哭了。我寫了下面這封信給學生和負責此案的律師珍妮佛・布吉朗（Jennifer Bergeron）。信中可以看出我們是如何處理低落的士氣：

珍妮佛、艾蜜莉和西恩：

我知道你們一定都對今天的敗訴感到失望不已，你們已經做了所有能做的事，親身經歷這樣血淋淋的不正義，的確是人生中最糟的感覺。很難接受吧？當我在牢裡見到南希・史密斯的時候，也曾經真切感受到她思念孩子的情緒，開車回家時，我甚至得一路忍住想吐的感覺。不正義和痛苦令人厭惡，但我一次又一次地敗下陣來，彷彿無法做任何事來改善這個情況。

我真的很難過結果會是這樣。但你們也知道，戰鬥還沒有結束，阿爾（Al）會為他自己繼續奮戰到底。這件事的結果有很大部分取決於運氣，例如承審法官是誰，而這是更讓人生氣的部分。

我投入這個工作這麼久，我知道即使我們輸了，像這次阿爾的案子，但光是有人願意為無辜者站出來這件事，就會讓他的生命和整個人有了不同的價值。想像一下，如果你是阿爾，但沒有人聽你說話、沒有人相信你，你的餘生都得待在牢裡，卻沒有任何人注意到有這麼不正義的事發生在你身上，或者不曾有人說過你值得別人為你奮鬥，那會是多大的差異。

但阿爾不同，有一群聰明、有見識又充滿愛的陌生人走向他，這群人不僅相信他，而且多年來都為了他而堅持不懈。這的確是一場逆流而上的戰鬥，大家一開始也都知道機會渺茫，所以你們與他並肩作戰就更顯得難能可貴。就像是里奇．傑克遜被釋放的前一晚，在監獄裡和我們說的話：僅僅是有一群如此優秀的好人對他說，「你對我很重要，我會為你做一切我能夠做的事」，就讓他重新燃起對人性的信心。那對他的意義非凡，即使最終沒有換來他的自由。我知道其他人也是這麼想的，我相信阿爾無疑也是這麼想的。雖然我不認識阿爾，但我知道他是一個有想法的人。像他這樣沒有誰可以依賴的人，卻有人對他伸出援手、為他而戰，這件事本身就具有不可思議的價值。

幾年前，就在我們展開迪恩．吉利斯皮的救援之後，他的母親在某一年的一月告訴我：「自從迪恩被關進去之後，這是我第一次能夠好好過聖誕節。光是知道有人會傾聽、有人終於與我們並肩作戰，對我來說事情就變得不一樣了。」就算我們打不贏迪恩的案子，我也知道我們讓迪恩和他的家人受到以人為本的對待，因為他們看到了有人願意承認發生了什麼事，也願意和他們站在一起。

在《梅岡城故事》（*To Kill a Mockingbird*）中，我最喜歡的一段台詞是亞惕（Atticus）

對他的孩子所說的話，那段話的大意是，「我不希望你以為真正的勇者是帶著槍到處走的大個子。勇氣是，即便你在開始之前就幾乎被擊倒，你仍然選擇開始，還堅持到最後，只因為那是一件對的事。」

如果打贏這些案子很容易，那每個人都可以也願意做這類工作了。真正的價值與真正的勇氣是選擇做對的事，就算其實很容易迎來的是不正義的結果，因而讓你感到撕心裂肺的痛苦。沒有什麼人會做這種事，這才是為何它一直以來對人性如此重要。第二次世界大戰期間，有許多人想要拯救猶太人，但是失敗了，他們藏起來的猶太人被發現後遭到殺害，這些想要救他們的好人可能也是。就算他們所做的事失敗了，他們想救的猶太人也被處死，但如果人類這個物種不存在像這樣的人，我們就太令人生厭了。正是因為有這樣的人存在，人類整體才會變得更好。他們是英雄——即使他們沒有達成目標，甚至慘敗。

現在不是第二次世界大戰，但這樣的不正義對當事人來說也一樣沉重。謝謝你們為阿爾而戰，你們填補了那個其他人都視而不見的重要缺口。

馬克上

結論

在本章的最後，我想要引用前檢察官馬蒂・斯特勞德（Marty Stroud）的一封信作為結尾。斯特勞德在年輕時曾以謀殺罪起訴格倫・福特（Glenn Ford），讓他被判處死刑。格倫有三十年時間在路易斯安那州等待死刑的執行，直到二〇一四年才完全獲得平反。在平反和獲釋之後，格倫得了癌症，二〇一五年就過世了。在他死前的短暫自由時光中，路易斯安那州表示不願意支付他所主張的冤獄賠償，最後州獲勝，格倫拿不到半毛錢。在他生前，《什里夫波特報》（*Shreveport Times*）的編輯委員會刊出一篇要求路易斯安那州支付賠償的社論。斯特勞德寄了下面這封信給報社作為回應：

> 這是我第一次，應該也是最後一次公開在你們的社論上發表意見。老實說，我覺得你們的許多社論都避免對當下艱難的議題表態，以免引起爭議。不過我在此恭喜你們，因為這件事是以正義之名不應逃避的，而你們已經站穩了立場。
>
> 格倫・福特完全應得每一分每一毫他可能獲得的賠償，因為這個制度的缺陷徹底摧毀了他的人生。州竟然膽敢以路易斯安那州司法的名義，拒絕為這件慘絕人寰的事

對福特先生做出任何賠償，實在十分低劣。

我很清楚我在說什麼。

我從頭到尾參與了格倫．福特的審判，我見證了他被判處死刑，我當時相信正義獲得伸張，我完成了我應該做的工作。我是參與的檢察官之一，當時我對我做的事感到自豪。

被害人的家屬再三向檢察官和調查單位致謝，感謝我們的努力。這件事就這樣劃下了句點，或至少大家都這樣以為。但是由於「路易斯安那州死刑定罪後翻案計畫」（Capital Post-Conviction Project of Louisiana）的律師不願意放棄和努力奉獻，再加上卡多郡（Caddo Parish）檢察長及警長辦公室的投入，真相終於大白。

格倫．福特是清白的。他從地獄裡被救了出來，但他已經在那裡度過了三十年。

這件事沒有什麼花招噱頭，計謀多端的律師也無法保證讓牢裡的罪犯被釋放。福特先生耗費了人生的三十年，待在狹小昏暗的囚房裡，他的環境極為壓迫、光線陰暗，幾乎沒有辦法保暖或是保持涼爽，食物可謂難以下嚥。

不會有人想要被指控是「過度厚待」一名等待執行的死刑犯。

但是福特先生從未放棄，他持續為自己的清白而戰，最後終於成功。

明明發生了如此嚴重的不正義，國家卻不必負起責任，不必賠償遭受損害的國民。官方的說法是，沒有人故意做了什麼錯事，所以國家沒有任何責任。實在荒謬至極。去向福特先生和他的家人解釋看看。事實就是事實，無法被抹滅。

審理本案時，其實已經有證據可以洗清格倫．福特的嫌疑。檢察官當然可以便宜行事地說他們不知道有這類證據存在，所以他們對錯誤定罪不用負責。

這種論點絲毫無法讓我寬心。作為一名檢察官和執法人員，我的責任就是要公平地起訴。如果我可以正確而明確地打擊罪犯，在道德上我也不應該胡亂出擊。

我的部分職責也包括，要在我所知的事情中，及時揭露所有和審判與刑罰相關且足以證明涉案人無罪的證據。我太過消極被動，這是我所犯的錯。當初曾有一說是，可能有其他不是福特先生的人涉案，但我沒有相信，尤其當那三個被指控犯案的人最後都因為證據不足而獲釋。

如果我再多做一些調查，或許證據在多年前就會攤在陽光下了。但是我沒有那麼做，而我的不作為最終也造成了誤判。根據手邊的證據，我確信自己起訴了正確的人，我也沒有再投入資源調查被我認為是造假的主張，於是我們就起訴了錯的人。

我的心態不正確，這阻礙了我實現目標，而我的目標原本是要追尋正義，而不是將我認為有罪的人定罪。我沒有隱匿證據，我只是沒有認真、充分地考量證據；它們或許早就在那裡了，而且可能帶來不同的結論。那的確是我的失職。

除此之外，我在審判時保持沉默，無疑也造成了最終的錯誤。

福特先生的委任律師從來沒有打過刑事陪審團的案件，更遑論是死刑案件，這無疑造成了不公平的局勢。我不曾關心被告沒有足夠的資金僱用專家，他的辯護律師為了準備該次審判，甚至讓事務所停業了好一陣子。這些律師盡了最大的努力，但他們不是這個領域的專家，他們是民事案件的優秀律師，但是這類經驗並不足以幫他們救下福特先生的命。

陪審團都是白人，福特先生是非裔美國人。當時沒有考慮到歧視的可能性，所以可能的非裔美國人陪審員都沒有入選，在那個時候，如果要在挑選陪審團時成功地提出種族歧視的主張，必須要舉證在其他案件中已經出現過這類行為。我知道這是一個非常難達到的要求，在我所知的審判中從來沒有符合過。

我們還向陪審團提出了一份由鑑識病理學家所做的可疑證詞，該份證詞認為槍手是左撇子，雖然該謀殺案並沒有目擊者。沒錯，格倫．福特當然就是左撇子。

我現在知道那份鑑識充其量就是垃圾科學（junk science）★，但是都太遲了。

一九八四年的時候，我三十三歲。當年的我很自負、充滿評斷、自戀且自我。我對於勝訴的興趣大過於對正義的興趣。借用艾爾．帕西諾（Al Pacino）在電影《義勇急先鋒》（*And Justice for All*）裡面的台詞：「贏了就是一切。」

★譯按：描述那些被認為是虛假的科學數據、研究、分析等等。

格倫・福特遭到死刑判決後，我和其他人出去喝了幾輪作為慶祝。那其實很病態。我被交付的任務是要讓另外一個人被處死，這是一個非常嚴肅的工作，當然不是該「慶祝」的事情。

在量刑階段，我提出反駁時譏笑福特先生，我說這個人只是想要活著，這樣他才有機會證明他很無辜。我繼續強調這是對每一位陪審員的公然侮辱，因為他毫無悔意，對陪審團的判決根本不屑一顧。

我真的是大錯特錯。

我只站在自己的立場，沒有想到其他人。

我要向格倫・福特道歉，因為我造成了他本人和家屬的痛苦。

我要向被害人羅茲曼先生的家人道歉，是我給了他們已經結案的錯誤期待。

我要向陪審員道歉，我沒有讓他們看到事情的全部面貌。

我也要向法院道歉，我沒有恪盡職責，適當揭露可以為被告方辯解的證據。

格倫・福特應該依賠償法得到他應得的每一分錢。

我現在知道——但是真的太痛苦了——一個三十三歲的年輕檢察官其實沒有能力做出要將另一個人判死的決定。沒有人在刑事程序中有能力判處另一個人死刑。人都可能犯錯，所以我們真的沒有能力設計出一個可以公正和平等判處死刑的制度。

最後，我祈求上蒼對我有更多垂憐，不要像我對格倫．福特那樣。但是我心裡也十分清楚這是個過分的請求。（原注30）

這篇苦澀的投書提到了隧道視野、認知失調、行政之惡和去人格化，這些都影響了格倫的審判和平反後的賠償攻防戰。斯特勞德之所以承認有這些心理因素，還能夠從另一個角度看到制度在抵抗，或許有部分是出自他的人格特質，但也是因為在格倫平反之前，他已經離開檢察官辦公室好幾年。斯特勞德曾經用 Skype 對我班上的同學演講，他告訴學生們，他大部分的檢察官前同事，尤其是一直待在執法機關的人，並不贊同他在那封信裡的觀點。我也能夠了解這種檢察官心理。我的確是在離開檢察官職位後，才開始慢慢能夠用不同的觀點看待事情，那是我還在當檢察官時不可能有的角度。曾有一名警官在反思現在讓他感到後悔的舉動，以及他過往的警察心理時，說道：「離開那個工作真的使我的心靈獲得釋放。」（原注31）厄普頓．辛克萊（Upton Sinclair）也曾經提出如下的觀察：「當一個人的薪水取決於他對某件事的不了解，實在很難期待他了解這件事。」（原注32）

有時候我們會抗拒正義和公平，這純粹是因為我們是人。如果一個人隸屬於一個可以分攤責任的大型體制，而且體制還會創造出官僚心態，這些人就會表現得不太一樣，也缺少公平性。有時這是不可避免的，對某些人來說甚至可能是必要的，尤其當他們的工作就是要懲罰其他人時，心中免不了偶有拉扯與痛苦，勢必就得發展出一些方法保護自己。

然而我們必須知道，有時候我們得走出這樣的角色、脫離這樣的心態，真正的正義才可能降臨。但願馬蒂·斯特勞德的話語和經歷能夠為我們開啟這條路。

第三章

盲目的野心

我過去是在聯邦體制中擔任檢察官。聯邦法院的法官為終身職，由美國總統任命，他們不需要面臨重選，也不必籌募競選捐款，他們不必擔憂下一次選舉，所以也毋須爭取當地警察工會或是檢察官辦公室的支持。雖然個別法官有時候會有「傾向被告」或是「傾向檢察官」的名聲，但一定不會是因為外部政治壓力才出現特定的行為。毋寧說，他們是根據自己的方向感來行動，也就是他們本身對於對錯、公平性和道德的個人信念。

我離開聯邦檢察官辦公室後，在家鄉創辦了俄亥俄州無辜計畫。當我開始面對由選舉產生的州法官時，確實經歷了一番文化衝擊。在某些案件中，我甚至很難分辨檢察官和法官之間的區別。我在其他州展開無辜組織的辯護工作前，有人告訴我：「除非案子能夠離開當地法官之手，否則許多案件可能根本不會有任何改變，當地的法官和檢察官在政治上是連動的，就算他們不屬於同一個政黨。即使無罪的證據很明確，你在檢察官自己的轄區法院還是很可能敗訴。如果你能讓案件遠離當地的法官和檢察官，例如到某個較高審級的上訴法院，或者最有可能的是到聯邦法院接受聯邦的人身保護令審查，或許最終可能迎來正義。」在幾年的第一線工作中，我一次又一次看到這個現象，現在，很不幸的，我必須再把這個建議轉告給其他人。當然我還是碰過一些似乎對這類政治壓力免疫的法官，不論代價為何，他們有勇氣保持真正的客觀中立，但許多法官仍然盡可能和檢察官站在一起，即便為此他們必須稍微扭曲法律或是事實。

我與俄亥俄州無辜計畫的另一名創辦人約翰・克蘭利曾共同為克里斯・班尼特（Chris Bennett）辯護，那是我們早期幾個有進入法院的無辜案件之一。打從一開始，該案件的民選法官就對我們以及我們所提出對被告有利的任何證據抱有明顯敵意。克里斯被指控的罪名是酒後駕車引發車禍，造成他的朋友死亡；當時車上除了克里斯，還有他朋友一人。那輛車撞毀在一條鄉間道路上，警察到達時，克里斯坐在駕駛座上，頭部受傷，意識半昏半醒。他朋友的屍體橫在前座排檔上，雙腳伸向副駕駛座。警察沒有做任何調查，僅憑車內兩人在警察到達時的位置以及克里斯血液中極高的酒精濃度，便逮捕了克里斯，指控他犯了加重駕車殺人罪。醫院診斷克里斯因腦部受創而失憶，他不記得車禍發生當下的任何事情，包括是誰開車。他無法為自己辯護，只好認罪，因而入監服刑。

克里斯在牢裡寫信給我們，說他開始回復了一些片段的記憶。他記得車禍當時他是坐在副駕駛座，撞擊發生時呈現俯身抱頭的姿勢。他記得他撞碎了擋風玻璃，所以如果我們還找得到那輛被撞毀的車，應該可以在副駕駛座的擋風玻璃碎片上驗到他的血跡和DNA，這樣就可以證明他不是駕駛了。雖然從車禍發生到我們接到克里斯的來信，已經過了好幾個月，但一名法學院學生瑪莉．麥克弗爾森（Mary Macpherson）卻在一個廢棄物堆積場裡找到了那輛休旅車，它原本再一個星期就要被銷毀了。我們去到那裡，找到那輛車，而且驚訝地發現擋風玻璃上的蜘蛛網狀裂痕裡不但有乾掉的血跡凝塊，甚至還沾了大量看似人類頭髮的東西。我們拿頭髮和血液做了ＤＮＡ鑑定，證實了克里斯的說法。休旅車副駕駛座這一側全都是他的ＤＮＡ，副駕駛座正前方的擋風玻璃在衝撞的那一剎那，也沾上了他的血跡和幾撮頭髮，而在駕駛座那側完全沒有找到他的ＤＮＡ。

學生們更進一步做了警察與律師都沒有做的調查，他們沿著發生車禍的那條鄉間道路，挨家挨戶地敲門詢問。結果在最靠近車禍地點的一戶人家找到一個人，他說有聽到撞擊的聲音，而且在警察及所有人抵達之前，就先找到了那輛休旅車。在他到達時，克里斯坐在副駕駛座上，似乎已經失去意識，手臂掛在副駕駛座的窗戶上，而克里斯的朋友似乎已經死在前座間，也就是警察後來看到他的位置。不久之後，克里斯回復部分意識，試著站起來，踉蹌地越過他朋友的屍體坐到駕駛座，也就是後來警察發現他的地方。雖然在警察到來時，這個第一位抵達現場的發現者正在查看克里斯的傷勢，不過警察和律師都不曾問他看到了什麼。這名證人還給了我們一份宣誓過的口供書。

我們帶著這份新證據前往法庭，希望能讓克里斯・班尼特獲釋，但是法官似乎對我們想要做的事感到很不悅。在聽審的前兩天，他對我完全沒有好臉色，對檢察官卻很友善。每當我和約翰提出證據時，他通常只是坐在位置上，好像在讀其他案件的起訴書。他甚至會在我們舉證時，坐在法官席上接電話，他會把身子彎下來，我們只能望著他的頭頂，但可以看到他把電話拿到耳朵邊，對著話筒低語，而且還不是只講幾分鐘，而是講很久。

雖然在那三天的聽審中，我們提出了強有力的證據證明克里斯・班尼特是無罪的，包括DNA鑑定結果，但法官最終還是駁回我們平反的聲請。判決裡甚至連提都沒有提到鑑定結果。顯然法官已經有自己想要的結果，所以對任何不利於這個結果的證據都直接無視。還好這個案子最後證明了，其他地方的冤案救援律師給我的建議是對的——在擺脫檢察官所屬轄區的政治生態，遇到比較客觀的法官後，我們終於在上級法院打贏了這場官司。

在克里斯・班尼特一案中，最令我感到衝擊的不只是法官對我們的冷淡態度，也不是他斷然拒絕公平考量所有證據，而是他對待檢察官的方式。案件開始之後，我方在平反的聲請中附了數百頁證據，顯示被告是無辜的，但檢察官一再要求延期回覆，法官也全都同意。實際上，檢察官共連續六次聲請延期，拖到最後，才總算回覆了平反的聲請。案件拖了好幾個月，在這段期間，克里斯只能繼續在牢裡等待上法庭的日子到來。

在一次又一次聲請延期的期間，我們要求召開情況會議（status conference），向法官解釋有一個無辜的人正待在牢裡，我們應該盡快就他的案子舉辦聽審。我在電話會議裡向法官提出這個論點，他說：「你的意思是我的檢察官從中作梗，拖延這個案子嗎？」他刻意強調「我的」這兩個字，尾音拖得長長的。在後來進行這個案件時，每次提到檢察官時他也都是這麼說的。每當我暗指檢察官拖延，或者做了一些難謂完全正當的舉動時，他總是稱呼「我——的——檢察官」，並且說：「你是指我的檢察官會那樣做嗎？」我很想說：「法官，他們不是你的檢察官。他們不屬於你，你也不屬於他們。你代表司法部門，他們代表行政部門，這兩個部門應該是分開且獨立的，你不屬於檢察官團隊。」

克里斯的案子離開該檢察官所屬的法院後，終於推翻了有罪判決，上訴審法院認為該法官否決克里斯的聲請是濫用裁量，無視於相關證據。但就因為這名法官的舉措，克里斯在獄中多待了一兩年。這是我和民選法官在法庭上交手的最初經驗，當時我簡直無法相信這是法官的表現方式，過去我從來沒有看過這類事情。

結構上傾向有罪判決的體制

在上一章提過的迪恩．吉利斯皮案中，我們提出聲請要替迪恩平反，並要求將他釋放。當時有傳聞指出負責該案的法官考慮要競選俄亥俄州戴頓市的市長，而此案當初正是在戴頓市受審。迪恩多年前被判有罪，但他一直堅持自己的清白，而我們的調查也確實找到了能夠支持他的強力證據。與我共同辯護的律師是吉姆．佩特羅，那時他才剛卸下俄亥俄州檢察總長的職位，正在自己執業，也考慮要競選俄亥俄州州長。吉姆並不否認體制有時確實會錯判無辜的人，在當時他是我遇過少數幾個會這樣想的政治人物；在他還是俄亥俄州檢察總長的時候，我與他有過密切的合作。實際上，他也確實曾協助釋放我的一名當事人克拉倫斯．埃爾金斯，因為即便已有DNA結果證明克拉倫斯是無辜的，但俄亥俄州阿克倫（Akron）當地的檢察官和法官仍然拒絕為他平反。吉姆以他身為檢察體系頭頭的身分，施壓當地檢察官做出對的事，最後才終於讓克拉倫斯無罪釋放。吉姆離開檢察總長的職位開始自己執業後，馬上打電話給我，說他願意為一些俄亥俄州無辜計畫的案件擔任共同辯護律師。我請他協助迪恩．吉利斯皮的案子，他也同意了。

吉姆與迪恩案的法官是舊識。在擔任檢察總長之前，吉姆曾經是俄亥俄州的審計員，該名法官在擔任法官之前也曾是戴頓郡審計員，因此他們曾有密切合作。由於該名法官和吉姆在政治上都很活躍，兩人不時有交流的機會。吉姆告訴我在他們的對話中，該名法官總是對他準備要競選州長卻還擔任迪恩的辯護人感到有趣也很驚訝，因為迪恩被判了數個性侵罪。在兩人某次對話之後，吉姆告訴我：「我們當然沒有直接談到迪恩的案子，但他說他認為我十分勇敢，而且他相當驚訝，因為我在考慮競選州長的同時，還在為這麼駭人聽聞的罪犯說話。」

他提及對話時並沒有特別覺得是個好或壞的預兆，但我認為這是個不好的預兆，擔心是法官的政治敏銳度讓對方知道，要競選州長或戴頓市長的人，若選擇與被判有罪的性侵犯站在一起，是一件非常危險的事。我知道吉姆不是從眾的人，他不會在意這類事情，他只是想做良知告訴他對的事情，但是我也知道他會是政治圈的異類。

我的擔憂後來成真了。該名法官在卸任投入市長競選之前，在我看來幾乎做了他職權內所有能夠避免迪恩平反和獲釋的事，他無視證據，甚至不惜捏造證據，只為了達到他想要的結果。最後我們在兩個不同的法院二度推翻了這位法官的判決；一次是在州的上訴審法院，另一次則是在聯邦法院。這些複審法院認為該法官並未合理適用法律，也濫用法官的裁量權。結果就是，迪恩已經因為自己沒有犯下的性侵罪，在獄中耗費了二十年的光陰才獲得平反和釋放，而這名法官製造的阻礙，讓他又失去了三年的自由。

儘管迪恩案的法官似乎是一開始就對我們希望迪恩獲釋的主張存有偏見，不過有件特殊的事情值得一提。在此我先解釋一下本案的背景。

我在前文曾提到，迪恩案涉及警察瀆職的問題。他之所以平反獲釋，就是因為聯邦法官發現有利於被告的重要證據都被警察搞丟或銷毀了，也從未在審判前移交給辯方，譬如曾有報告指明，迪恩的體型不可能穿得下嫌犯所穿的褲子尺寸。另一個警察瀆職的問題，在於迪恩的不在場證明；其中兩件性侵案發生的週末，迪恩其實和一大群朋友去別州露營了。雖然他的朋友出庭證明確有此事，其中一人當時的日記也有寫到迪恩那個週末和他們一起離開了俄亥俄州，但迪恩的辯護團隊卻怎麼樣都找不到任何足以證明此事的露營區收據。我們其實有理由懷疑，多年前本案初步展開調查時，負責調查的刑警或是他部門裡的其他人，曾經搶在迪恩的辯護團隊之前到露營區拿走了收據，所以迪恩的團隊才沒有機會取得或看到那些收據。不過在法庭上，警方證稱他部門裡沒有任何人去過那個露營區，也沒有人拿走收據。

俄亥俄州無辜計畫開始調查迪恩案的消息見報後，有人私底下告訴我們，有一名戴頓市的警員能提供我們一些有用的情報，而且他也願意與我們會面。見面時他告訴我們，承辦迪恩案的刑警曾向他坦承，在審判開始後，他或他部門裡的其他人確實曾經去過那個露營區，拿走了收據；但這名警員不願意簽下口供書，他擔心踰越警察的角色且作證舉發另一名警察，可能會對他個人或職涯造成影響。他告訴我們，他站出來只是希望我們知道真相，然後他說：「繼續挖！你們的方向是對的。」

這次會面之後，我又與該名警員談過幾次，每次他都表達了同樣的憂慮，反覆說他擔心踰越自己的角色，所以不會簽具口供書。我繼續問下去，結果他和該名刑警的對話記憶突然變得模糊（雖然他明明不久前才告訴我們他的記憶清晰，百分之百確定）。於是我請一位曾參與初次會談的學生寫了一份口供書，說明該警員告訴我們的話，還附上學生在會面時所做的筆記。我也寫了我自己的口供書，陳述那名警員說過的話。當我在法庭上提出這份資料時，檢方回覆了一份該警員的口供書，內容表示學生對那次會談的筆記有誤，我們的口供書充滿杜撰的內容，還進一步指稱我要他簽署一份造假不實的被告口供。換句話說，他改口了，主張他從來沒有告訴我們曾有警察從露營區拿走收據的事。

不過檢察官要該名警員撰寫口供書時，並不知道其實我當初有暗地錄下我與那名警員兩次會談的內容。經驗告訴我，一旦他告訴我們的事情被公開，他就會因為身分而受到莫大壓力，接著他一定會矢口否認並反咬我們騙人。由於預期到會有這種發展，我在某次與他會面時就暗藏了竊聽器，在接下來的電話會談時也都有錄音，而錄音內容顯示，檢察官所提出的口供書中，該名警員字斟句酌的措詞具有誤導性且沒有說實話。舉例來說，口供書裡說他不想要簽署辯方的口供，是因為內容不實或不正確，但在我與那名警員的最後一次會談中（那次我有錄音），他表示希望被傳喚去替迪恩作證而非簽口供書，因為這樣看起來像是他被迫與辯方合作，從而可以獲得政治「保護」。他說雖然「郡的政治因素」的確存在，但他想要「做對的事」，也「準備接受可能發生的事」。當然，上述這些都是在檢察官找到他之前所說的。

接著我提出了一份回應，並附上含有這段對話錄音的光碟。在我看來，這些內容不啻暴露了該警員掩蓋事實、刻意誤導的情事。結果迪恩案的法官，也就是想要選市長那位，卻什麼事都沒做，他甚至不同意召開聽審，就駁回了我們的聲請。這表示迪恩或許得服完他大約還有三十六年的刑期。

最有趣的是接下來發生的事。在他駁回我們所有聲請，案件進入上級法院後，該名法官旋即要求與檢察官和律師召開電話會議。當我得知這個電話會議的安排時，實在百思不得其解。在這位法官這邊的案子已經結束，既然他拒絕了我們的聲請，案子也移送到上級法院了，為什麼他現在想要和案件的雙方當事人談話呢？這實在太不尋常了。我唯一能想到的理由是，法官應該是關注該警員爭議性的口供書，想知道檢察官將如何處理。但我知道絕不只如此。有鑑於法官對迪恩的平反充滿敵意，我懷疑只是為了此事。

參加電話會議的人有那名法官、我、吉姆．佩特羅和幾名檢察官。會議開始後，法官講了一些話，意思大概是：「今天召開這個電話會議，是因為我的辦公桌上現在擺了一宗聯邦犯罪的證據。戈希教授在未經對方同意的情況下，祕密錄下一名警員的對話，這是一件聯邦犯罪。所以我在此對雙方提出警告：我會把存在案件檔案中的證據，也就是這份錄音，送到戴頓的聯邦檢察官辦公室做進一步調查，而戈希教授或許會因此被起訴。」經過一陣尷尬的沉默後，吉姆終於開口：「法官，這件事不構成聯邦犯罪，在俄亥俄州也完全合法。」法官接著問檢察官：「是這樣的嗎？」檢察官也說那不是聯邦犯罪，就他所知也不構成任何犯罪。法官於是清清嗓子，小聲嘀咕了些什麼，接著大概是說：「那好，我以為它可能是。我想我要再確認一下……再見。」接著就掛了電話。

之後我再也沒有聽到那位法官提起他認為我犯下聯邦犯罪的事。

再次強調：這位法官，這位上訴審推翻其判決，認定他在拒絕迪恩聲請時濫用自由裁量，沒有合理適用法律，因而迫使迪恩繼續多受三年牢獄之災的法官，看著他桌上的證據，內容顯示一名警察在具結後向法院提出的口供書裡做出有問題的陳述。依我看來，檢察官甚至可以根據那份口供以偽證罪起訴該名警員，結果法官竟如此偏向執法部門，幾乎已全然喪失獨立和中立。他並不在意警察瀆職，反而還裝腔作勢地控訴辯護律師犯下聯邦犯罪，膽敢對警察祕密錄音以證明他行為失當。直到今日，對該份有問題的口供書具結的警察沒有發生任何事，而那名法官則輸了市長選舉。

大眾往往認為，美國刑事司法制度的結構有利於被指控的一方，被告享有幾個憲法權利，例如保持緘默的權利、快速審判的權利、即使無法負擔，仍然能夠擁有辯護人的權利、因辯護需要而傳喚證人的權利，也可以交互詰問檢察官的證人。在證明有罪之前，被告都被推定是無罪的，被告毋須證明任何事，證明被告有罪的責任落在檢方，還要能夠超越合理的懷疑。辯方似乎什麼事情都不用證明。

過去幾年來，我聽過許多法官和檢察官把檢方與警方描繪成冷靜、理性的行動者，他們沒有解決特定案件的壓力，只想要公平和客觀地釐清案件，揪出犯罪者，讓受害者獲得正義。然而在這樣的努力過程中，他們時常受到不公正的阻礙，因為形勢對他們實在是過於不利。

但是現實與此完全相反。面臨令人髮指的犯罪，檢警往往承受巨大的破案壓力，必須找出凶手到底是誰。為此，他們在鎖定嫌疑犯時，必須展現出堅定和積極的態度，以及將嫌犯定罪的鋼鐵意志。美國大部分檢察官是經選舉產生的，而大眾希望檢察官「嚴厲打擊犯罪」，這就帶來了結案、逮捕和定罪的壓力。電視演的那種沉著冷靜、「給我事實其餘免談」的刑警或檢察官，往往只是迷思。他們的工作競爭激烈、破案率飽受批評，為了升遷，他們也有促成有罪判決的壓力。

選舉產生的法官其實也有政治壓力；美國絕大部分負責重罪審判的法官，有一天都得面臨重選。雖然我們很難評估選舉對法官的影響，也沒有幾個法官會承認——不論是對其他人，甚至是對他們自己——選舉過程會讓他們傾向於「嚴厲打擊犯罪」，但許多律師，特別是被告辯護人，在面對由選舉產生的法官時，都有這樣的感受。統計數字也支持這個說法。尤其在檢察官和法官皆為民選的法院管轄區，執法和司法兩個政府部門經常會攜手創造出有罪判決，同時還會自吹自捧，用一種競爭、炫耀的方式展現「嚴厲打擊犯罪」的態度。這樣看起來，政治在此創造了一場競爭，若要成功，你就得嘗試在競爭中得勝。

另一方面，被告與其辯護人其實處於很不利的地位。絕大多數被告沒有資力僱用和檢察官編制相同的團隊，包括能夠走遍大街小巷訪問所有證人的調查員，以及來自州實驗室源源不絕的「專家」，可以分析證據、提出似乎很厲害的犯罪現場理論來支持他們對案件的主張。一般被告最多就只有一位辯護人，通常還是法院指派的，他得要用很少的資金一肩挑起調查人員或專家等林林總總的功能。在法庭上，被告辯護人通常只能接受檢察官的證據，很難建立起自己的事實基礎來挑戰檢方論點，詰問檢方的證人時也受到種種限制。法院有時會同意撥款支付辯方的專家，但每個管轄區的經費有限；辯方的調查員更是難以獲得資助。因此，除非被告很有錢，否則他們在這場競爭中大多處於劣勢。被告所擁有的資源就是辯護律師，而許多時候往往是過勞又低薪的公設或指派辯護人，由於負責案量實在是太大，未必能為每一位當事人付出相同的心力。

結果就是出現一個結構上傾向有罪判決的體制。

法官

上述例證說明法官與執法單位過於親近，以至於很難保持公平和中立，但其實毋庸我贅言，人們也可以看到選舉產生的法官很常會失去客觀性，與檢察官團隊站在一起。我談的不只是那些受高度矚目的案件，例如法官在審判期間把有用的資訊以簡訊傳給檢察官而被抓包。(原注1)實際上，例子隨處可見。美國有三十九個州的法官是由選舉產生，如果你是這些州的住民，選舉到來時你就能在電視上看到不少證據。(原注2)若你是在我住的辛辛那提，單由司法選舉季節的廣告來判斷，你大概看不出來其實美國憲法中司法和行政部門是分立的，且兩者被期待要能互相制衡。我們的郡檢察官是法官候選人競相爭取的推薦人，而且他將來可能也想要成為法官，在他所支持的候選人的廣告和宣傳中，他會以感性的訴求彰顯該候選人有多麼「嚴厲打擊犯罪」。以二○一五年競選期間的一則廣播為例，郡檢察官在嚴肅的背景配樂下大聲疾呼說，某某候選人「在當檢察官時，就已經和辛辛那提的凶惡罪犯們勢不兩立」，並且向大眾保證，他在當選法官後也絕對不會退縮，一定會堅持初衷。

法官候選人會想和當地檢察官打好關係、爭取他們的支持，是有原因的，因為這招真的很有用。就政治考量而言，這對候選人非常重要。如果法官在審判席做出的判決會讓他在下一輪選舉中失去檢察官的支持，無異於政治自殺。密西西比州的前任首席大法官奧利佛·迪亞斯（Oliver Diaz）就承認，「想連任的法官勢必會很在意下一屆的三十秒競選廣告會是什麼樣子。」（原注3）就連美國的最高法院法官都承認民選法官得面對政治現實，因而會積極配合當地的檢察官，以彰顯自己嚴厲執法的一面。統計數字也顯示，選舉期間的案件結果確實會有利於檢方。（原注4）最高法院的意見中，也可以看到由選舉產生的法官承認這個問題：「我們需要面對這個問題。我們只是人。」（原注5）阿拉巴馬州最高法院前任首席大法官蘇·貝爾·科布（Sue Bell Cobb）同意此點，並說：「如果法官是聖人，或許就可能忽視政治現實的存在。但法官並不

是。」（原注6）

近期阿肯色州的最高法院選舉就是個很好的例子。一則競選廣告稱許上訴法院法官羅賓．威恩（Robin Wynne）「拒絕讓技術性問題推翻有罪判決」；另一則廣告則批評他的對手辯護律師蒂姆．庫倫（Tim Cullen）竟然主張兒童色情媒體是「沒有被害人的犯罪」，雖然那完全是扭曲庫倫律師針對某案的辯護摘要。鏡頭帶到空無一人的遊樂場，隱約有種不祥之感，一位母親的聲音說：「去跟上千名被剝奪童年的被害人說說看吧。」庫倫最後選輸了。他後來評論道，「如果我是一名刑事被告，威恩法官受惠於這類競選廣告這件事，會讓我對他的公平性非常擔憂。」（原注7）

二〇一五年，HBO《上週今夜秀》（*Last Week with John Oliver*）的一集中，主持人約翰．奧利佛（John Oliver）挑選出該年度競選期間的一些廣告片段，那一年有多位法官候選人紛紛展現對檢方的強力支持。（原注8）譬如說，北卡羅來納州最高法院法官保羅．紐比（Paul Newby）的競選廣告中，幾名穿著全套黑色飛賊裝的演員從他的選舉標語前跑過，旁邊則有個彈奏班卓琴的人唱道：「有個法官叫作保羅．紐比，他會抓住那些在逃的罪犯。保羅的銳眼盯著你，讓逃跑的人聞風喪膽，一個一個抓回來……保羅．紐比（間奏）……嚴格但公平……（間奏）……保羅．紐比（間奏）……犯罪的人最好小心。」

接下來，奧利佛播放了前阿拉巴馬州法官肯尼斯・英格拉姆（Kenneth Ingram）的廣告，主旨是宣傳他對犯罪有多嚴厲，吹捧他曾經嚴懲過哪些謀殺犯，旁白說道：「肯尼斯・英格拉姆法官會將殺人者處以極刑，絕不姑息。」再下一則是密西根州法官寶拉・曼德菲爾德（Paula Manderfield）的二度競選廣告，在一個法庭場景中，她端坐在法官席上，以堅定的眼神凝視鏡頭，然後說：「我有權宣判你無期徒刑不得假釋。」接著嚴厲地敲下法槌。主持人約翰・奧利佛恰如其分地譏諷道：「等一下，有權？那頂多是妳的責任吧！有些工作是不可以樂在其中的。」奧利佛接下來的評論也切中要點：「透過選舉產生的法官所面臨的問題是，正確的判決不僅艱難，而且還很容易遭致批評。競選迫使法官們得拿放大鏡檢視他們的每次判決。政治競選廣告常常是極盡挑釁之能事，司法界的競選廣告則是極盡恐懼動員之能事。」

他接著播放一則用來抨擊伊利諾州法官湯瑪斯・基爾布里德（Thomas Kilbride）的廣告，片中出現了三名只有黑色剪影的在押囚犯，全為演員所飾。三名囚犯輪流走上前，說明自己所犯的罪。第一個人說：「我用菜刀捅了被害人，所以被判有罪。」第二個人說：「我在孩子面前射殺我的前女友，還殺了她妹妹。」最後一人則說：「我性侵了一個母親和她十歲的女兒，」然後輕笑加上一句，「而且我還割了她們的喉嚨。」接著基爾布里德法官的照片出現在畫面上，蓋在三名罪犯身上，襯著陰森的配樂，第一名囚犯說：「上訴時，湯瑪斯．基爾布里德法官與我們站在一起，」第二名囚犯接著說：「而非執法者或被害人。」

奧利佛指出，其實基爾布里德法官並沒有真的釋放這三名囚犯，他只是大膽地在上訴中質疑他們所經歷的審判程序，而這正是他的工作。他接著說，在司法競選中沒有辨明細微差異的餘裕，這就是為什麼你不會看到法官的競選貼紙上寫著：「司法很複雜，我們得超越自己的基本直覺，即使困難，但這也正是我們與恣意獸性之間的差異。請投給基爾布里德！」根據全國刑事辯護律師協會（National Association of Criminal Defense Lawyers）執行董事諾曼．賴默（Norman Reimer）的觀察，「被告的憲法權利在這些司法選戰中通常只有被輾壓的份。我們的自由和憲法權利都依靠法官能夠具有展現公正精神的勇氣。如果他們知道每次裁判都很可能成為競選活動的素材，這就會出問題。」（原注9）

許多研究都顯示，司法選舉會迫使法官在法庭上支持檢方，好在下次選舉時主張自己嚴懲犯罪的立場。固定的法院轄區的趨勢其實相對容易追蹤。過去數十年間，司法競選活動是預算和關注度都不高的活動，攻擊式廣告或任何形式的廣告都不多見。

但在過去二十年裡，最高法院放鬆了對司法競選活動的倫理規範，也解除了對競選獻金的管制，使得司法選舉逐漸成為昂貴且具有政治意義的事務。（原注10）二十年來，投入廣告的錢越來越多，隨之而來的就是我們今天看到的攻擊式和支持檢察官的廣告。在現在的選舉中，這些廣告已經成為無所不在的風景。候選人的司法裁判走向還會被追蹤，因為司法選舉已經變得更政治化，法官或未來的法官被迫要擔心他們對犯罪的態度夠不夠嚴厲，畢竟那會被放進電視廣告和宣傳單裡。

位於華盛頓哥倫比亞特區、不隸屬於任何政黨的智庫美國進步中心（Center for American Progress），曾於二〇一三年研究下列四個州的數千筆司法裁判：伊利諾州、華盛頓州、密西西比州和喬治亞州。研究結果發現，隨著越來越多的競選經費流入司法選舉過程，如上文提到的競選廣告紛紛出現，司法裁判也變得明顯偏向檢方。選舉年時會有最明顯的上升。報告結論指出，隨著「競選花費升高，政黨色彩越來越濃厚，法院開始害怕被貼上『對犯罪軟弱』的標籤，導致他們在審判時越來越站在檢察官這一邊，而不利於刑事被告」。（原注11）

紐約大學法學院的布瑞南司法中心（Brennan Center for Justice）在二〇一五年發布了一份名為《論司法選舉對刑事案件之影響》（*How Judicial Elections Impact Criminal Cases*）的報告，（原注12）分析了數十年的資料，也綜合了十份由不同機構和學者針對同一主題所做的實證研究結果。就此主題來說，布瑞南報告可謂為至今最全面的報告。報告首先指出，百分之九十四的重罪案件是在州層級起訴的（性侵案百分之九十九、謀殺案百分之九十八），而非由聯邦層級的司法制度處理；全美國有三十九個州（百分之八十七）的法官要面對司法選舉。換句話說，在美國被控以重罪的絕大多數人（超過百分之九十）都是由面臨連任競選的法官審判；如果他們的確想繼續擔任法官的話。

布瑞南報告指出，電視廣告成為司法選舉的「標準配備」，這類廣告大多特別關注刑事司法，不是在塑造候選人對犯罪雷厲風行的形象，就是批評對手對犯罪太過軟弱。二〇一三到一四年的所有司法廣告中，百分之五十六符合這個模式，早幾年只有百分之三十三。這些廣告還經常具有誤導性。此報告還提出以下幾個觀察：

一、當法院轄區的電視廣告增加，有利刑事被告的裁判就會減少。

二、越接近選舉日，民選法官對重大案件就會做出越嚴厲的判決。

三、在過去十五年的上訴審中，若該轄區的法官是由指派產生，有百分之二十六的死刑案件會遭到推翻；但在司法選舉的管轄區中，只有百分之十一。

約翰・奧利佛還點出另一個重要的面向：讓法官越來越傾向檢察官的司法選舉資金，大部分是由大企業或是超級政治行動委員會（PAC）★提供的，而非來自刑事司

★譯按：募集資金支援候選人或政黨的非營利組織。

法過程的利害關係人，譬如檢察官工會、警察工會或犯罪被害人代表。前文提到的北卡羅來納州法官保羅．紐比的廣告，就是由一個超級政治行動委員會所贊助，其背後的金主之一是雷諾茲（RJ Reynolds）菸草公司。拍攝三名誇耀自己駭人犯行的囚犯以攻擊伊利諾州法官湯瑪斯．基爾布里德的廣告，也是由一個超級政治行動委員會所贊助，資金來源是類似可口可樂和農機設備公司強鹿（John Deere）這類大型企業。

可口可樂或雷諾茲菸草公司當然不會特別關心他們支持的法官對犯罪嚴不嚴厲，他們要的是有助其商業利益的法官。未來當這些公司有案件進入法院時，他們希望這些法官知道自己現在的位子與未來連任的選舉，都仰賴這些公司和超級政治行動委員會。換句話說，這些企業只是希望影響法官，取得商業利益，但他們也知道打犯罪牌能動搖民心，因此他們便用刑事司法主題宣傳他們支持的法官，或拉下不足以促進其公司利益的法官。（原注13）

司法選舉當然是高度政治化的事，而要當選不僅高度仰賴募款能力，對許多法官來說，更仰賴能否替自己塑造出「嚴厲打擊犯罪」的形象。俄亥俄州最高法院法官保羅．菲佛（Paul Pfeifer）曾向《紐約時報》坦言：「我從來不曾像在司法競選中這樣，覺得自己像是個在巴士站攬客的阻街女郎。」（原注14）德州最高法院前首席大法官華萊士．傑佛遜（Wallace Jefferson）也在卸下職務後不久，告訴《大西洋月刊》（*The Atlantic*）：「這個制度已經徹底崩壞了。我們不應該有黨派色彩這麼強烈的選舉……我們想要擁有公平公正的司法制度，但募款會破壞這樣的信心基礎。如果我是主事者，我想要完全改掉這個作法。」（原注15）

與地方檢警交好，獲得他們支持而成功坐上法官之位的人都知道，如果自己在這個位置上做了任何嚴重得罪警檢的事，就是冒著下次選舉時失去這些支持的風險。但更重要的是，這些法官也知道，如果自己的裁判在日後選舉時被斷章取義，誤導成「對犯罪軟弱」，則不僅會淪為競選對手的把柄，甚至可能讓金主和超級政治行動委員會轉而支持其他更可能有助其商業利益的候選人。（原注16）就連金主和超級政治行動委員會沒那麼關心的下級法院法官，例如初審法院的法官，他們也知道若是想要向上爬，想進到企業和金主比較有興趣的場域，那麼自己的裁判就會成為被放大檢視與攻擊的對象。

當然並非所有民選法官都會受到選舉影響，有些法官素有行事超然獨立的聲譽。我可以舉出俄亥俄州的幾位，譬如克里夫蘭的邁克爾·唐納利（Michael Donnelly）法官，戴頓的史帝芬·丹克夫（Steven Dankof）法官，後者正是在迪恩·吉利斯皮案的法官辭職投入戴頓市長選舉後，接手承辦此案的法官，且即便面臨地方檢察官的壓力，丹克夫法官接手後，仍然勇敢地廢棄了原判決。有趣的是，即便法官同意平反的主張，也做出有利於囚犯的裁判，他們事後所作的評論，足以顯現法官們也很清楚這個問題的存在。一位冤案救援律師曾告訴我，某次她在法院走廊上遇到判她當事人勝訴的法官，法官刻意跟她說：「我接到媒體的電話說想要詢問本案，因為檢察官的回應很強硬。我不能和媒體多說什麼，但如果他們打給妳，妳會跟他們解釋為何這個判決才是對的吧？妳知道我是支持你們這邊的吧？」我也曾在某個社交場合中偶遇另一名法官，當時我有一個當事人的聲請正在等他決定。我沒有與那名法官討論案情，但他看了我一會兒，然後說：「你知道嗎？如果我做出對你們有利的裁判，他們一定不會跟我善罷甘休。」這位法官最後還是做出了對我的當事人有利的裁判，把不會善罷甘休的恐懼放在一邊，這麼做實在需要勇氣。不過這樣的說法顯示，即便有些法官能夠抵抗壓力做出不利於檢方的裁判，某種程度上他們也心知肚明，此舉將讓自己陷入不利的處境。

在法官要由選舉產生的州裡，任何刑事辯護律師都可以跟你分享一些案例故事，顯示法官或許受制於政治現實，因而亦步亦趨地配合檢方，以達成他們想要的有罪判決；除非這名律師已經甘於成為政治過程的一角而對此無感。不幸的是，這其實可能是司法的常規。每當有新的冤案是繫屬在俄亥俄州離我比較遠的法院時，我總會向當地的辯護律師打聽分配到該案件的法官如何。律師們很懂得如何形容偏頗的法官，畢竟那是多數時候的常態，他們也很習於談論制度中的偏見，幾乎已經成為律師間的共通語言了。通常我得到的答覆是：「可惜你的法官就和大部分法官一樣。」、「如果檢察官反對你的聲請，這案子大概就沒望了。」他們甚至不必問我案件細節就知道結局，然後等到我正式與法官交手後，就會知道為何那些辯護律師當初會這麼說。

不過如果碰到一個公正中立的法官，律師就會用興奮的語調，像是在講什麼祕密似的告訴我：「你知道嗎？她是個相當公正的法官，她確實嘗試保持中立，她真的會讀你寫的書狀，而且不會受到檢察官的影響，也不怕做出正確的決定。你能碰到她真是太幸運了。」他們每次在說這些話時，總讓人以為我找到了四葉幸運草！彷彿我中了辯護律師的頭獎，遇上一個公正、願意讀書狀、客觀看待案件、根據法律和事實作裁判，也不在乎審判過程是否會讓執法單位不悅的法官。真是找到寶了！真是好運透頂！民眾毫不懷疑地以為遇上一個公平中立的法官應該是常態，不該像在大海撈針。可惜事實並非如此。

近日我在其他州分別做了兩場演講，聽眾都滿多的，而我在演講中提到選舉程序對法官可能造成的影響。每場演講結束後，都有氣沖沖的法官前來找我。第一個法官氣到人都還沒走近就開始大吼：「教授，你演講時公平點可以嗎！」我問她指的是什麼，她說我斷言選舉會讓法官靠向檢察官那一邊，這讓她深深覺得受到冒犯。她說：

「我今天是和整個辦公室的人一起過來，你這種說法讓我很尷尬，而且也不是事實。」

我和她談了整整十五分鐘，結束時，我大概了解她之所以覺得被冒犯的原因，是因為她真的試著保持獨立，不讓這類因素動搖她。她舉了幾個例子，說她在裁判時是如何為被告考慮，雖然她的確感受到來自檢察官和大眾的強大壓力。我告訴她，我的評論未必適用於每一位法官，但如果像她主張的那樣，我說的不是事實，那就表示法官的認知有問題，因為大部分辯護律師都會同意這是事實。我告訴她，我曾和聯邦法官談過，對方甚至認為主張民選的州法官不會受到選舉影響而偏袒檢方，實在是無稽之談。看來除了經選舉產生的法官和檢察官自己，所有人都相信有這回事。

一週後，我又在另一個州做了另一場演講，結束後同樣有一名法官走向我，他氣得全身顫抖，整個頭看起來像是要爆炸了。他氣焰騰騰大步走向我，舉起手指著我的臉，手指一邊晃動、一邊語帶威脅地說：「你最好小心點。」面對一個陌生人這樣充滿挑釁的舉動，我向後退了幾步，問他在說什麼；我那時甚至不知道他是一名法官。他氣沖沖地說：「我和聽眾席裡的其他法官絕對不會接受你對民選法官的評論，那些說法根本毫無價值。」我丈二金剛摸不著頭腦，我不記得我有在演講中提到選舉出來的法官會怎樣，我很確定我今天的演講大綱中根本沒有這題。接著我想起來了，的確有聽眾問我選舉會不會對法官造成影響，然後我說：「是的，在許多情況下，我相信是會的。法官要擔心下一屆的選舉，而很多人就需要執法單位的支持。」那就是我那天對這個題目的評論。我試著像上週一樣和他進行對話，但是他真的太生氣了，完全聽不進我說什麼。事後我還是很想知道為何他會這麼敏感，畢竟我只不過是個法律系教授，還來自別的州，他為何這麼在乎我的看法？而且我當時的評論實屬無害。但無庸置疑，我確實踩到了這名法官的敏感神經。

或許這些法官這麼生氣，是因為他們真的沒有因選舉而動搖，也聽厭了別人說他們有偏見。也或許他們會這麼生氣，是因為我的指控是對的，感覺就像是「此地無銀三百兩」。當然，我們的確很難知道選舉的壓力會讓法官在多大程度上偏向檢察官。即便辯護律師一般都說，在多數案件中都是審檢一家親，我自己也親眼見過許多次，有時甚至還會出現許多荒誕的極端狀況，但這種傾向也可能有其他緣由。大部分法官在成為法官之前都曾擔任檢察官，所以常自然而然就抱著檢察官的心態。（原注17）法官也像司法體制中的其他角色一樣，會有確認偏誤和隧道視野的問題。他們經常拒絕承認體制有問題，而且因為已經成為體制的一部分太久了，甚至可能連問題都看不到。即便確實有不在乎政治現實，或者堅定認為自己不用擔心下屆選舉的法官，他們最後往往還是會隨著時間的流逝而變得堅持己見、充滿偏見，畢竟體制看來就是如此塑造他們的。

警察與檢察官

美國大多數的檢察官和警長都是選舉產生的，因此他們和民選法官面臨一樣的壓力，都必須對犯罪表現得不假辭色。研究顯示，想要表現得對犯罪很嚴厲以爭取連任的想法，會影響檢察官的行事作風，(原注18)因為他們的決定會產生「政治上的漣漪效應」。(原注19)檢警還面臨著法官不會感受到的其他壓力。辦公室的政治及內部升遷，創造出一股要破案並達到有罪判決的壓力。越困難的案件，亦即被告的無罪證據越多，有罪判決就越能成為檢警引以為傲的成就。當有刑警或檢察官贏了某個很難的案件，同僚們會說：「哇！他連那件案子都打得贏。那個案子真的很難辦。」每位警察和檢察官當然都想成為辦公室的英雄。

警察和檢察官也有預算的壓力。各檢警辦公室的下年度預算，有部分是取決於他們在今年度逮捕和定罪的人數。提高人數可以確保他們下一年度的預算增加，或者至少不會被刪減。

檢警也時常會有確認偏誤和隧道視野的問題，美國最高法院稱他們是「查緝犯罪的競爭事業」，有時難免讓人不自覺失了客觀。辦公室和政治壓力都會導致這樣的心態，讓警察和檢察官選擇成為「嚴厲打擊犯罪」的人，一個勁兒的將案件定罪，而沒有考慮到或許有些案件比較適合冷靜且客觀的處理方式。

我在檢察官辦公室待了許多年，深深了解檢警單位的內部壓力。簡單來說，人人都有很大的壓力要打贏官司，要看起來很嚴厲、很有攻擊性。我們辦公室裡的每個人都雄心勃勃，而且很好鬥。每個人都希望看起來很厲害，也都非常在乎自己的名聲，想要更上一層樓。如果你虛度光陰、辦案不主動出擊，就不可能得到「檢察官中的檢察官」這種響亮的名號。如果你敗訴了，有人就會開始講話。如果你在短時間內輸了幾件官司，人們就會開始質疑你的能力，懷疑你是否全心投入。所以我們都會竭盡全力避免這種事發生。

想要看起來很厲害的壓力，讓我們自創了一個詞，它源於我們辦公室裡一位檢察官，我姑且稱他為「施密特」。相傳每次審判前，他都會跟辦公室裡所有人說這件案子的證據有多薄弱、勝訴的機會有多渺茫，看起來真的為了這場即將來臨但穩輸的審判焦慮萬分，然後他會開始強調被告的證人有多強、他根本沒有著力點云云。但事實上，就算他手上證據極為充足，他還是會這樣說，如此一來等他勝訴後，大家才會覺得他像是在變魔術一樣神奇，簡直是檢察官奇才、技巧高超，連這麼難的案子都能贏。

所以每當辦公室裡有檢察官開始說自己要拿上法庭的證據很薄弱，或者說被告有很強的無罪證據時，我們就會說他又在「施密特」了。這種現象反映出檢察官辦公室的競爭本質，以及明明有許多對被告有利的無罪證據，也就是所謂的難辦案件，但檢察官最想打贏這類案件，因為這樣自己才能在同僚面前威風。

如果有人敗訴了——被告竟然獲得無罪釋放，雖然這樣的事並不常見——大家就會關起門來偷偷討論。每個人都想知道，「是她搞砸的嗎？」、「怎麼會這樣？」這對於負責的檢察官來說非常尷尬。有一次，我的上級突然要我接手另一名檢察官的陪審團案件，即便該案的審判再不到幾週就要開始了，而原因正是原本負責的檢察官剛輸掉了另一件陪審團案件。接下來的這場訴訟看起來非常困難，被告很可能會被判無罪。上級希望我接手，因為他擔心連輸兩案會讓那名檢察官自尊掃地，甚至可能讓她覺得做不下去。他想給那名檢察官一些簡單的、絕對不會翻盤的案子，好幫她「重新振作起來」。他交代我不要告訴任何人我接手案件的真正理由，他對辦公室裡其他人講的理由是時間安排的問題。

換句話說，勝訴的壓力已經大到，連輸兩場就可能會讓士氣潰堤。研究檢察官所面臨之心理壓力的學者丹尼爾．梅德韋德，在《起訴情結》一書中指出，檢察官可能是「把他們的輸贏看作是自我價值的象徵」，因此「必須仰賴（勝訴）結果來支撐他們的信心」。（原注20）梅德韋德還有更全面的觀察：

一連串制度、政治和心理的力量匯集起來，迫使檢察官必須在審判中爭取有罪判決。這個職業的工作表現很難估量，所以對檢察官的評量方式經常是看他們每個人的有罪判決率。他們的故事通常就是上級會想盡辦法激發他們的積極性，讓他們在審判中追求有罪判決。例如，有的長官會以平均值的形式公布個人的有罪判決率，或是在公布欄上貼出檢察官的名單，勝訴的話就在名字旁邊貼上綠色貼紙，敗訴的話就是紅色。(原注21)

梅德韋德也提到，有些檢察官辦公室會提供獎金給高勝訴率的人，有些則會要求當被告被判無罪時，檢察官得向上級提交報告說明「問題出在哪裡」。(原注22)

我工作的檢察官辦公室也和許多其他的檢察官辦公室一樣，每年有部分預算是根據前一年的起訴案件量所決定。我在大約七月底到任，而我們的財政年度在九月三十日結束。我剛開始工作時，就被告知像我這樣的新手檢察官，在九月三十日前有個主要的工作：盡量起訴案件，盡可能拉高統計數字。由於新檢察官還沒有自己的案件，

所以資深的檢察官會把案件交給我們，讓我們協助起訴一些他們沒空處理、本來不會起訴的小案。許多交給我們的案件，除了要增加起訴件數、充實統計數字，完全沒有別的理由。

舉例來說，如果資深檢察官有個涉及重罪的大案，在他對被告提起告訴後，被告從法院的管轄區潛逃，這件案子就會交給我們，要我們以「棄保潛逃」（在逃中，未依規定出現在法院）的名義再起訴一次該名被告。其實根本沒有必要這麼做，如果那個人最後被逮到了，還是得面對謀殺罪或他本來被起訴的重罪，相較之下，棄保潛逃的起訴就顯得不重要，之後大概會被忽略或協商掉。不過起訴他棄保潛逃，可以增加我們的統計數據。

有些資深檢察官的案件無法在這個財政年度起訴，因為他們正忙於其他更重要的案子，或者案件證據不夠充分被擱置，先起訴其他證據更充分的案件，這時候這些案件就會交給我們。只要我們覺得能夠通過大陪審團那一關，最終能夠獲得有罪判決，我們就會加以起訴。因此在八月和九月份，我的辦公室就像是起訴機器一樣，資深檢察官會盡可能地把案件移轉給新進檢察官，然後透過大陪審團起訴——並不是真的因為有什麼政策所以有起訴的必要，只是因為我們需要這些數字。簡單來說，若不是因為統計需要，我相信這中間有許多案子都不會被起訴。並不是說我們決定要起訴一些我們認為無辜的人，完全不是這麼回事。但如果業務正常執行的話，確實有些案件是絕對不可能被起訴的，它們之所以被起訴，全是為了數字好看。有些人之所以會被起訴，有些案件之所以會提給陪審團，都是因為那些數字最後可以換成預算。

於是在我就任檢察官的最初兩個月，我就是一直把案件帶到大陪審團面前，讓它們獲得起訴，就像是生產線一樣。我當時是個新人，希望給人留下深刻的印象，所以依照吩咐做事，也盡我所能地起訴案件。

在這波瘋狂起訴結束後的某一天，我發現我把其中一個案子弄錯了。如果我沒記錯的話，我錯過了法律規定的追訴時效一或兩天，這表示我的起訴不符合要件，也沒辦法補正。當我發現這個錯誤後，我知道我必須終結對那個案件的起訴，於是我將此事告訴一位上級；我有幾位直接上級，有幾名是刑事部門的助理主管，在特定案件中還有其他上級。那位上級叫我寫一份備忘錄，大致描述一下我犯的過失，並且說明為什麼要終結起訴。那份備忘錄得層層上報，經過幾位上級的核可，最後會到我們的老闆聯邦檢察官手中。我寫了一份備忘錄為我的過失道歉，部分也是為我自己解釋，我在備忘錄中寫道：我會犯下這樣的錯誤，是因為要在瘋狂的「九月起訴大月」處理這個案子，而那陣子我起訴了太多案件，無法保持平日該有的謹慎程度。

幾天後我被叫進長官的辦公室。我看到我的備忘錄擺在桌上，還看到有人，大概是層層上報到某個層級的長官，把我寫的「九月起訴大月」圈了起來。那個人還在圈圈旁的空白處寫了一些眉批：「？？？！這件事情我要一個解釋。」長官問我：「你為什麼要這樣子寫？」我說因為當我要起訴此案時，還被交付了其他一百萬件案子，而且交代我要盡可能起訴。他說：「那不是事實。這裡沒有什麼起訴大月，也不可能有人跟你那樣講。」但是明明就是他自己跟我講了好幾次，而且也不是只有跟我講，所有和我一起到任的新進檢察官很明顯都被交代了同樣的事。實際上，就是因為當時我們辦公室裡的所有人都知道且了解「九月起訴大月」，所以我就自然而然把它寫下來了，完全沒有惡意，也不知道這會造成問題。我是新人，而我最不希望發生的事，就是讓別人留下壞印象。

「好的，我很抱歉，我並不知道。」我只說了這些話就離開那個房間。但我接收到一個很清楚的訊息：我們不會談論「起訴大月」，不會討論要改善統計數字的壓力，也絕不會笨到把這種事寫下來。

然而現實是，統計數字一直是許多警察和檢察官的壓力來源。幾名紐約市警察在二〇一五年向警署提告，指稱雖然紐約市警察局對外宣稱逮捕人數的統計不會影響警察的績效，但實際上他們依然會進行非正式的統計，而且包括休假核准、排班，甚至是升遷，都得根據這些「逮捕配額」。原告方（警察代表）談到，因為這股壓力，某些逮捕完全就是因政策而生，他說：「每當到了月底，而我需要那個人數……老兄，看是你還是我，一定要死一個。」（原注23）那位「老兄」就是後來被捕的人。另一名沒有參與這次訴訟的紐約市警察告訴媒體：「我們的主要工作不是在幫助別人，不是支援任何人，而是抓到規定的人數，把他們帶回來。」他還說：「我不想要繼續抓無辜的人，我不想要繼續毫無理由地搜捕人，我不想要繼續沒理由地『標記』人了。我對這一切感到厭倦。」（原注24）

不是只有紐約市警察局存在這樣的作法，這是全美國的警察文化的一部分，就算許多警察機關並不會承認。（原注25）回應上述訴訟時，紐約市警察局否認做了逮捕統計，即便內部警員如此聲稱。如果我原本工作的檢察官辦公室被質疑，大概也不會承認有起訴的壓力，或至少會給出一些政治上比較圓融的答案。不過就算警察機關或檢察官辦公室的官方政策沒有要求進行統計，能夠逮捕許多人或能夠定罪比較多人的警察或檢察官，無疑還是會比較受青睞；面臨各種「艱難」案件還能維持績效的人，更是備受看重。無論每個月底有沒有產出一紙統計數據，這種壓力始終存在。

為了不傷害私人及工作的關係，遵守同儕立場也形成一股壓力。警察和檢察官當然與共同執法的其他人都是朋友，他們的友誼會隨著時間而益發緊密。站出來對抗某個你覺得做錯事的人，可能會對個人和工作都造成影響。在上一章討論過的吉利斯皮案中，那位揭露同僚不正當行為卻拒絕簽口供書的刑警，就說過這個理由。我記得他有一次說過：「上週末我們辦了一個烤肉會，參加的每個人都是我在執法單位的同事，他們是我最好的朋友，我太太也和他們的太太是很好的朋友。如果我簽了這種口供書，這一切就回不去了。」我懂他的意思。

在檢察官生涯中，我曾有兩次在重要事項上對其他同僚說了「不」，兩次也都因此吃了很多苦頭。第一次是我拒絕了一個美國緝毒局的案子，因為我覺得他們在攔截和搜索嫌疑犯時，違反了美國憲法第四修正案（雖然他們在搜索時確實找到毒品）。我之所以會拒絕這個案子，不是因為我支持美國憲法第四修正案，或是關心毒販的憲法權利，而是因為我覺得沒有法官會考慮這個案子，而我不想為了穩輸的案子浪費時間。緝毒局探員不同意我的分析，勃然大怒。他們向上級反映，要他們的老闆向我的老闆投訴，還要求與我的老闆會面，看看能否改變我的決定。但是我的老闆也同意我的見解，或許有部分是因為她有「照應」屬下的壓力。

在那之後，那個緝毒局部門的探員就極盡所能以各種方式找我麻煩。有一次我正在開庭，沒有時間簽署他們要我簽名的傳票，有一位探員直接跑進法庭，不顧我正在詰問證人，揮舞著那張傳票，作勢生氣。法官視力不佳，不知道發生了什麼事，但是他的舉動令人很不舒服，而且讓人分心。陪審團不再聽我講什麼，全都轉頭看向那名探員，想知道發生了什麼事。與我一起在法庭裡的聯邦調查局探員只好站起來，陪同對方走出法庭。他後來開玩笑說，當時他真的很想往那個人臉上揍一拳。這還只是其中一例。後來在我的檢察官生涯中，那個單位的探員就一直要這種花招，只因為我竟敢拒絕他們的案子。

另一次則是跟一位聯邦探員有關。在那幾年間，我們攜手合作了好幾件案子，已經有頗為密切的私人情誼。有一次他向我舉報了一件他已經投入很長時間，也很費勁的案子。在我們見面討論前幾個月，他就興奮地和我談過他正在為那個案子布線，我知道他為此感到自豪。我這位朋友在那個案子中擔任臥底，身涉一定程度的危險，並且錄下自己和一名有嫌疑的黑手黨分子之間的各種對話。最後，他成功錄到對方同意要做一件犯罪行為，我們可以據此聯手加以起訴。

但在我實際聽到他們之間的對話錄音時，感到有點失望。我很清楚，即使逮捕了對方，他也很容易用遭到警方誘捕作為抗辯。誘捕是指被告可以證明是臥底刑警逼迫或勸說他犯罪的，而當我聽到那段錄音時，確實有這樣的感覺，所以我知道我得拒絕這個案子。並非是我在乎那個黑手黨的權利，同樣是因為我不想投入幾個月的時間在一件註定會輸的案子。如果以誘捕作為抗辯，法官不能在審判前駁回案子，還是得要由陪審團決定被告是否是被誘捕。這表示如果我同意起訴此案，我就得走完所有的準備工作、進入庭審，但最後大概只有敗訴一途。

我幾經思量且盡可能拖延，最後還是告訴他這個壞消息。當我跟他說此案很可能被認為是誘捕，所以我得拒絕時，他大發雷霆衝出房間。這次他們的單位也試著透過我的上級要我回心轉意，但我再次獲勝。以下長話短說，總之我的朋友不再把案子交給我，他甚至不再和我講話，一次也沒有。我們的友情結束了，硬生生劃下句點。那實在是一次痛苦的經驗，畢竟他曾是我攜手執法的最好朋友。

我講這些故事是為了說明，私人情誼和同儕壓力很容易導致順從的結果。一位具有二十五年資歷的費城警察曾寫過：「同儕壓力經常會勝過常識。這也就是為什麼警察和犯罪組織一樣，會閉上嘴巴自我保護。如果你想成為『團隊』的一份子；如果你想確保安全，在危險時獲得支援；如果你希望工作時能夠安穩一點，不要一直被上級和主管騷擾，那麼不管你看到或聽到別的警察有什麼不當的行為，最好都閉上嘴巴。」（原注26）如果執法者要站出來反對另一名執法者，最好得慎重考慮，因為屆時私人情誼和工作關係都將面臨風險。雖然我對上面兩件事都說了「不」，但我相信這類關係有時必然會讓執法者做出一些不應該做的事。這是人性。

我漸漸發現，就冤案來說，共和黨比民主黨還容易合作；對此人們可能會感到訝異。這話適用於法官、檢察官和國會議員等等。我在此處說的是整體而言，當然還是有例外。有兩位郡檢察官總是在我們的無辜案件中竭盡全力地防守，不斷重複一些思想保守的尖酸批評，而這兩人都是鐵票區的民主黨員。合作時最講理的檢察官，當屬羅恩・奧布賴恩（Ron O'Brien），他是來自俄亥俄州哥倫布市的共和黨員。我們的計畫碰到過最通情達理的法官，也有些是共和黨員；許多最難講道理的法官，像是前文提過的迪恩・吉利斯皮一案的審理法官，則是民主黨員。

大約從二〇〇七到一〇年，我花了很多時間待在俄亥俄州的首府哥倫布市，遊說州的參議員和眾議員支持我們提議的無辜者改革法案，最後這個改革法案總算在二〇一〇年正式成為法律。該法案包含許多內容，包括讓喊冤的囚犯有更多途徑聲請DNA鑑定、指認程序改革、警方偵訊程序改革，以及要求警察必須正確保存自特定案件（如謀殺和性侵案）的犯罪現場所採得的DNA證據。我後來發現這個法案的堅定支持者都是共和黨員，而會在立法各階段延宕，甚至是阻礙法案制定的都是民主黨員。

我的推測是，大眾普遍認為民主黨「對犯罪軟弱」，因此對於犯罪議題會有拿破崙情結★，他們覺得自己得做更多，才能讓大眾看到他們也可以對犯罪很強硬。相對

★譯按：指身材矮小的人由於自卑感作祟，會在其他方面有想要強過別人的補償心理。

的，共和黨員沒這麼動輒得咎，他們在犯罪議題相對比較容易得分，也不用特別證明什麼，因此他們也比較能夠協商。不管真正的理由是什麼，我不是無辜運動中唯一注意到這個差異的人，許多來自其他州的無辜運動領導人也向我提過同樣的觀察。

辯護律師

對一個州來說，花費上百萬美元起訴一宗謀殺案並不算罕見。（原注27）其他案件類型的起訴費用通常較少，不過州可用於起訴案件的資源幾乎沒有上限，還有大批的調查人員與州立犯罪實驗室能夠協助案件。但若要花錢請到足夠的律師，狀況就不同了。大眾通常只會看到名人的審判，像是麥可．傑克森（Michael Jackson）或辛普森（O. J. Simpson）這種請得起昂貴辯護團隊的被告，比較有機會能公平地、勢均力敵地和檢方交鋒。然而在現實世界中，這類辯護資源是相當稀有的。多數刑事被告是由公設辯護人或者地方公設辯護人辦公室中和法院簽約的律師負責為他們辯護，這些律師的薪水微薄、工作量過大，往往沒什麼時間為單一案件投入太多心力。

紀錄片《謀殺犯的形成》就清楚描述了這個問題。泰瑞莎．哈里貝克（Teresa Halbach）的謀殺案有兩名被告，其中一名被告史蒂芬．艾佛瑞當時請了兩位一流的辯護律師，他們從頭到尾控制案件的進行，還組織了一個令人印象深刻的專家和調查團隊。能夠有這樣的辯護團隊，是因為曾在潘尼．貝倫斯頓的性侵案中遭誤判的史蒂芬，那時正好打贏了這場民事訴訟，獲得四十萬美元的賠償金，所以他把那筆錢全部用於泰瑞莎．哈里貝克案的辯護費用。但另一名被告布蘭登．達西（Brendan Dassey）因為沒有錢，他的辯護全交由法院指派的律師萊恩．卡欽斯基（Len Kachinsky）負責，而萊恩可說是徹底出賣了他的當事人。由於他推定布蘭登有罪，所以根本還沒做任何調查，連布蘭登都還沒見過的時候，他就在媒體前替布蘭登承認犯罪；他甚至還讓這位有認知障礙的十六歲當事人，於律師不在場的狀況下接受警察偵訊。這兩名被告的辯護人所做的陳述品質實在有天壤之別。大眾以為是常態的辯護品質，其實只有極少數富裕的被告能夠享有，大部分的刑事被告往往都只能由像萊恩．卡欽斯基這種律師為其辯護。

已有許多報導指出檢辯之間的結構不平等。每一年，全國各地都會有相關媒體報導，承辦了美國近八成遭起訴犯罪的公設辯護人（原注28），抱怨他們因為資金不足、案量過大，很難好好地完成任務。（原注29）實際上，美國公民自由聯盟（ACLU）曾對幾個法院轄區的公設辯護人辦公室提告，指控他們的運作有問題，以至於當事人無法依憲法保障獲得適當的辯護。這類訴訟或揚言要提起類似訴訟的威脅十分常見，（原注30）但沒有改變任何事情。在密蘇里州州長拒絕提供資助給公設辯護人部門後，首席公設辯護人感到惱火，便依據一條含糊不清的法律，指派正好具有律師執照的州長擔任一名貧窮被告的辯護人。（原注31）當然，州長後來拒絕了那項指派，但連這招都用了，顯現全美公設辯護人所感受到的挫折。

許多公設辯護人的案件量是美國律師協會認可案件上限的兩到三倍。（原注32）以紐奧良為例，公設辯護人的工作負擔實在太大，平均起來只能對每一件輕罪花費七分鐘。（原注33）七分鐘！二〇一六年，紐奧良的公設辯護人辦公室勇敢地拒絕承接新的重罪案件，因為律師們的負擔已經重到沒有時間為每一件案子提供適當辯護。（原注34）二〇一七年，五名紐奧良公設辯護人上了《六十分鐘》（*60 Minutes*）節目，在節目中承認他們過往應該有一些委任當事人是無辜的，結果卻進了監獄，因為他們著實沒有時間和資源好好為每一個當事人辯護。（原注35）

但這個問題並非紐奧良獨有，實際上，這個問題每天都在全美各地上演。（原注36）底特律法院指派的公設辯護人鮑勃．斯拉梅卡（Bob Slameka）曾毫不遮掩地說，他只做國家願意付錢的事情。如果當事人從牢裡打了通受話人付費的電話給他，因為這種電話無法報帳，所以他一律拒接。他說：「我的天啊，那種由受話人付費的電話多貴啊，你卻完全不能請款。半毛錢都拿不到。」即便密西根州最高法院訓斥他怠於職守已經高達十六次，但法院還是繼續指派案子給他。他曾有一位當事人名叫埃迪・喬・勞埃德（Eddie Joe Lloyd），在含冤入獄十七年之後，總算洗刷冤屈獲得平反。斯拉梅卡律師承認，他從來沒有見過埃迪，也沒有接過他的電話，他的說法是：「我在能夠獲得的限度內做到最好了，我能做的就是這些。」（原注37）

美國有許多公設辯護人是與法院簽約的非僱傭工作者。他們會獨立接案，有時是當地公設辯護人辦公室派案，有時則由法院指派。但因為每個案件的酬勞實在太低，所以他們被迫大量接案以獲得足夠收益，或者他們必須花較多時間在私人受僱的案件，因為那類案件的收費高得多。面對這麼大量的案件，他們往往很難維持專業，也沒有辦法花太多時間在低薪受僱的案子上，所以常常會說服貧窮的當事人盡早認罪結案，對於剩下未認罪的案子則不會花太多心力。這是一個薄利多銷的產業，沒錢的被告通常無法得到律師的關注。（原注38）

關於這件事，我有第一手消息，因為我太太就是辛辛那提的簽約公設辯護人。如果她接的是重罪案件，時薪是美金四十五元。如果重罪案件的當事人認罪了，計費以十小時為上限，也就是美金四百五十元。如果當事人是在某個訴訟程序之後才認罪，例如要禁止某類證據的聽審程序，那麼時數上限就是十五小時，也就是美金六百七十五元。如果案件進入審判，她領到的費用上限大約是一千兩百美金。她過去的事務所位於商業區，很容易預估她基本的辦公室開銷和經常性費用為何。如果要支付經常性開支並賺取可接受的利潤，假設一年六萬美金好了，她必須承接的案量將會大到她不可能為個案付出太多心力。當一件複雜的重罪案件進入審判階段，應該會需要花上一名全職律師幾個月的時間，才可能做好確實且充分的準備。如果這時候有其他聘僱案件找上門來，為了商業利益的考量，律師就會優先辦理那些案件，把廉價的受指派案件先放在一邊。

不過因為我賺的錢足夠兩個人生活，我太太也十分關心美國窮人被告的處境，所以她決定要用正確的方法來做這份工作——讓每一名當事人都能得到她所能做到的最好的辯護品質。在商業區租了幾年辦公室後，她決定換到比較小的辦公室，並且每年只接少量案件，這樣她才能在上法庭前先做好相關的法律研究，完全了解每個案件的狀況。即便她關注每位當事人的狀況，也盡可能地提供最好的辯護，但除了極少數案件，她仍然缺乏足夠資金聘請專家或者調查人員，而這當然是好的辯護所不可或缺的部分。

結果就是她賺的錢並沒有比她的經常性開支如保險、辦公室用品和法院的停車費高出多少，所以她的薪資基本上完全不夠支應她的生活所需，但她仍然選擇這麼做，因為她對這個事業抱有熱情，也受夠了體制的不公平。我不知道有多少辯護律師也能這樣做，但她的例子顯示，如果有哪個律師想要為每一個案件提供足夠的關注，不願意稍作妥協，除非他運氣夠好，能夠接到有錢當事人的案件且生意興隆，又或者其伴侶有辦法賺到生活所需的薪資，不然在現行的制度下，實在很難常保經濟無虞。所以很多在她這個位置的律師才會選擇和底特律的鮑勃．斯拉梅卡律師一樣，接下營生所需數量的案件，卻無法替每一名當事人提供適當的辯護。

大部分接受個案指派的公設辯護人都是這樣的，這是常態。（原注39）然而在公設辯護人辦公室裡領取固定薪資的全職律師也沒有好到哪裡去。他們也被交付了過多案件，以至於無法適當執行。一名公設辯護人最近投稿《華盛頓郵報》，寫道：

我根本不可能好好代表我的當事人……因為我們的編制沒有足夠的律師，二〇一三年我通過律師資格考試的那一週，我就開始代理依重罪起訴的當事人了，他們的罪名如果成立，依法是要判處無期徒刑的……我承辦的案量之大，絕對已經違反憲法規定，因為這個案量代表，我通常只與當事人見面一次；這表示我會遺漏提出重要的聲請、我將無法充分地準備每場審判，以及我只會在公開法庭上才和當事人認真地討論認罪協商，因為當他們人在監獄時，我完全沒有時間去會見他們。我甚至會在首次見到當事人那天，就要他們承認犯下重罪。（原注40）

陪審團

陪審團往往也做不到對兩邊完全公平。就算被告真的是無辜的，陪審團通常還是只能看到一場片面的審判，因為檢察官握有全部資源，能夠取得所有證據，所有的牌都在檢方手上。此外，陪審團也常帶著自己的偏見來到法院。雖然理論上應該做無罪推定，但陪審團通常會認為：「警察、檢察官和所有這些厲害的專家都知道得比我多很多，他們一輩子就在做這件事，如果那個人沒有做，他們何必浪費這些時間呢？連檢察官都這麼確定是他幹的，我只不過是路人甲，有什麼能耐質疑這些優秀又工作認真的專家呢？」

刑事司法學的重要學者凱斯．芬德利（Keith Findley）教授就認為：

（無罪）推定一直受到挑戰，因為陪審員很自然地會預設，如果一個人遭到逮捕，還被以某個罪名起訴，那他必然是做了什麼不對的事。下列狀況也會對陪審團造成影響：媒體一面倒地報導重大案件、政治上對犯罪議題的恐懼動員、我們的文化與認知機制在本質上極度追求懲罰，因而產生隧道視野和確認偏誤。

研究的確指出無罪推定比較屬於理論，而非現實。根據模擬陪審團的預測研究，即便陪審員還沒聽取任何相關證據，就已經有百分之五十機率會投有罪；其他研究則顯示，就算模擬陪審團起初設定的定罪機率很低，一旦檢察官開始提出證據，陪審團很快就會放棄無罪推定原則。（原注41）

尤其當面對令人髮指的犯罪時，人類自然的反應就是覺得，「如果那傢伙真的犯了性侵罪，即便還有些疑慮，我怎麼可以讓他回到街頭再度犯罪呢？到時候我就得為下一個受害者負責，我一定會於心不安的。說不定還是我認識的人受害，那要怎麼辦？檢察官都已經確定是他做的了，他們一定知道得比我多。而且判他無罪可能會毀了那個可憐的受害者和她的家庭，她作證時看起來已經快瘋了，她的家人在整場審判中看起來這麼痛苦，他們的正義怎麼辦？既然看起來說不定是這個傢伙做的，我怎麼能夠認定他無罪呢？為了避免憾事，還是小心為上。」

經雷根總統任命的資深聯邦上訴法院法官亞歷克斯．科金斯基（Alex Kozinski）也同意，無罪推定是個神話：「陪審團都會被告知，他們必須推定被告無罪，以及檢察官必須排除合理懷疑才能夠說被告有罪，但我們其實不確定這兩點對陪審團來說到底有沒有影響。陪審團了解何謂無罪推定嗎？如果了解，他們是否知道應該如何操作？他們有辦法堅守這個推定，直到出現足以推翻它的強力證據？還是只要提出任何實際證據，他們就會立刻認為這個推定不存在了？其實我們並不知道。」(原注42)根據多年擔任法官的經驗，科金斯基法官認為陪審團並不真的理解無罪推定原則，他猜測這或許有部分是受到人類心理的影響。心理學文獻普遍指出，「率先提出某個主張的人，相較於後來出面否認的人，前者的影響力比較大。」由於檢方總是比辯方先做論述，在拖得比較久、比較複雜的重罪審判中，辯方甚至可能比檢方晚個幾天或幾週才出場，科金斯基法官就指出，很可能「陪審團在第一次從檢方證人口中聽到案情時，已經在心中形成對該事件的想像了」，即便「後來登場的證據指向完全相反的方向，可能也無法撼動那個想像，甚至可能強化原本的想像」，因為確認偏誤在那時候已經出現了。

科金斯基法官進一步指出，由於沒有強制規定，因此有許多案件的被告並沒有親自出面回應或說明。然而，「如果控訴或類似主張得到的回應是沉默，那些指控就感覺更像是真的了。」他做出結論：「結果就是，與當初他們所獲得的指示以及他們對自己的期待恰好相反，陪審團往往會被他們看到的第一個事件版本所說服，而且除非真的出現非常強力的理由，否則他們不會輕易改變想法。」

我還在曼哈頓當檢察官的時候，我們的陪審員選自紐約南區聯邦地區法院管轄區下的所有郡。有些郡屬於市區，譬如曼哈頓和布朗克斯（Bronx），有些郡則屬於郊區或鄉村，譬如威徹斯特（Westchester）、羅克蘭（Rockland）和普特南（Putnam）等等，不過每個案件的陪審團都來自同一個郡，因此審判開啟之後，你就會知道本案的陪審團是來自布朗克斯還是羅克蘭郡之類的，而地區差異會左右對這個案子的預測。大家都知道來自鄉村與郊區的陪審團比較支持執法者，來自曼哈頓和布朗克斯的陪審團則比較容易同情刑事被告，有時候還會懷疑警察。要從布朗克斯區挑選陪審團的檢察官往往哀鴻遍野，而有普特南郡陪審團的檢察官大概就可以鬆一口氣。因此，相較於鄉村或郊區的陪審團，如果一個困難的案件碰上了來自布朗克斯或曼哈頓的陪審團，檢察官在審判前開給被告的協商條件可能就比較好。這件事情可能不讓人意外，但也彰顯出，隨著陪審團的不同，檢察官的態度確實會出現難以預期的差異。

不幸的是，陪審團不一定總是認真看待他們的工作，也不一定了解何謂「排除合理懷疑」的意義。以本書一再提到的迪恩・吉利斯皮的案子為例，陪審團在星期五下午的投票結果是八比四，多數贊成判無罪，他們向法官回報說投票結果陷入僵局。但當被告知說，如果無法達成決議，他們整個週末都要繼續討論，接著陪審團很快地就做出有罪判決。天啊，可不能錯過自己在週六早上的高爾夫球賽或足球練習。吉利斯皮的有罪判決後來被廢棄，他也平反獲釋，不過那已經是他在牢裡待了二十年之後的事了。

即便如此，我還是時常會說，在像是克拉倫斯或迪恩這種案件，也就是當事人含冤入獄多年後才出現新證據證其清白的定讞後平反案件，我寧可讓陪審團決定當事人的命運，而不是交由經選舉產生的法官決定。陪審員具有一般人的情緒，對於不公正也深有所感，他們沒有因為政治而感到厭倦，也沒有因為長年坐在法官席上而變得麻木。我認為，陪審團之所以會如我在前文所說的那樣，在審判中偏向檢方，是因為那時犯罪才剛發生不久，一切顯得混沌不明，陪審團常常會覺得，「難道檢警會浪費時間抓一個無辜的人嗎？」但如果是處理定讞後喊冤的案件，人們往往會很同情一個已經在獄中待了很多年，現在還找到強大證據證明他無辜的人。我相信陪審團通常會轉而偏向被告。在提出定讞後平反聲請時，當初的犯罪和它所激起的種種情緒都已經過了幾十年，而在過去的這段期間，大眾也看到媒體報導了許多平反的男男女女走出監牢，並為他們感到高興。不幸的是，我沒有辦法選擇陪審團，因為法律規定這類平反聲請必須要由當年做出有罪判決的民選法官來決定。而要說服民選法官承認在自己的法庭內曾經發生過如此可怕的錯誤，通常是一堵極難跨越的高牆。

第四章

盲目的偏見

表面看來，我們都知道先入為主的成見如何影響我們的看法。我記得二〇〇〇年時，我曾經和一位好友一起觀看艾爾．高爾（Al Gore）和小布希（George W. Bush）的總統大選辯論；我們兩個人的立場剛好位於政治光譜的兩端。毫無疑問我覺得我支持的候選人表現得比較像個總統，機智又誠實，而我朋友支持的候選人則言詞閃爍。辯論到最後，我相信就連我朋友也只能承認，他的候選人整場下來根本什麼都沒回答，只是堆砌華麗的辭藻，欠缺實質內容。

過後當我們談及那場辯論時，我朋友的想法卻完全相反。他說我的候選人整個晚上什麼問題都沒有回答，不像他的候選人總是直接回應提問、提出細節和具體作法，表現得也比較像個總統。我們如此衝突的反應恰恰符合民調結果：民主黨員覺得高爾表現得比較有總統風範、比較誠實，能夠給出更明確又具體的答案；共和黨員卻覺得布希才是如此。美國民眾，包括我和我朋友，只看得到我們想看的東西。我們已經有先入為主的成見，接著我們就只關注那些能夠確認這些成見的證據；與我們意見相反的證據就被視而不見。

這個現象叫作「確認偏誤」（confirmation bias），其心理學定義是「尋找或詮釋證據的方式會偏向強化現有的信念、期待或假設」。（原注1）

人們相當容易受制於確認偏誤，這種現象在生活和社會中隨處可見，而從這個概念於五十多年前納入心理學文獻後，相關研究也相當多。舉例來說，有項研究是請受試者觀看一個小孩寫測驗的錄影帶，受試者也能看到孩子填寫的答案，而如果受試者事先被告知小孩的社經背景較高，他們就更有可能把孩子的答案評為「優異」，但如果知道孩子的社經背景較低，就比較容易評為「差」。（原注2）

另一項研究是請一群治療師觀看錄影帶，內容是一個人回答另一個人提問的私人問題。如果告訴治療師這是工作面試的影片，而回答問題的人是在應徵工作，他們往往會認為回答的人「表現良好」；但若告訴他們這是一名「病患」，暗示他大概是在尋求心理治療，治療師就比較容易將他歸類為「表現不正常」。即便看的是同樣的內容，但以為自己在看工作面試的治療師，會用「負責任」、「聰穎」、「討人喜歡」和「有吸引力」等詞彙來形容回答者；認為對方是「病患」的治療師，則會用「有防禦心」、「被動攻擊型」、「受到壓抑」、試著「表現出比較聰明的樣子」等話語來形容。（原注3）研究顯示，當人們看到和自己支持論點相左的證據，往往傾向加以無視，堅持原本的信念。（原注4）有趣的是，如果後來有人問起那些不同的證據，他們不是完全不記得，就是在記憶中扭曲那些證據，以符合他們原本的信念。（原注5）另一項研究顯示，陪審團對案件的心證在審判很早的階段時就已經形成，而且在審判之後，他們只會記得符合自己最初直覺的相關證據。他們無法重述與此矛盾的證據，或者會用不

正確的方式記住那些證據，好確認他們最早的想法是對的。（原注6）

簡言之，研究顯示，人類的心智會傾向去確認自己原本的懷疑，而非加以推翻。最早開始探索確認偏誤的實證研究之一，是著名的「華生發現規則測試」（Wason Rule Discovery Test）。實驗中，彼得・華生（Peter Wason）博士讓受試者看三個數字，並請他們提出這組數字的規則。（原注7）實驗一開始先給受試者 2-4-6 這組數字。受試者可以提出另外一組數字，以破解規則和測試他們的假設，然後實驗者會回答「對」或「錯」，確認受試者提出的數字是否符合規則。如果受試者認為他們已經知道規則了，就可以中止實驗，說出他們的答案。

大部分受試者在一開始都會做出相同的假設：遞增的偶數。因此，絕大多數受試者會據此給出三個數字，譬如 4-8-10 或 2-6-8，實驗者則會回應符合規則。在丟出幾個符合他們原本假設的數字，也獲得肯定的回覆後，大部分受試者就會說他們確定自己知道規則了——一組遞增的偶數。但其實不然，規則其實只要「一組遞增的數字」，所以奇數序列，例如 3-5-7，或者混合了奇數和偶數的遞增數字組合，也都符合規則。但只有極少數受試者會試圖推翻他們原本的假設，他們打從一開始就是要確認自己的假設，所以像 3-5-7 這種明顯、簡單又可能推翻原本假設的數字組，不會出現在他們腦海中。

這個實驗結果在許多不同情境與脈絡下都經過確認，至今這樣的心理現象依然廣為接受：人類的心智只會努力確認它們最初的懷疑。人們不會一開始就試圖要證明自己的理論是錯的，所以也就不會去探索反方向的途徑，即便事後來看，往往會覺得那條路明明再明顯不過。

我們的心智很容易受制於確認偏誤，這個現象在各個脈絡中都得到廣泛研究。維基百科對這個詞的定義列舉了將近一百五十筆參考資料，顯示在許多不同的情境脈絡下它都確實存在。心理學家雷蒙．尼克森（Raymond Nickerson）是塔夫茨大學（Tufts University）的教授，同時也是《實驗心理學雜誌》（*Journal of Experimental Psychology*）的創辦人，他曾表示，確認偏誤的確「十分強烈且普遍，不禁讓人好奇，會不會個人、團體和國家之間大部分的分歧、爭吵和誤解，其實都是由這樣的偏誤所引起」。（原注8）他寫道：

> 人一旦陷入爭執，（確認偏誤）就會變得非常明顯，這點大概無人可質疑。在面紅耳赤的爭吵中，人們很難客觀思考這件事背後究竟有什麼支持的證據。每個人的目的就是要贏，贏的方式就是站在自己的立場，提出最強有力的說法，同時還要反對、懷疑或直接忽視能夠支持相反立場的證據。由於爭論中一方認定為真的事情，對於另

一方往往也為真，這就是為什麼只有極少數紛爭能夠明確分出輸贏。比較可能的結果就是兩方都宣稱勝利，並指控對手固執不認輸。（原注9）

尼克森教授繼續探討確認偏誤如何滲入各個領域，包括醫學、科學和法律。確認偏誤造成許多社會問題，譬如全面拒斥具說服力的創新想法，好比伽利略的理論或者大陸漂移論這樣開創性的概念，甚或造成大規模的悲劇事件，像是塞勒姆審巫案和納粹大屠殺。

錯誤的科學證詞

確認偏誤如何在我們沒有注意到的時候影響日常生活的各層面，本書無法窮盡。不過如果我們能夠看到確認偏誤如何以一般大眾未能察覺到的方式汙染刑事司法制度，同時看到這些偏誤所帶來的不正義，我們或許就能夠理解為何這個現象可能也會對生活的其他層面造成極大的破壞。

刑事司法制度確實充滿了確認偏誤。舉例來說，如果證人所說的故事能夠印證刑警對個案的看法，就比較容易被採信；給出相反資訊的證人會被當作是說謊、弄錯了，然後就被晾在一邊。

然而要了解確認偏誤如何影響刑事司法制度的結果，最好的方式或許是研究它對刑事鑑識的影響。我們的社會向來認為身穿實驗白袍的犯罪調查專家是客觀中立的，至少在理論上，刑事被告究竟有罪與否不太會影響他們的利益。這些專家通常學歷傲人，在一個冷酷、剛性、客觀的科學世界中工作。但當我們了解到，連鑑識科學也很容易受到確認偏誤的制約，我們就更能夠看見警察、檢察官、辯護律師、法官、證人有多麼容易受其影響，進而扭曲事實、造成極大的不公正。

過去二十年間無辜運動所發現的數百起冤錯案件，已經顯示出我們的刑事鑑識存在根本的問題。事實上，在美國最早透過DNA鑑定平反的三百二十五個案件中，就有一百五十四件冤案的成因是不正確的刑事鑑識證詞，僅次於錯誤的證人指認。換句話說，在上述冤案中，就有百分之四十九肇因於錯誤的鑑識科學，將近一半之多。（原注10）

知道這件事之後，社會科學家自然會問：這些造成冤案的不正確科學證詞為何會出現？為什麼鑑識專家當初作證表示，他已經仔細比對過被告陰毛和性侵犯在犯罪現場遺留的陰毛，並且認定兩者比對相符，結果後來DNA鑑定結果卻顯示並不相符？為什麼我們在案件中會不斷看到錯誤的科學證詞呢？

如果一個無辜的人因為錯誤的科學證詞而被判有罪，通常有兩種可能狀況；有時可能發生其中一種狀況，有時可能兩種同時發生。第一種狀況是，如我們現在所知，有些鑑識科學的方法不過只是理論、推測，根本不具有真正的科學或科學方法基礎；也就是說，這些用來分析證據並做出結論的鑑定方法未曾經過檢驗，也沒有已知的正確率。若案件牽涉到這個狀況，檢測的專家本身未必有問題，毋寧說是他被訓練要使用的方法本身存在缺陷。第二種會讓科學證詞出錯的可能，是負責分析證據的專家有確認偏誤，即便他使用的鑑定方法背後的科學原理沒有問題，鑑定結果仍然會因為偏誤而遭到扭曲。

許多專家在法庭上所說的「犯罪現場科學」並不若大眾以為的那樣，是根據客觀、鐵錚錚的事實，彷彿毫無操縱或誤讀的可能。相反的，這些專家主要是在分析模式、比較圖形，確認特定模式或圖形是否與另一個東西相符，或者「相互一致」。被告所駕駛的車輛的輪胎胎面，是否符合凶嫌搶劫後離開或逃走時留在泥地上的輪胎痕？犯罪現場找到的子彈上那小小的凹槽，是否符合嫌犯持有的槍枝的槍管瑕疵？在嫌犯衣物上找到的那幾滴血，是否符合高速血滴噴濺的樣貌？銀行搶案中即期票據上的筆跡是否符合被告的筆跡樣本？嫌犯的指紋符合在沾血凶刀上採到的指紋嗎？被害人屍體上的咬痕是否符合嫌犯牙齒的石膏印模？

換句話說，許多刑事鑑識的方法其實並不純粹客觀，而是以比較和對照為主的主觀過程，而正是在這個過程中，人為錯誤可能發揮作用。無辜運動已經顯示，許多專家會做出不正確的法庭證詞，進而導致錯誤的有罪判決。為此社會科學家進行了許多不同的實驗，想知道專家的確認偏誤是否會扭曲結果，以及如何扭曲，從而造成這些不正義。

在這個研究領域中，倫敦大學學院的伊帝爾・卓爾（Itiel Dror）博士舉足輕重。二〇〇五年，伊帝爾和他的同事曾進行一項實驗，（原注11）要求五名資深指紋鑑定專家比較兩枚指紋，其中一枚來自嫌疑犯，另一枚則採自犯罪現場。他們告訴幾名專家說，這兩枚指紋來自一宗冤案，當初的指紋專家研判兩枚指紋相符，但現在已有許多人認為這個結論是錯誤的。伊帝爾事先提供這些背景和脈絡，是為了要讓這些指紋專家們產生偏見，讓他們預設這兩枚指紋不應該相符。接著他告訴這幾名專家不要理會相關資訊，請他們獨立進行鑑驗，看看兩枚指紋是否相符。

他們有所不知的是：伊帝爾和他的同事所提供的指紋並非來自一個可能冤錯的案件，而是來自過去這些專家自己認定相符的案子；由於指紋專家每年檢測超過幾千枚指紋，因此即便是一週前才剛驗過的指紋，他們大概也不會有印象。每位專家都不知道他們在檢驗一組自己曾經判斷相符的指紋，不過五位專家中就有四位推翻了自己過去的結論，給出一個不同的答案。五位之中有三位認為兩枚指紋並不相符，一位則認為無法鑑判；只有一名專家堅持原本的結論，認為兩者相符。也就是說，如果創造一個情境脈絡，讓指紋專家對於正確答案產生預設的想法，有百分之八十的專家會改變他們的答案。

另一項接續研究則有四十八個不同的受試樣本，（原注12）也顯示指紋專家很容易受到背景資訊的暗示，譬如說「他已經自白犯罪了」或「他有強力的不在場證明」，從而做出符合或不符合的認定。即便是相當明顯的案子，譬如兩枚指紋間有明確的相似性或差異性，確認偏誤都會使得結果產生動搖。

對於指紋鑑定這個刑事鑑識領域來說，這個結果十分令人震驚，尤其因為此領域長期以來都自詡為「絕對可靠」，（原注13）還曾自豪地說發生錯誤「基本上是不可能的」。（原注14）這些研究顯示，指紋專家的鑑判過程其實極為主觀，而且很容易產生錯誤的結果，尤其若他們對何謂「正確」的答案已經有預設想法時，就很容易扭曲自己的鑑識結果。不過伊帝爾及其同僚的研究不僅限於指紋鑑定，更進一步顯示在其他領域裡確認偏誤同樣存在，包括人類學（判斷骸骨的性別）（原注15）、筆跡鑑定（原注16）、DNA鑑定結果分析（原注17）等等。

備受矚目的布蘭登・梅菲爾德（Brandon Mayfield）案是另一個例證，說明確認偏誤在刑事司法制度中是如何發酵。（原注18）二〇〇四年，西班牙馬德里的四列通勤火車上發生了一連串爆炸案，當局懷疑是蓋達組織策劃的一起恐怖攻擊事件，立刻展開國際調查，聯邦調查局也參與其中。在其中一次攻擊中用來裝炸彈的塑膠袋上發現了一枚指紋，聯邦調查局拿那枚指紋和AFIS資料庫進行比對（AFIS收集了美國所有曾被逮捕者的指紋），以電腦篩選出幾名可能符合的美籍嫌犯。他們接著仔細研究那些指紋，看看哪一個確實符合從炸彈袋子上取到的指紋。相似指紋列表中有個人讓聯邦調查局覺得嫌疑重大，也就是布蘭登・梅菲爾德——這位奧勒岡州的律師之所以在聯邦調查局監視的恐怖份子名單上，原因之一是他的妻子是一位埃及裔的穆斯林，而且他近期也皈依了伊斯蘭。大家都認為布蘭登是名單中最可能的嫌疑犯，因此幾名調查局指紋專家便各自將布蘭登的指紋和炸彈上採到的指紋進行比對，他們雖然獨立作業，但都認為兩枚指紋確實相符。既然在裝炸彈的袋子上發現了布蘭登的指紋，那就沒什麼好多說了，接著他就遭到逮捕。

被捕之後，布蘭登表示他是無辜的，並且自行僱了一名專家再次鑑識該枚指紋。結果這位專家再度確認，裝炸彈的袋子上所找到的指紋確實來自布蘭登。

兩週之後，西班牙當局調查發現該枚指紋的主人其實是一個叫作烏納內・道烏德（Ouhnane Daoud）的阿爾及利亞人。聯邦調查局最後承認那枚指紋和布蘭登並不相符。他從牢裡被放了出來，政府還給他兩百萬美元的賠償金，並且出具一份正式的書面道歉函。

聯邦調查局後來承認，是確認偏誤造成鑑定結果的錯誤，三名不同的指紋專家，還有布蘭登自己的辯方專家，的確可能都因為確認偏誤才會錯誤地研判比對相符。即便布蘭登的指紋和炸彈客的指紋有明確差異，而且這個差異在西班牙專家的眼裡明顯可辨，但偏誤還是發生了。（原注19）美國專家的偏誤讓他們看不到那些差異，他們只看到自己預期要看到的東西，腦子裡再也進不去其他資訊。

請花十秒鐘完成下面的測驗（先不要看後面的答案）。

你在下面這段話裡看到多少個字母F？

FINISHED FILES ARE THE RE
SULT OF YEARS OF SCIENTI
FIC STUDY COMBINED WITH
THE EXPERIENCE OF YEARS……

如果你回答「六個」，那麼你是少數答對的人之一。[原注20] 通常有大約百分之七十五的人會回答「三個」，因為他們沒有注意到「of」裡也有三個F。為什麼大部分人的答案是三個呢？因為根據人腦對於閱讀的熟練程度，大概已經不需要再分析或特別留意of這個字。大腦會認為做這件事是浪費時間，所以它會走一條捷徑，因此大部分讀者就會漏看了那三個F。

依此類推，我們可以發現如果專家或是投入某件事的任何人，已經有了某個特定的預期結果，他們的心智自然就會建立一條捷徑，只看到他們需要看到的東西。布蘭登和炸彈客的指紋之間存在許多差異，但當初專家都因為確認偏誤而看不到或沒有留心。同樣的，伊帝爾的實驗也顯示專家證人很容易忽略相異處而逕自宣告兩枚指紋相符，因為確認偏誤會阻礙他們注意那些不同的地方。

即便指紋比對不科學，但相較於其他許多鑑識科學，其實已經少了很多主觀和各自解讀的空間。咬痕比對（比對凶手在被害人皮膚上留下的咬痕和嫌犯的齒模）、毛髮顯微比對、輪胎胎面比對、彈道指紋、血跡噴濺分析和許多其他鑑識原則的結果也一樣會因為確認偏誤而受到扭曲，甚至更容易被扭曲。

在進行研判時，專家往往並非拿到清晰、容易判斷的圖像，這一點會讓問題更加嚴重。警方扣押嫌犯的車以後所製作的輪胎模型可能很清楚，但兇手駕車逃逸或駛離犯罪現場時所留下的輪胎痕就不太可能很清楚或容易辨認，印痕上面可能鋪滿碎石，可能因為車子偏斜某一側而扭曲，或可能因為路面泥濘，很快就受到重力和濕氣的影響而變形。嫌犯在警局登錄時都會留下很清楚的指紋，因為警察會讓嫌犯的手指按捺足夠的印泥，仔細地把手指的每個部位一一按壓在指紋卡上，而且那張指紋卡當然是放在平坦的表面上，但殺人犯大概不會把自己的手指伸進血泊裡，還小心翼翼地讓每一隻手指的指紋都印在他拿來殺人的刀上。

負責鑑識的牙醫師用嫌犯牙齒做的石膏齒模通常可以完美地重現嫌犯的牙齒，但在被害人屍體上的咬痕往往得穿透層層的衣服，創造咬痕的當下會有劇烈的動作，在掙扎中也很可能會發生滑動。此外，留下咬痕的表面，也就是皮膚本身就彈性不一。總而言之，皮膚的質地並不是很容易紀錄和留下正確圖形。

你可以實驗看看。舉起你的手臂，手心朝內，看到手腕上的靜脈，手肘彎曲，接著用另一隻手的大姆指和食指做出捏東西的姿勢，分別從外而內和內而外捏起手臂上的皮膚。你會發現兩個方向可以捏起的程度不同，因為身體不同部位的皮膚，順著某個方向會比較有彈性，但是從另一個方向就較無彈性。

因此，彎曲的咬痕可能有部分會碰到有彈性的皮膚，咬下去的瞬間，皮膚會因為受到壓力而移動，而同一個咬痕的其他部分則碰到了較無彈性的皮膚，結果就是咬痕因而變形，無法正確反映出咬的那個人的牙齒位置。這只是其中一個因素，還有其他因素，譬如因掙扎而出現移動和滑動，又譬如牙齒和皮膚之間隔著的層層衣服，都可能造成屍體上的咬痕和行凶者的牙齒形狀有很大的落差。

總而言之，專家通常是拿兩個截然不同的圖像進行比對，其中一個是嫌犯在警察局裡（也就是受到管控的環境下）所創造的清楚圖案，另一個則是留在犯罪現場的變形或模糊的圖像，其間差異就創造了足以產生人為詮釋、確認偏誤和錯誤的空間。交給鑑識專家檢驗的證據並不是冰冷剛硬的資料而絕無人為詮釋的空間，它反而比較像是「羅夏克墨漬」（Rorschach inkblot）★，不同的人就會用不同的方式看待證據，而他們想要看到的東西，會扭曲他們在一個圖像中真正看到的東西。

預期中的「正確」答案

我擔任檢察官時，常常會直接告訴調查證據的專家，我們需要怎樣的結果；有些讀者聽到這件事可能會覺得很震驚，但這件事對我們來說稀鬆平常。在做彈道測試時，我們可能會告訴專家：「確認一下子彈是從被告的槍裡射出來的」，或者「我們

★譯按：一種人格測驗，施測者會讓受試者看完十張有墨漬的卡片之後，再要求他們回答最初認為卡片看起來像什麼、後來又覺得像什麼，心理學家再根據他們的回答及統計數據判斷受試者的性格

認為子彈是從被告的槍裡射出來的，請測試看看，確認這個結果」。當我們使用「被告」一詞，代表這個人已經被捕，而且我們希望此案能有更確鑿的證據。就算我用的是「嫌犯」這個詞，就後見之明來看，其實也是個有既定觀點的用詞，因為等於是告訴專家我們已經收集了足夠的證據要繼續偵辦，所以他們也會覺得結果應該要相符。

一般來說，我們還會把可能的審判日期告訴專家，並且依據日期決定他們要在審判前提出書面報告的期限。這當然也傳達了一個訊息：我們認為案子就是這名被告做的，而且我們已經獲得足夠證據逮捕他，也說服大陪審團起訴他，現在我們只需要更多證據讓他無所遁形。

在我們的辦公室裡，有些專家的名聲很好，因為他們很「稱職」，這表示他們會給出你想要的結果。我起訴過許多白領階級犯罪，這類案件通常會牽扯到許多文書，因此我很常需要筆跡鑑定的專家。當我第一次需要找筆跡鑑定專家時，我做了辦公室裡每個人都會做的事情：請同事們推薦，並得到了幾個名單。有一名檢察官在給我一位專家的姓名和電話時告訴我：「他總是快速回覆，而且不是個軟弱的人，如果比對相符，他不會害怕說出來。」

在檢察官生涯中，我曾數次委託這名專家做鑑定。有一次我趕著完成一批文件的分析，而我認為那批文件都是由被告簽名的。審判在即，我卻直到審判日前幾天才收到爭議文件，於是連夜把文件送去給那名專家，問他是否可以盡快給我一個分析結果，因為審判快要開始了。我也一併把被告的手寫範本送給他（確實由被告簽署，沒有爭議的簽名範本），好讓他進行適當的比對。

兩天後，我就收到那名專家寄來的郵件包裹，並且確認所有簽名都是那名被告寫的。由於他必須在前一天晚上就把包裹寄出，所以他顯然是在一天之內就分析完所有簽名，那可能有數百份之多。

我的辦公室不僅會告訴鑑識專家我們希望得到什麼答案、在什麼時間之前需要這個答案，在某些案子中，我們還會暗示這個答案有多重要，因為「相符」的結果對於有罪判決非常關鍵。這當然會讓刑事鑑識人員產生要配合我們對案件認定的巨大壓力，同時也會帶來嚴重的確認偏誤。像是上述例子，我告訴那名筆跡專家我需要他確認所有文件上的簽名都符合被告的簽名，我也清楚表明這件事有多重要，因為審判在即，而我需要答案，越快越好。

如果有些專家太照章行事，又太在意枝節而不顧大局，此處的大局當然指的是確認被告和犯罪現場的證據之間存在一致性，那麼我們就會覺得這些專家很囉唆、太學究，見樹不見林。

那時候的我並不覺得這種作法有什麼不妥，我相信我辦公室裡的其他人也是這樣想。我當年對確認偏誤的影響一無所知，而大部分檢察官和警察可能到今日還是一樣無知。我們都相信被告百分之百有罪。還沒找專家分析之前，我們就知道那些簽名是被告簽的。在彈道鑑定的案件中，我們也知道子彈當然是從被告的槍裡射出來的。在很多案子裡，我們如此相信是因為我們是對的，又或者我們只是存在著根深柢固的確認偏誤，或受制於隧道視野。我的偏誤讓我沒有質疑那名筆跡專家究竟何以能在一天之內仔細分析完上百件簽名。那不過是個形式。專家只是要確認我們已經知道的事，然後給出某種可能說服陪審團的證據就好。

並不是只有我的檢察官辦公室會對專家證人造成確認偏誤。左圖是二〇〇八年，一位刑警要求專家證人幫忙做鑑定時所提出的一份表格。（原注21）

請注意此份文件中間的「案件摘要」欄，刑警實際上是在告訴專家他要找到嫌犯的指紋，因為在槍擊案發生之前，那名嫌犯「據稱駕駛著」那輛車，也已經排除了那枚指紋屬於車裡其他人的可能性。在表格底部的「評論」欄中，刑警告訴專家那名嫌疑人是殺人犯（他「扣下了扳機」），接下來還說：「要極盡一切努力，確認嫌犯在卡車上」、「一起坐在卡車上的證人當時大醉，已無法指認」，所以由專家指證指紋相符是很重要的，這也會讓專家（同時是國家的僱員）感受到極大的壓力。換句話說，刑警是在告訴專家他預期得到「相符」的結果，這對於抓住殺人犯是十分重要的。這份

REQUEST FOR EXAMINATION
OF PHYSICAL EVIDENCE
SP-997-C (Rev. 10/83)

Department of Public Safety
Division of State Police
Forensic Laboratory
[redacted]

[redacted]

FOR LABORATORY USE ONLY
Lab # [redacted]
Receipt # [redacted]

SUBMITTING AGENCY: [redacted] ADDRESS: [redacted] TELEPHONE NUMBER: [redacted] CASE NUMBER: [redacted]	TYPE OF CRIME/INCIDENT: Homicide LOCATION: [redacted] DATE: [redacted]
CASE PREVIOUSLY SUBMITTED? [ ] YES [x] NO IF YES, LAB ID#:	EVIDENCE EXAMINED BY ANY OTHER AGENCY? [ ] YES [x] NO

VICTIM(S) NAME	D.O.B.	RACE	SEX	SUSPECT(S) NAME	D.O.B.	RACE	SEX
[redacted]	12/21/59	W	M	[redacted]	2/25/75	B	M

DPS SCIENTIFIC SERVICES
2008 FEB 8 A 9 18
EVIDENCE RECEIVING

SUMMARY OF CASE: While procuring drugs in the city this victim was shot in his vehicle, which the suspect reportedly drove prior to the shooting. The victims prints and his wife's were eliminated. Also a friend who had been in the vehicle.

LIST ITEMS SUBMITTED BELOW (NOTE: Each item must bear an evidence tag or label.)

ITEM #	NAME AND DESCRIPTION OF ITEM TO BE EXAMINED	EXAMINATION REQUESTED
5	Prints to be compared to cards supplied of the suspect To be enhanced if possible.	Comparison of suspect's

(IF THIS SPACE IS INSUFFICIENT, CONTINUE LIST ON THE REVERSE SIDE OF THIS FORM..........)

REMARKS:

The above listed suspect is the person who pulled the trigger, making every effort to place him in the truck. One witness riding in the truck was too drunk to make an identification.

NAME OF PERSON REQUESTING EXAMINATION: Det. [redacted]

圖二、刑警向鑑識專家要求提供鑑識的表格（二〇〇八年）。此份文件由伊帝爾．卓爾博士所提供，他是在進行研究時從某案的卷宗中取得。翻拍經卓爾博士同意

申請表並不是一個特例，我們辦公室通常都是這樣和專家溝通的，而我相信這種作法在今日的美國各地依然是常態。（原注22）《新科學人》雜誌在二〇一二年對英國鑑識專家做了一份調查，有三分之一的受訪者承認他們會感受到來自執法人員的壓力，讓他們覺得必須做出對起訴有利的結果。（原注23）在我看來，如果有三分之一的人承認感受到壓力，實際比例應該更高，因為有許多人應該不會願意承認這一點。而且就算沒有直接的壓力，只要鑑識專家在分析之前被告知預期中的「正確」答案，當然還是會發生確認偏誤。

二〇一五和一六年風靡美國的紀錄片《謀殺犯的形成》，片中也有幾個清楚描述此現象的例子。在該案中，史蒂芬·艾佛瑞被指控謀殺了泰瑞莎·哈里貝克。警察認為史蒂芬是在他的車庫犯案，因為車庫地上曾找到一顆彈頭。在交互詰問中，我們知道當警察把彈頭送到州實驗室進行DNA鑑定時，他們告訴實驗室：「我們需要確認泰瑞莎當時在史蒂芬的車庫裡。」換句話說，DNA實驗室的技術人員在還沒有開始檢測前，就被告知「正確」答案是在彈頭上會找到泰瑞莎的DNA。下一輪的詰問又發現，雖然根據實驗室的規範，當時的鑑定結果應該是無法鑑判，但是技術人員卻違背了實驗室的規範，做出彈頭上確實找到泰瑞莎DNA的意見。

該案的另一項爭點是在史蒂芬家附近曾尋獲的泰瑞莎的骨骸，究竟是不是在被火燒之後才移到那裡。如果是的話，就能夠支持史蒂芬的說法，他說是有人要陷害他。檢察官傳喚了一名法醫人類學家作證，後來我們知道，在證人開始評估前，檢察官已經告訴她應該給出什麼答案了——她應該要表示，「骨頭從來沒有被移動過。」她後來給出的證詞當然也符合這樣的意見。但在詰問中，辯方成功凸顯出她的意見不僅和辯方專家證人相左、沒有科學根據，最糟的是根本違背常識。最後那名法醫人類學家在漏洞一一顯露後，只能放棄原先的意見，改口承認她其實無法真的判斷骨頭是否曾被移動過。

《謀殺犯的形成》讓觀眾看到鑑識專家會事先接到檢察官的暗示，希望他們給出能夠確認檢察官對案情推測的答案，這讓大眾明白一件從事無辜運動的人們早就知道的事：確認偏誤會對我們的刑事司法制度造成問題，甚至連被預設是客觀中立的科學家都難以倖免。

有些法院管轄區的狀況更是糟糕，實驗室技術人員不只在開始前會被告知「正確」答案，甚至還有為執法者提供答案的經濟誘因。實際上，如果被告獲判有罪，有些法院管轄區會支付實驗室額外的費用，而且是從被告的法庭費用中撥款！（原注24）還有其他管轄區是，鑑識專家會因為協助檢警獲得有罪判決而得到部門正式頒發的「榮譽」，休士頓的犯罪實驗室會議紀錄中就曾提過這件事。（原注25）

俄亥俄州有位實驗室鑑定人員由於相當偏向檢方，她的上級甚至還把這類評論寫進人事檔案裡，而她過往或許已造成多起冤錯案件，包括我的當事人詹姆士・帕森斯（James Parsons）。在我看來，一定是情況過於誇張，實驗室主管才會真的把這名技術人員過度協助檢察官的事情訴諸文字。實際上，有人甚至還曾偶然聽到她在電話裡問警察：「你需要這個證據幫你證明什麼？」（原注26）但是警察和檢察官都超愛她，她的人事檔案裡還附了一張感謝信，她也收過其他同樣充滿熱忱的感謝函，上面寫著：「如果妳現在人在這裡，我會給妳一個真誠的擁抱及親吻，祝妳情人節快樂……妳對我的幫助遠超過妳自己所知道的。」（原注27）

二〇〇九年，美國國家科學院發布了一份報告名為《強化美國的司法科學：前進之路》（*Strengthening Forensic Science in the United States: A Path Forward*）。美國國家科學院是非營利的民間學術機構，「旨在推動科學和技術的發展」，是美國國會於林肯總統執政時特許設立，對聯邦政府的科學和技術事項提供建議。此報告起源於國會在二〇〇五年所提出的法案，要求國家科學院調查美國的刑事鑑識狀況，並做出改善建議。

二〇〇八年一整年，美國國家科學院持續召開公聽會，聽取相關人員的證詞，包括聯邦調查局人員、學者和研究者、私人顧問、聯邦／州／地方的執法人員、科學家、法醫、驗屍官、公私立犯罪實驗室的官員、獨立調查員、辯護律師、鑑識科學從業人員、專業組織／標準組織的領導人等等。在各場公聽會之間，國家科學院則會重新檢視刑事鑑識領域的相關文獻，包括報告、研究等等，以協助其完成調查程序。

國家科學院也考量了無辜運動對美國當前刑事鑑識現況的影響。他們不但邀請了由曼哈頓卡多佐法學院（Cardozo Law School）設立的無辜計畫共同創辦人彼得・紐菲爾德（Peter Neufeld）提供證詞，報告中亦提到無辜運動的工作。

《強化美國的司法科學》發表於二〇〇九年二月十八日，在前言中，美國國家科學院就根據它所聽取的證詞，宣稱「刑事鑑識同時包含研究和實務面向，若要解決其中的嚴重問題，唯有由國家承諾全面檢討目前的結構，因為國家的刑事鑑識人員正是由這個結構支撐，必須由聯邦和州政府的最高層級領導者主持，根據國家標準做出有效的領導，並投入大量聯邦基金，才有可能成功。」（原注28）這份報告揭露了美國鑑識界的問題。雖然一般大眾看了《CSI犯罪現場》之後，都以為刑事鑑識可以展現科學的奇蹟、抓到壞人，但這份報告顯示了，事實與好萊塢的神話相距甚遠。

該報告明確承認了確認偏誤如何導致刑事鑑識的錯誤，卓爾博士受邀前往委員會作證，整篇報告也不吝引用他具有開創性的研究成果。美國國家科學院承認刑事鑑識充斥著確認偏誤，部分原因在於鑑識專家和執法人員的關係密切。報告中還提出兩個重要的建議，一是建議美國國會創立國家鑑識科學研究所（National Institute of Forensic Science, NIFS）監督刑事鑑識，「避免任何公家的法醫檢驗室和設備被置於執法機構或檢察官辦公室的行政控制之下。」第二個建議是要NIFS「發展標準的作業程序……盡可能縮小鑑識作法的可能偏誤以及造成人為錯誤的根源，所有鑑識分析都應該適用這些標準作業程序」。（原注29）

所有從事無辜運動的人都很歡迎《強化美國的司法科學》的誕生。報告裡不只承認確認偏誤會扭曲專家的結論和證詞，也建議鑑識專家要完全獨立於檢警單位。無辜運動的領導人多年來一直試著喚起大家對這個問題的關注，也努力推動改革，但都沒有獲得什麼回應。現在終於有一個信譽卓著的獨立機構建議國會承認這個問題的嚴重性，並且要求國會大刀闊斧改善這個制度。

但在報告發布八年多之後，真正發生的改革卻少得可憐。我經常在俄亥俄州和全國各地以無辜運動為題演講。我的聽眾裡面也經常有檢察官和法官，與他們對談以及回答他們問題的過程中，我可以感受到即使在今天，其實還是沒有什麼人知道這份報告，有許多人甚至連聽都沒有聽過。

雖然那份報告提到許多鑑識方法很有問題，但這些方法現在依然在全美各地的法庭中使用，沒有任何大幅修正或是改善。為了響應《強化美國的司法科學》，總統科學技術顧問委員會（President's Council of Advisors of Science and Technology）確實曾在二〇一六年發表過一份報告，報告的結論是，許多實務上的鑑識原則都只是根據「不充分的科學基礎」，若要更有效、更可靠，其實還需要更多科學支持。美國司法部長洛麗泰・林奇（Loretta Lynch）發表了回應，聲明中說司法部「相信目前對於鑑識證據容許性（admissibility）的法律標準，都是根據真實的科學和健全的法律推理」。她還在結論中加上：「對於評論鑑識科學證據是否具容許性的相關建議，司法部均不會採用。」（原注30）

不過該份報告的確有一個建議被採納了，那就是要司法部創立「國家鑑識科學委員會」（National Commission on Forensic Science）以落實報告中提到的某些建議。但在委員會開始運作之後不久，川普當選了總統，他的政府很快停辦了這個機構。（原注31）改革尚未成功，未來仍須努力。

緝凶的壓力扭曲專家對證據的觀察

刑事鑑識中存在的確認偏誤造成了不計其數的冤錯案件，亞利桑那州的瑞伊・克羅（Ray Krone）就是一個慘烈的案例。（原注32）一九九一年十二月二十九日早上，一名三十六歲的女性調酒師被人發現陳屍在她工作的酒吧男廁，瑞伊是那間酒吧的常客，因為案發前晚曾協助被害人一起關店，因而成為嫌疑人。被害人遭受攻擊時曾被咬傷，屍體上留下了咬痕，於是警察便要瑞伊咬住一個泡沫塑膠杯，留下他的牙印「模型」。州裡有幾名專家把這個齒模和被害人屍體上的咬痕做了比對，接著宣稱兩者確定相符。

瑞伊的牙齒明顯不平整，所以媒體封他為「暴牙殺手」。鑑識專家在審判時告訴陪審團，被害人屍體上的咬痕是瑞伊那種特殊的牙齒造成的，而且只有他的牙齒能造成。在辯論終結時，檢察官就一直渲染這種CSI風格的證據是多麼強而有力。毫不意外，既然有看起來這麼明確的鐵證，陪審團當然判決瑞伊有罪。瑞伊被宣判死刑，排入了等待執行的名單。（原注33）

十年後，瑞伊成為美國第一百個獲得平反，不必再面對死刑威脅的人。針對咬痕上的唾液和凶嫌留下的血液做了DNA鑑定之後，證明死者確實不是瑞伊殺的。真正的凶手是另一名叫作肯尼思．菲利普斯（Kenneth Phillips）的人，他就住在酒吧附近，有性侵前科。亞利桑那州後來給了瑞伊四百四十萬美元，他還上了《改頭換面》（*Extreme Makeover*）電視節目作牙齒矯正，不再是「暴牙」了。

這個案件帶來一個問題：為什麼那幾位鑑識牙醫師會站上證人席，看著陪審員的眼睛，指稱瑞伊．克羅那特別的牙齒，而且還只有他的牙齒，能夠造成被害人屍體上的咬痕？他們是故意說謊，陷害一個無辜的人嗎？當然不是。州的科學家被指派了一項任務：要讓瑞伊的牙齒和被害人屍體上的咬痕吻合。早在展開分析之前，他們就認為瑞伊的牙齒會與之相符了，因為警察已經鎖定瑞伊就是「犯下那起案件的傢伙」。皮膚是有彈性的，要把皮膚上的咬痕和塑膠杯上的齒痕相互比對是件很主觀的工作，很容易讓專家看到他預期會看到的結果。簡單來說，讓瑞伊被定罪的並不是中立的科學——雖然陪審團以為是——而是確認偏誤的結果。

在密西根州的賴瑞．巴．蘇特（Larry Pat Souter）案中，也可以看到檢警試圖破案與緝凶的強烈壓力，如何扭曲鑑識專家對證據的觀察。（原注34）一九七九年八月，克里斯蒂．林格勒（Kristy Ringler）在密西根州的公路上被人尋獲，當時她已經失去意識，不久便死亡。根據屍體解剖的結果，克里斯蒂死於頭部受到兩記重擊，可能是他殺，也可能是車禍。

警察抵達現場時，已經有一群人聚集在那裡。那群人告訴警察，克里斯蒂當晚稍早曾經在附近和他們一起開派對，所以他們沿街走過來看看發生了什麼事。賴瑞也在現場，他告訴警察他在當晚稍早前在一間酒吧裡遇到克里斯蒂，她陪他一起去了派對會場。賴瑞向警察承認他在派對中曾經和克里斯蒂一起走到外面，她說她要回家了，然後就沿著公路往回走。賴瑞說他跟著對方走了一小段距離，想要勸她搭車，不要用走的，但幾分鐘後他就放棄了，自己一個人走回派對現場。

隔天警察在陳屍現場附近找到了一個威士忌酒瓶，並在瓶身的標籤上發現了血跡。實驗室的檢測結果顯示血跡的血型同時符合克里斯蒂和賴瑞的血型。賴瑞承認那個酒瓶是他的，並且說他是在走到陳屍現場的路上隨手丟棄的，但他堅稱那和克里斯蒂的死沒有任何關係。他告訴警察，酒瓶上之所以會留有他的血跡，是因為他在那晚割破了手指頭。

警察也在克里斯蒂的衣服裡找到了玻璃碎片，實驗室認為那並不是車前大燈的碎片，不過警察諮詢的一名法醫病理學家卻告訴警察，他判斷克里斯蒂的傷是被汽車撞到造成的。那時候當地的郡檢察官認為沒有足夠的證據起訴賴瑞或是任何人。

但調查該案的警察一直懷疑克里斯蒂是遭到謀殺。她的屍體看起來像是被擺在路上的，而且她的衣服上也找不到血跡或什麼碎片，他認為克里斯蒂不可能是被車撞的。幾年後，他向郡的法醫提起這個案子，郡法醫認為克里斯蒂的傷勢有可能是賴瑞的威士忌酒瓶造成的，但當地的檢察官依然覺得沒有足夠的證據起訴。

克里斯蒂死後十幾年，一位新當選的警長接手進行調查，他誓言要解決陳年的殺人舊案，包括克里斯蒂的案件。他的團隊重起爐灶，訪談了許多該案的舊證人，希望能協助重啟調查，但他們沒有發現什麼新線索。在這樣充滿壓力的氛圍下，警長要求法醫再檢視一次證據，而這次奇蹟似的，法醫研判克里斯蒂的傷痕確實是遭賴瑞用威士忌酒瓶毆打造成的。一九九一年，在克里斯蒂死後超過十二年，賴瑞因為謀殺而遭到逮捕。

賴瑞的審判在一九九二年展開，審判中有數名州的鑑識病理學家出庭作證，說死者的傷口與遭威士忌酒瓶毆打的傷口相符。賴瑞說他是無辜的，派對場地的老闆也為他作證，解釋為何威士忌酒瓶上會留有他的血跡，老闆告訴陪審團：那天傍晚，賴瑞的手指被破損的門把割傷，所以曾向她要OK繃。另一名證人則作證說賴瑞回到派對時，行為沒有任何異常之處，他沒有流汗或顯得呼吸急促，衣服上也沒有看到血跡。然而賴瑞還是被判有罪，並判處二十至六十年徒刑。

賴瑞在牢裡還是堅稱無辜。最後他和支持他的人總算找到可以還他清白的重要新證據，其中最有說服力的是一位女性的證詞，她在讀到賴瑞可能含冤的文章後，出面提供證據給警方，證明她父親在克里斯蒂喪生那晚的那條路上，涉及一起肇事逃逸案件。最後聯邦上訴法院認為賴瑞提出的證據足以證明他的清白，聯邦地方法院檢視那份證據之後，也廢棄了原來的有罪判決。二〇〇五年十二月，在為這起自己沒有犯的罪遭關押十三年後，賴瑞終於平反獲釋。

請注意，本案中鑑識專家的意見，顯然取決於檢方有多大程度相信賴瑞殺害克里斯蒂，以及有關當局意欲獲得有罪判決的壓力有多大。州法醫接收到當局認定賴瑞是真凶且希望他被定罪的訊息之後，即使已經過了十幾年，沾有賴瑞血跡的威士忌酒瓶卻在一夕之間和死者頭上的傷口相符，突然成了「殺人武器」。

或許有人會認為法醫是被賄賂了，其實專家早就知道威士忌酒瓶和傷口並不相符，只是聽從警長的要求跟著照辦。然而當這類現象一而再、再而三地發生後，我認為問題應該是更不易察覺的。有些案件的專家確實給出了偏頗、對檢察官有利的報告，但我相信他們自己對於有缺陷的結論也深信不疑，因為科學家也是人，人在面對壓力時，通常會選擇只看到他們想看到的事，所以大部分科學家會說服自己那些錯誤的答案才是正確的。換句話說，他們並不是努力要射中紅心，而是先射箭，才畫靶。他們認為是「正確」的答案，讓他們看到了他們過去不曾留心的事物。

以威斯康辛州的羅伯特・李・斯廷森（Robert Lee Stinson）的案子為例。確認偏誤讓兩名鑑識牙醫師認為羅伯特的牙齒與一名被害人身上的咬痕「完全相同」、「絕無疑義」，但其實羅伯特缺了一顆牙，而行凶者顯然沒有缺牙。（原注35）DNA證據後來確認羅伯特是無辜的，而且換了別的鑑識牙醫專家團隊來檢視此案後，輕易就發現州專家在審判時所忽略的明顯差異。為了一宗自己沒有做過的謀殺案，羅伯特在牢裡待了二十年，最後才在二〇〇九年獲釋。

在另外一件密西西比州的案件中，鑑識牙醫師提供給檢方的證詞裡表示，屍體上的咬痕分別與幾名不同的嫌疑犯相符，因而造成了好幾件冤案。至少有兩名被告遭關押幾年後，透過DNA鑑定洗清冤屈，而且後來更發現，死者屍體上的那個痕跡根本不是人的咬痕，而是被害人被殺害並棄屍戶外時，昆蟲和其他動物所留下的痕跡。（原注36）

確認偏誤扭曲結果的最極端案例，莫過於密蘇里州發生的喬治．艾倫（George Allen）案，而且因為實在太過極端，幾乎令人懷疑是鑑識專家刻意欺瞞。喬治遭控在公寓內性侵殺害了一名女性，並在一九八三年被定罪。這起犯罪發生的年代還沒有DNA鑑定技術，被害人衣物上採到的精液被交給血清學家進行血型鑑識，檢驗結果發現無法排除喬治行凶的可能性。（原注37）在審判的終結辯論中，檢察官一再強調這項證據的結果，他說如果用精液這項證據可以排除喬治，「我們就不會在這裡了，我們會知道事情一定不是他（做的），但問題就是證據相符。」

喬治．艾倫被判有罪，遭關押了好幾年之後，他的律師發現幾張鑑識血清學家的紀錄過往未被呈入法庭。紀錄顯示，犯罪現場採集到的精子中帶有一種抗原，本來血清學家據此排除了喬治的嫌疑；然而，在得知喬治的血型後，他便劃掉了這項發現，把結論改成符合喬治有罪的方向。在後來提交給審判庭的正式報告中，也只寫到精液與喬治相符。幾年後，當真相大白後，那名血清學家才透過書面證詞解釋，他當初從當局那裡得知喬治被控犯罪之後，就認為他原本排除喬治的結果想必是實驗室的錯誤，所以才會更改結果。

喬治．艾倫在二〇一二年獲釋，但他已經為自己沒有犯的罪在獄中耗費了三十年。這一次，又是因為所謂的「正確」答案，而非客觀的科學主導了結果——科學家會根據檢方對該案的論點，認定什麼答案「必然」正確。本案中的鑑識專家如此堅信檢方所提出的證據（而那些證據是對被告不利的），甚至讓他認為自己最初排除被告嫌疑的發現一定是搞錯了。

若讀者認為只有極少數個案會出現這種因確認偏誤而扭曲專家鑑定的案例，讓我直接這麼說吧：這個印象錯得離譜。在全美各州為無辜者平反的任何律師，包括我在內，隨手都能舉出無數個案的情況是，鑑識專家所提出的薄弱結論，無非是為了確認先前他們從警察機關或檢察官辦公室那裡所獲得的論點。這種事真的極其普遍，隨便翻翻任何無辜組織所處理的案件，包括我所屬的俄亥俄州無辜計畫，就能找到一堆類似的例子。

我們計畫有位當事人叫沃爾特．齊默（Walter Zimmer），在為了一起他並未犯下的謀殺案無辜入獄十三年後終獲平反，克里夫蘭市支付他六位數的賠償金。（原注38）他還有一位共同被告湯瑪士・斯勒（Thomas Siller）。其實本案很早就已經抓到了真凶傑森・史密斯（Jason Smith），因為被害人的家中到處都是他的指紋；被害人是一名年長女性，她被綁在客廳的椅子上毆打致死。不過傑森接受了檢察官的協商，這個協議後來被法院稱為「不可思議的優惠條件」，他並且做出不利沃爾特和湯瑪士的證詞。他們兩人其實是承包商，曾經在被害人家中施工，因此被害人家中也找到許多兩人的指紋。

審判中，傑森作證表示案發時他在屋內，隔了一段距離目睹沃爾特和湯瑪士將被害人毆打致死。被告則說他們是無辜的，並且主張是傑森單獨犯案，而他拖他們下水只是為了自保。檢方的鑑識專家分析了傑森在謀殺案發生當晚所穿的褲子，一開始證稱褲子上找不到任何血跡，這足以支持傑森並未殺人的說法；但後來專家修改了他的結論，承認他確實有在傑森的褲子上找到一滴被害人的血。雖然褲子上還有許多褐色小汙點，但專家說他沒有檢測那些汙點是不是被害人的血跡，因為他用看的就知道那些汙點並不是血。在終結辯論時，檢察官主張那一滴被害人的血可能是傑森和沃爾特及湯瑪士擦身而過時，沾到褲子上的，他們謀殺被害人時大概全身都沾滿了血。傑森的褲子上沒有大量血跡，也可以證實這樣的說法。

兩人入獄多年後，ＤＮＡ鑑定顯示傑森的褲子其實沾滿了被害人的血。當初那位專家認為不是血跡的褐色汙點確實是血跡，而且不是隨便什麼人的血，DNA鑑定確認那些血跡來自被害人。沃爾特和湯瑪士最終獲得平反，傑森則因為作偽證、栽贓而被判了五年徒刑。原審的鑑識專家因為認定傑森並非殺人犯，所以他也不認為那些汙點是血跡，他所相信的事影響了他所能看到的東西，結果就是讓無辜的兩人加起來總共坐了二十六年的冤獄。俄亥俄州後來宣告他們無罪，也賠償了他們。

在俄亥俄州的另一起謀殺案中，當局認為鮑勃・岡多（Bob Gondor）和蘭迪・瑞希（Randy Resh）共同殺害女性被害人後，將她的屍體放在鮑勃的小貨車後面，開到附近的池塘棄屍。（原注39）檢方專家分析被害人臉上和身上的傷疤後表示，之所以會有這些傷疤，是因為屍體在車輛行駛間碰撞到在貨車後方查獲的木頭堆，以及兩人要把屍體拖到池塘（後來發現的陳屍處）時被路上的碎石所刮傷的。幾年後，在足以證明兩人無辜的重要證據到位後，一位明尼蘇達州的專家重新分析那些傷痕。這位專家來自充滿池塘和湖泊的州，她很清楚從水裡打撈上岸的屍體上常會留下烏龜的咬痕，她作證表示被害人臉上和身上的傷痕是非常典型的烏龜咬痕。鮑勃和蘭迪為他們不曾犯過的罪在牢裡待了十六年之後，才經俄亥俄州釋放並宣告無罪。檢方的專家在研判屍體時，因為已經相信嫌犯先把屍體放在一輛裝滿木頭的貨車上，然後從碎石路上拖過去，所以他在屍體上才會看到木頭和碎石造成的傷痕。這個鑑定意見在原審時被看作是高科技刑事鑑識所揭露的真相，結果其實只是確認一個既定的想像而已。

俄亥俄州無辜計畫也立案救援詹姆士・帕森斯，當局認為詹姆士殺害他的太太，凶器是一個邊緣刻有品牌名稱 Craftsman 浮雕字樣的大型工具。（原注40）為檢方作證的所謂專家宣稱，她分析過被害人遭受攻擊時蓋在身上的床單，根據她豐富的經驗，可以從床單的血跡看到 Craftsman 中的幾個字母。她表示這些字母要在實驗室的某些特殊條件下才看得到，因此無法在審判中重現，她也沒有把那些據她說只能在實驗室裡看到的圖像照下來。俄亥俄州無辜計畫後來重新向法院聲請，希望讓詹姆士獲得平反，並且在過程中揭發垃圾科學。那時我們取得了這名實驗室技術人員的人事檔案，發現裡面標註她經常扭曲實驗結果以支持檢察官的結論。（原注41）在定讞後訴訟過程中揭露了這項垃圾科學之後，詹姆士・帕森斯的有罪判決終於被推翻，不過他那時已在牢裡待了二十三年。

俄亥俄州無辜計畫還有另外一件同樣莫名其妙的案子，該案的兩名被害人在酒吧遭到殺害，凶手用一根鐵棍橇開了香菸販賣機，拿走裡面的硬幣。（原注42）艾德・艾莫瑞克（Ed Emerick）後來成了嫌疑犯，一名鑑識專家分析了艾德的鐵棍，作證表示就是那根鐵棍造成了香菸販賣機邊角的刮痕——但是世界上任何一根鐵棍都可以吧！艾德當時的律師非常值得讚賞，他質疑了州專家在審判中可能已經受到確認偏誤的影響，他甚至還讓專家在作證時承認，其實在分析前他就已經知道所謂的「正確」答案為何。該名專家反駁說，在他得出結論後，他的上級也對那根鐵棍進行一次獨立檢測，而且得到同樣的結論。不過那位律師又再次讓這位專家承認，他的上級當初是被要求去「確認」第一位專家所做出的認定，換句話說，這位上級不僅和第一位專家有相同的既定偏誤，而且他還知道他的下屬已經做出相符的判定了。然而至今，艾德人還在牢裡。

如果上面這些還不夠嚇人，我們來談談另一個我曾參與協助的案件，俄亥俄州的萊恩．威德默（Ryan Widmer）案。檢方主張萊恩用家裡的浴缸淹死了他太太，但萊恩說他太太當時有病在身，所以才會在入浴時失去意識，進而溺斃。（原注43）在浴缸的邊緣，警察找到大片的身體痕跡，這類痕跡可能是人體的某些部位，例如手臂和腿部，在和浴缸接觸時所留下的油印，跟留下指紋是相同原理。檢方的專家宣稱他能夠分辨浴缸上的某些印痕是來自「男性的前臂」還是「女性的手掌」，而且他判斷完每個痕跡屬於何種性別和身體部位後，還剛好完全符合檢方所認定的犯罪過程，包括萊恩如何把他的太太推進浴缸裡，然後淹死她。

在詹姆士、艾德和萊恩的案件中，檢方的專家證詞都沒有任何真實的科學基礎。沒有任何公認的科學原則能夠讓專家在染血的床單上找到其他人看不見的字母。沒有任何科學原則可以讓專家確認香菸販賣機上的刮痕是艾德的鐵棒造成的；難道世上再也沒有第二根鐵棒可以留下同樣的痕跡嗎？也沒有任何科學原則可以讓專家分辨浴缸邊緣留下的油印是屬於男性的前臂或是女性的腿部。相反的，這三件案子的鑑識專家只不過是看到了因為確認偏誤而預期會看到的東西，再用科學的正確性加以偽裝之後，呈現在陪審團面前。

我在這裡描述的都是我經手過的案子，而我手邊還有太多其他類似案例。美國任何嘗試為無辜者平反的律師，都能講出一大串這類故事，這種情況顯示，由於專家會想要確認檢方對案件的推論，造成很多人因為不符合科學原則的推測而被無辜定罪。這種事天天都真實上演。

第五章

盲目的記憶

一九七九年，喬治亞州有一名女性在家中遭到入侵者強暴。當事人告訴警方：攻擊她的人有一張圓臉，體格健壯。（原注1）案發幾週後，警察請她進行真人的列隊指認，從中指證強暴她的人（參考下圖）。

五名排成一列的嫌疑犯都很瘦、臉型瘦長，只有最右邊那個人除外，看起來符合被害人當初所描述的凶嫌特徵，不過被害人卻指認了中間的那個人，名叫約翰·傑隆·懷特（John Jerome White）。到了法庭上，被害人依舊指認懷特。懷特被判有罪，含冤入獄至少二十二年，直到DNA鑑定還他清白；（原注2）DNA結果還進一步證明，當初站在最右邊的詹姆斯·帕勒姆（James Parham）才是真正的性侵犯。

為何真正的犯嫌就站在眼前，被害人卻

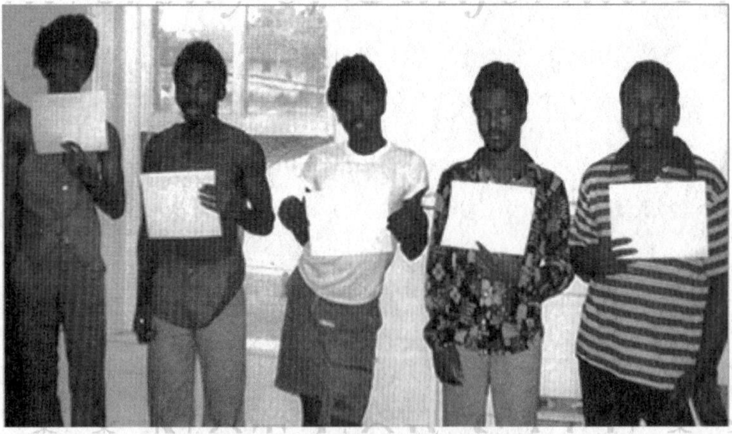

圖三、約翰·傑隆·懷特案中進行真人列隊指認時的照片

會選錯，挑中懷特呢？因為在進行真人指認的幾天前，警察曾經拿了幾張照片給被害人挑，裡頭有懷特的照片，但沒有帕勒姆的。在那幾張照片中，懷特看起來最像性侵犯，所以被害人指認了他；選出懷特之後，她就把懷特的臉牢牢記成性侵犯的面孔，甚至蓋過了她原本的記憶，以至於幾天後進行真人指認時，她還是選了懷特，即使真正的性侵犯就在她眼前！我將在後文說明，記憶領域的專家已經能理解，當被害人錯誤指認一張無辜者的照片後，照片中那張臉就會取代受害者腦中真正凶手的臉，此後被害人可能就再也不會記得凶嫌的真正長相了。

人類的記憶不可靠

我小時候曾發生過兩件事，讓我明白人會有這種改變記憶的現象。對我來說，那兩件事一直是個謎，或者應該說讓我深感好奇，直到長大後我對記憶開始有所研究，才比較了解當初究竟是怎麼回事。第一件事發生在我大概五、六歲的時候，我被一隻狗給咬了。當時我們的鄰居凱思家養了一隻很凶、地盤性很強的狗，每次我去他家玩的時候，凱思都得把牠關在地下室，但只要我從地下室門口走過，牠就會大聲吠。有一次我和凱思在離地下室有段距離的房間裡看電視，那隻狗溜出來，衝進房間，跳到沙發上狠狠地咬了我的大姆指一口。傷口深可見骨、血流如注，當然也非常痛。我被送到醫院去，而我的大拇指指甲最後轉成黑色並且脫落了。

此後十年間，我還是經常去凱思家玩，有幾次住在附近的其他孩子也會一起過來。凱思的媽媽會向我們解釋那隻狗在吠什麼，以及為什麼要把牠關在地下室，而且她每次都會當著我的面跟那些孩子說：「別擔心，狗狗不會自己從地下室跑出來咬你們。馬克還很小的時候曾經在門外逗那隻狗，我告訴他不可以那樣，但他那時候真的太小了，不聽我的話，就把門打開，結果他才會被咬。」她笑著摸摸我的頭，接著說：「他那天就學到了要乖乖聽話。」有時候她還會補上一句：「沒關係，你那時候太小了，什麼都不懂。」她會繼續向其他孩子保證：「只要離地下室遠一點，就不必擔心那隻狗了。」

小時候我不敢反駁她描述的過程，但我清楚記得，每次她這麼講的時候，她都真心相信事情就是如此。

第二件事發生在我大概十一、二歲的時候，那是我孩提時代唯一一次和人「打架」。我其實不記得我們為什麼打架，對手是我的兒時玩伴，姑且叫他丹尼。打架的地點是在丹尼家的後院，當時還有幾個住附近的孩子觀戰，他們都是我和丹尼的朋友，而且丹尼的弟弟妹妹也都在場。我記得丹尼是因為那天在學校裡發生的一件事而生氣，他開始對我大吼，然後突然向我衝過來。我的個頭比他大很多，所以我很快就把他壓倒在地上，我壓制他的手臂讓他沒辦法打我，試著和他說明學校裡發生的事以平息他的怒火。過了一會兒，我讓他站起來，但是他又再次衝向我，所以我又壓制他的手，繼續讓他冷靜下來。他衝向我、我壓制他的循環重複了大概兩、三次，直到他媽媽透過窗戶高聲呼喊孩子們進屋吃飯，而當時她並不知道我們正在扭打。

這場打鬥當然就停止了，我們雙方都沒有真的出拳。我要離開時，丹尼和其他人跟著我一起走到停放腳踏車的地方。我跨上車的時候，他說：「今天算你贏了，但是事情還沒完，我們明天再繼續。」他妹妹也說我贏了「第一回合」，但是明天還會有「第二回合」，到時候丹尼就不會像今天這樣了。當然第二天並沒有發生什麼事，整件事煙消雲散，我們很快回復了友誼。

讓我想不通的是，幾年後我們都成了高中生，有一次我們在丹尼家聊天時，丹尼和他妹妹提起了當年的這場「打架」，但他們描述的場景和我的記憶有著極大落差。我高中時是運動員，之所以提起這個話題，是當時我贏了一場校內的摔角比賽。而丹尼提起當年的事，說了大概像這樣的話：「還記得小時候我是怎樣在後院踢爛你的屁股嗎？現在想起來真的很好笑。」我笑著告訴他根本沒有那回事，那時候他們兄妹都承認輸了第一回合，只是我們沒有再打過第二回合。然而他妹妹「記得」和哥哥同樣的故事版本，而且還加油添醋一堆細節，例如丹尼如何把我打成熊貓眼，揍到我嘴角流血。根據他們講述的方式，我很確定他們過去一定聊過很多次丹尼「打贏」我的事蹟。

那次聊天時還有另外一個朋友在場，多年前我和丹尼爭執那天他也在現場。後來我和他一起離開丹尼家的時候，我問他為什麼不支持我的說法，他說：「那根本算不上是打架，你就是讓他動不了，就這樣而已。這件事根本沒什麼好吵的。」

後來丹尼和他妹妹又提過幾次那次打架的事，我只是隨他們去講，笑著帶過。我想我朋友說得對，那不是什麼值得吵的事。

我對這些事情的記憶再清楚不過，我也很相信自己的記憶。被狗咬那天所發生的事，對我來說歷歷在目——我們當時在看電視，然後那隻狗衝進房裡，跳到沙發上，無緣無故就咬了我一口，一切都發生得太快了，我根本來不及反應。我沒有去地下室門口逗那隻狗，凱思的媽媽叫我不要逗狗，我也沒有不聽她的話。我超怕那隻狗的，絕對不可能去逗牠或者打開地下室的門。同樣的，我童年裡唯一一次「打架」，實際上沒有任何人出拳。我沒有被丹尼打成熊貓眼或嘴唇流血。其實在我的人生中，從來沒有被誰打成熊貓眼。

現在回頭看這些事，我認為凱思的媽媽、丹尼和他妹妹全都因為確認偏誤和認知失調而修改了自己的記憶。所謂認知失調是指，人們記憶生命中的事件時，不希望它們違背正面的自我形象。凱思的媽媽不希望是因為她的疏忽才讓我被咬傷，她不想要覺得是自己的過失而讓一隻本應由她看管的狗咬傷了一個孩子。隨著時間流逝，她的記憶變得符合這個想法，她開始記得她確實有保護自己的客人和孩子，她需要能夠告訴後來的客人，他們很安全、她的狗絕對沒有傷害過任何人，只要他們聽從並遵照她的指示。同樣的，時間久了，丹尼和他妹妹也把那次「打架」的記憶按照丹尼的自我形象而加以扭曲了，而且顯然他們是真心相信自己的記憶。

儘管我對這些事情的記憶很清楚，但以我現在對人類記憶的了解，我相信也有可能是我的記憶經過改造。雖然我仍然認為我對這兩件事的記憶大致上正確，但當然還是可以存疑，說不定我也有自己的理由，或許是潛意識的理由，造成這些記憶在我腦中被重塑過。說不定我對於那次「打架」的記憶是透過與其他在場孩子的對話形成的，而他們想要顧及我的自尊；如果真是這樣的話，我也不記得有那些對話了。說不定丹尼他們所講的版本才是真相，或者真相其實介於我和他們的故事之間。

近幾年間，我也曾有過幾次記憶改變的經驗，我現在對這件事比較注意，所以對於它的出現更為敏銳。我曾經與幾個同事一起和老闆開會，走出會議室後，每個人對老闆所說的話都有不同記憶。每個人對會議的印象通常反映出會議開始前他們期待老闆會說什麼。如果我同事在開會前就覺得老闆不會同意我的想法，有時候就會扭曲老闆的評論以支持他的想法，然後忘記老闆也有說喜歡我的計畫。當我和同事間出現這樣的分歧，我通常不會認為是我同事為了推動自己的計畫而故意扭曲事實或說謊，毋寧說是他把自己的故事版本變成了自己深信不疑的記憶。

我曾經和家族成員一起跟醫生開會，討論一位患病末期的家人的醫療安排，會議開始前，每個人對於病患下一步該接受什麼治療都有不同的想法。家族成員各自向醫生報告患者在上次會診後的狀況，每個人「記得」的症狀都不同，但都有助於增加他們希望的治療方式被採納的機會。會議結束後，每個人「聽到」的醫生建議，都跟他們進去開會前希望聽到的話一樣，這個故事版本成為他們堅信不疑的記憶。聽他們描述醫生說了什麼話，不禁讓我懷疑我是否也在同一場會議中。當然，這又是確認偏誤發揮作用，所以每個人都只聽到他們最想聽到的話，然後這個改變後的故事版本就成為他們的記憶。

當然，在這些例子中，我知道我也可能和大家一樣，犯下改變自己記憶的錯，所以我一直努力地保持客觀。我不知道自己的成功率有多高。由於確認偏誤和記憶的可塑性，我們所謂的真相，通常對其他人來說就不是那麼回事。所謂「各執一詞」並不一定代表有人說謊、有人說實話；也許兩人都是根據他們的記憶講了實話，只是事實互相矛盾。

二〇一二年的紀錄片《莎拉波莉家庭詩篇》（*Stories We Tell*）充分探討了這個現象。莎拉・波莉（Sarah Polley）是這部片的導演和女主角，她是家裡的老么。莎拉的媽媽在她小時候就過世了。媽媽過世後，哥哥姊姊和爸爸之間有個家庭祕聞，認為莎拉是媽媽婚外情所生下的，他們總是把這件事當成家人間的玩笑話。莎拉決定一邊調查這件事，一邊記錄下這段過程。她訪問了所有家庭成員和許多她媽媽的朋友，詢問他們對於過去那些關鍵事件的記憶，像是媽媽有什麼行為可以看出她外遇了。她也調查了以前的事情，看看能否透露出媽媽外遇的對象是誰。她的調查鎖定了幾名男性，紀錄片的高潮是莎拉對這幾名可能的男性做了DNA鑑定，確認她自己是外遇的結晶。

拍攝完成後，成品完全超乎莎拉的預期。它不太像是一部「偵探推理片」，最吸引人的部分反而是，所有受訪者根據自己的記憶所說出來的話，內容天差地遠，而每個人「記得」的關鍵事件又都剛好符合自己的想法，例如他們覺得母親是否有外遇，有的話又是跟誰。那部影片比較像是在探索「真相和記憶令人難以捉摸的本質……還有我們的敘述是如何形塑及定義個人及家人」。莎拉解釋說道：

> 我想事後調查這件事最吸引我的是……我指的是，我們都在討論同一個故事，但

每個人的故事如此不同。我們所訴說的故事之間存在很大的差異——故事中的真相、觀點，以及我們認為最重要的元素，全都如此不同。我感到非常震驚，因為過去我們總認為說故事能夠釐清我們人生中對某些事實所感到的混亂。我甚至開始覺得說故事是一種人類基本需求。（原注3）

我相信莎拉．波莉的經驗並不特別，任何人如果理解這個議題，並且開始注意工作和家庭中出現的記憶差異，一定也能找到類似的狀況。雖然大部分人一開始會覺得有不同記憶的人是在「說謊」或「扭曲事實」，或是因為他們「有偏見」或「有目的」，但是記憶的心理學告訴我們，事情不只是如此。確認偏誤和認知失調將對我們的記憶帶來強大的影響。

大部分的人都承認人類的記憶有些不可靠。我們一定都曾經忘記過朋友的生日、搞不清楚車鑰匙是怎麼弄丟的。這類型的錯誤記憶很常發生，我們也都能理解。不過多數人還是會覺得自己的記憶整體來說相當可靠。我們可能會忘記這個那個，但是如果我們有記得，應該就會記得正確的事。我們覺得記憶就像是一台錄影

機，會正確地把人生中發生的事記錄在腦海裡，直到事後需要想起來的時候，再拿出來重播。就算不是錄影機，也可以用百科全書或電腦硬碟來比喻，記憶會將我們人生中的事件如實編纂和儲存在裡面。我們內心的這個錄影機或硬碟可能會因為時間的流逝而遭到毀損，有時候我們太過忙碌或注意力沒有放在上頭，甚至可能連錄影鍵都沒有按下去。但是每當我們回想起某個事件時，我們想得到的部分一定是正確的。

然而人類的記憶其實比大部分人以為的都更加脆弱、更容易遭到塑造。它其實不太像是硬碟或錄影機，著名的心理學家和記憶專家伊麗莎白．羅芙托斯（Elizabeth Loftus）博士所用的比喻是，記憶比較像是維基百科。我們一直在潛意識裡編輯我們的記憶，所有人也都可以編輯維基百科裡的任何一則詞條。同樣的，其他人也可以靠暗示的方式編輯我們的記憶。如果外部暗示改變了我們的記憶，甚至可能連我們自己都沒有發現，而當我們在幾小時、幾天、幾週或幾年後回憶起一件事，通常這個記憶已經被我們或其他人改造過了。我們可能是滿懷信心地說出這段記憶，也可能真心覺得它絕對沒有錯，但實際上它可能完全不正確。錄影內容可能被編輯過，硬碟的編碼也可能被修改過。人類的記憶有點像是刻在流沙上的圖案、聲音、氣味和想法，不斷在我們的腦海中改變和轉移。

最可怕的是，我們不會知道這些事是什麼時候發生的，所以就算有人反駁我們描述的事實，我們通常還是會對已經遭到改變或是假的記憶充滿信心，甚至是防衛心。「你錯了，事情不是這樣子的。」另一個人會答以：「不，你才錯了。」如果爭執的兩個人都相信自己是對的，通常就很難確定誰才是對的，或者根本兩個人都是錯的；如果還有第三個人加入討論，說不定他的記憶也不一樣。不過每個人都可能對自己的記憶非常有信心。

有幾種認知問題會導致記憶發生改變。如果大腦把過去的幾個記憶給搞混了，或在自己沒有發現的情況下用其他資訊來源填補了記憶漏洞，就會發生錯誤歸因（Misaatrribution）。錯誤歸因有個常見的例子是，我們從朋友或電視廣告那裡獲知一件事，後來卻以為自己是透過一個比較可靠的消息來源得知此事。研究顯示，這種錯誤歸因相當常見，幾乎每天都會發生。（原注4）如果在刑事司法制度中發生這種錯誤歸因，情況可能是一宗犯罪的目擊者在電視上看到據稱是行凶者的臉部照片，注意到他留有小鬍子，於是後來他就「記得」犯罪者留了小鬍子，儘管真凶沒有蓄鬍。如此一來，可能導致他在指認時選了一個無辜的人。

確認偏誤也經常扭曲我們的記憶。如果我們被告知接下來要見到的人是一名很成功的醫生，我們可能會記得她衣著整齊、看起來很聰明；如果我們被告知對方是一名服務生，也許就不會記得這些了。（原注5）認知失調也可能會影響記憶，利昂・費斯廷格對於認知失調的著名理論是，當人的記憶和事實不符合他們的正面自我形象，或者違背了他們的信念和行為，人就會感到不安，(原注6) 因此內心會有一股欲望，想要讓記憶符合我們的看法。這就導致我們會做出所謂「修正歷史」的行為，也就是改變記憶，好讓記憶比較符合我們的想法和自我形象。

有關記憶的研究

雖然大眾對於人類記憶的薄弱和可能經過塑造的特性並沒有太多認識，但是重要心理學家對這個現象的研究已經長達數十年。伊麗莎白・羅芙托斯博士大概是人類記憶領域中最有影響力的心理學家，她所做的一些研究也成為證明人類記憶缺陷的經典例證。一九七四年，她進行了一項名為「重建車禍現場：語言與記憶之間的互動範例」的實驗，受試者會觀看一場車禍，然後經由記憶重建他們看到的東西。(原注7) 羅芙托斯博士指出，過往的實驗或法院案件的實例都顯示，證人對這類事件的記憶存在非常大的歧異，例如車子相撞前開得有多快，或是車子第一次按喇叭和車禍之間隔了多久時間，而且這樣的歧異很常見。舉例來說，有一項研究事先告知受試者，他們會被詢問車子移動的速度有多快，即便實際車速只有每小時十二英里，受試者回憶起來的車度卻介於時速十到五十英里。(原注8) 這項研究的目的是要檢視，當詢問受試者對某件事的記憶時，僅僅只是更改了措辭，受試者的記憶就會受到影響。

羅芙托斯請四十五名受試者觀看七段車禍的影片，每段影片的長度為五秒到三十秒不等。每段影片播完之後，受試者都會收到一張問卷，請他們重述自己看到的東西。四十五名受試者被分成幾組，但每組的問卷有一題不同。有些問卷問的是那輛車「碰」到另一輛車時開得多快，其他問卷則漸漸用比較嚴重且具有暗示性的詞代替「碰」這個詞，例如「擦撞」、「碰撞」、「撞擊」，最後則是「撞毀」。用詞越具有暗示性，受試者記得的車速就越快，如表一所示。

換句話說，僅僅在問卷中改用「撞毀」這個詞，相較於「碰」的組別，受試者平均記得的時速就快了將近九英里，大約增加百分之二十七。改變用字就會讓受試者記憶中的車子移動速度變快，這件事可能沒有非常讓人驚訝，畢竟速度是很主觀的變數。不過羅芙托斯接下

用詞	評估車速（英里／小時）
碰	31.8
擦撞	34.0
碰撞	38.1
撞擊	39.3
撞毀	40.5

表一、用詞對記憶中車速的影響

來的研究帶來更令人驚訝的結果。這次她一樣讓受試者觀看一段車禍影片，然後回答問卷上的題目。（原注9）五十名受試者被問的問題是：「兩車擦撞時的車速是多少？」另外五十名受試者被問的問題則是：「兩車撞毀時的車速是多少？」和第一項研究差不多，用「撞毀」這個詞的時候，受試者記得的速度比「擦撞」時快了百分之三十。

這次羅芙托斯請受試者在一週後回來完成第二份問卷（但沒有重看影片），問卷上有一個關鍵問題是：「你有在車禍現場看到任何碎掉的玻璃嗎？」正確答案是沒有，發生小車禍的兩輛車不論是擋風玻璃、車前大燈或車尾燈都完好如初。但相較於「擦撞」組，一週前被問「兩車撞毀時的車速多少？」的受試者，錯誤回答的比例高達兩倍。（原注10）雖然有些「撞毀」組的受試者在估計車速時沒有加速太多，但一週後的回答依然是「有」。換言之，使用「撞毀」這個詞取代「擦撞」，不僅會增加估計的平均速度，還會讓受試者誤以為他們看到碎玻璃。但是這兩個依變項（dependent variable）在某種程度上還是彼此獨立，不一定會兩者同時發生。當然預估速度是很主觀的事，而且在記憶中很容易遭到操縱，但是影片裡有沒有碎掉的玻璃卻是一個具體的事實。

如果僅僅是在問卷裡使用「撞毀」這個詞，就可以讓證人「記得有」根本不存在的碎玻璃，那麼假如證人感受到重大的壓力，好比說如果他們覺得自己得幫忙解決一件嚴重的犯罪，或者如果有緊張兮兮的警察一直反覆問他們：「你確定他那天晚上重新回到酒吧時，完全沒有很喘、貌似緊張或者發抖嗎？」、「你確定他在晚上十一點之前就回來了嗎？也有可能是十一點半吧，不是嗎？你在派對裡看球賽的時候有多注意時間？那天晚上在酒吧裡的其他證人告訴我們比較接近十一點半。」試想一下，這樣的記憶會遭到怎麼的改變呢？

伊麗莎白．羅芙托斯的論文〈錯誤記憶的形成〉進一步探究了，在事件發生之後提供給證人的資訊，如何造成錯誤記憶。她寫道：

> 本世紀的絕大部分時間，實驗心理學家亟欲探究記憶是如何又為何出了問題。如同格林（Green）精確指出，記憶並不存在於真空狀態，相反的，它們持續被一種稱為「干擾」（interference）的機制擾亂。實際上，已經有數千份研究記載我們先前的經驗（順向干擾）或後來經歷到的事（逆向干擾）是如何搞亂我們的記憶。
>
> 近期針對干擾的研究主要集中在逆向干擾的效果，也就是人接收到會造成誤導的新訊息後，對自己看過的東西出現錯誤的描述。事件後的新資訊常常會混進記憶中，補充或改變我們的記憶，有時候改變的幅度很大。新資訊就像是特洛伊木馬一樣對我們攻城掠地，因為我們沒有察覺到它的影響。本研究的核心目標就是要理解修改後的

資訊，如何騙過我們實際目擊的事件。（原注11）

羅芙托斯繼續寫道，過往文獻已經指出，如駭人犯罪事件的目擊者，如果看到該事件的錯誤資訊，就會把這個錯誤資訊加到自己的記憶中。舉例來說，倘若車禍現場的證人原本說肇逃的車輛是藍色的，但在看過肇事車輛是白色的報告後，有的證人對車輛的記憶就會變成白色，比例通常高達百分之三十或四十。類似研究也顯示，證人在下列事項都曾出現錯誤，包括不留鬍子的人變成留小鬍子、直髮的人變捲髮、禁止通行標誌變成禮讓標誌、鐵鎚變螺絲起子，甚至連「有個跟田裡穀倉一樣大的東西」都會變成完全沒有建物的空曠場景。（原注12）這些記憶改變都是在證人看了書面報告之後發生的，甚至還沒有警察或其他人在一旁反覆強調或施加任何形式的壓力。

羅芙托斯的研究顯示，人們對於發生過的事情的記憶確實會改變。然而在下一篇研究中，她進一步探討，對於從未發生過的事情，人類也很容易創造出錯誤記憶。羅芙托斯告訴受試者她在研究「你可能從小就一直記得的事情」，她會在事前訪談受試者的長輩，請對方告訴她受試者小時候確實發生過的三件事。每位受試者會拿到一份資料，內含四個不同的兒時故事，受試者會被告知這些故事都是從他家人那裡得知的；其中有三個故事確實如此，但講述受試者在很小的時候曾經走失的故事，則是羅芙托斯和她的團隊編出來的。（他們會和每個受試者的家人事先確認，在家人的記憶所及，該名受試者小時候從來沒有走失過。）以下是一個虛構故事的範例。這個故事的對象是一名在華盛頓州長大的越南裔美籍女性：「妳和媽媽、阿天、阿端一起去布雷默頓的大賣場。妳那時候五歲。妳媽媽給了每個孩子一點錢，讓你們去買藍莓冰沙。妳帶頭跑在第一個，後來就在店裡迷路了。阿天發現妳在一名年長的華人女士面前哭泣，然後你們三個人就一起去買冰沙了。」（原注13）受試者會先被要求回想一下這四件事，把他們記得的寫下來，接著進行兩次口頭訪問，詢問這些記得的事；一次是在寫下報告之後的兩週，隔兩週後又一次。在他們寫下來的內容裡，百分之二十九的受試者不只「記得」小時候走丟的這件虛構故事，他們還能夠描述出細節；不過有一名受試者在後續訪談中收回她記得小時候曾經走丟這件事，所以錯誤記憶的比例下降為百分之二十五。例如，有一名受試者寫了整整九十個字來描述這件事。前述那位越裔美籍的受試者則寫道：「我依稀記得，我是指那段記憶真的很模糊，但我隱約記得那名幫過我的女士，也記得阿天和媽媽還有做了一些其他事……但是我不記得我有哭。我哭過幾百次，其他次我都記得……我只記得一點點，而且真的很片段。我記得我和那名女士在一起，我記得我們有去買東西……我不記得太陽眼鏡的事了。」她還說記得幫助她的那名女士「人很好」，而且「體型較胖，年紀很大」。（原注14）

每一次訪談都會詢問受試者對於小時候走丟的記憶有多少確信，有趣的是，在第一次和第二次訪談之間，受試者的確信程度會大幅增加。這表示一個人越常談論他的錯誤記憶，這段記憶就會埋得越深。（原注15）

在羅芙托斯所做的另一個類似研究中，有一名受試者在第二次訪談時又記起了其他「事實」，例如走失時在寵物店裡看到一群小狗、對她伸出援手的那個女士穿著長裙。受試者說：「我記得她有問我是不是走丟了……還問我叫什麼名字，然後大概是說要帶我去警衛室。」她記得自己走失時都沒有哭，但是終於和父母團聚之後卻哭了出來。她還記得：「一開始發現爸媽都不見的時候，我感到非常驚慌。」在第二次訪談完之後，施測者會告訴受試者那件事其實從未發生，該名受試者對這個消息感到完全不可置信，甚至還當場打電話給父母，她的父母也確認從來沒有那件事，是他們和羅芙托斯的團隊合作捏造了這個假的故事。

許多心理學家也曾指出，灌輸其他錯誤記憶的實驗一般能有百分之二十到二十五的成功率，這類虛構故事包括在婚禮上把酒翻倒在新娘父母的身上；頭頂上的噴水滅火系統發生故障，突然噴了每個人一身水，還得清空店裡的所有東西；在停車場時沒有踩好煞車，造成車子開始滑動，還撞上了一個東西；被救生員從池子裡救出來；被狗咬；因為中耳炎造成的高燒住院一整晚。（原注16）

如果讀者想要聽更多如何塑造人類記憶的例子，伊麗莎白・羅芙托斯在二〇一三年六月錄製的TED演講是絕佳的教材，她那場引人入勝的演講長度為十七分鐘，也可以在線上觀看。(原注17)

記憶與指認錯誤

人類的錯誤認識和記憶會造成有瑕疵的證人證詞，這是冤錯案件的一個最大原因。在美國最早透過DNA鑑定平反的三百二十五個案件中，有兩百三十五件（百分之七十二）牽涉到證人指認錯誤。(原注18)排名第二的冤案成因則是不正確的鑑識證詞，相對少了許多，總計為一百五十四件（約百分之四十七），可參見左表。

根據美國平反案件登錄中心的紀錄，自一九八九年以降，美國已有兩千多人靠著DNA或其他證據獲得平反，而每週平反人數都還在持續增加，其中有瑕疵的證人指證就占了冤錯案件的三成。(原注19)這些統計還不包括證人刻意說謊陷害一個無辜的人，(原注20)只包含證人誠實提供證詞的案件，也就是他們都相信自己告訴陪審團的是實話，即便事實不然。他們的記憶辜負了他們，並讓一個無辜的人被判有罪。

在一個人目睹犯罪之後，許多因素都可能導致他日後在法庭上想起錯誤的回憶。關於證人指認的心理學文獻十分豐富，也持續有各種出版品在討論這個議題。(原注21)我將在下文簡短概述，然後將焦點放在幾個比較常見，但是可以預防的主題。

編碼、儲存和提取

概括來說，記憶包含三個階段：編碼、儲存和提取。編碼會在證人經歷那個事件的當下發生，不過因為認知能力有限，我們不太可能對事件當時接收的所有東西進行編碼，不論該事件對我們有多麼重要。相反的，如同記憶專家所言，「我們會把新經驗的片段，和我們原本就知道的東西，或是我們預期那個情境會有的東西，加以結合，讓這個片段進入我們的記憶裡。」（原注22）換句話說，大腦會將某些新資訊編碼，針對其他部分則是提供捷徑，依靠過去的記憶提供資訊，或是用假設將空白的部分填滿。舉例來說，如果你去參加一個孩子的生日

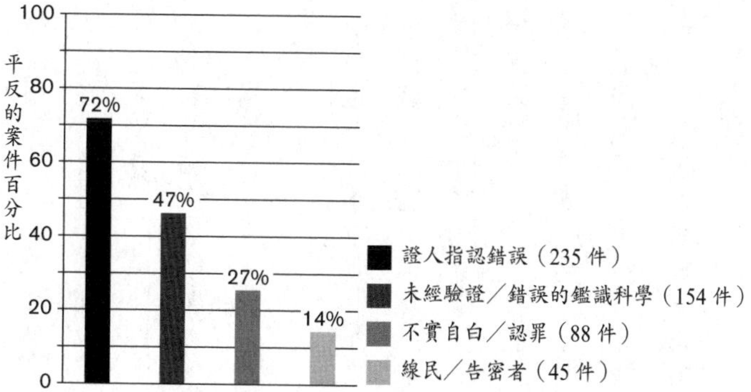

表二、冤案成因（根據美國三百二十五件因 DNA 鑑定而獲平反的案件）
比例加總超過百分百是因為錯誤的有罪判決往往不只牽涉一個成因

派對，你可能不會將蛋糕的樣子加以編碼，除非有什麼理由讓你覺得蛋糕的外型對你來說特別重要。你可能只是將蛋糕的圖案和之前對其他生日蛋糕的記憶結合在一起，而把腦中的編碼空間保留給對你而言最重要的事，例如那個蛋糕是在哪裡買的（如果它特別好吃），或者你和前任在派對上不期而遇。與這次事件有關但是比較不重要的事，例如還有其他什麼人參加這個派對、氣球的顏色等等，可能就不會加入編碼，而會與你過往的某些記憶或者你先入為主的想法混在一起，譬如你預期／認為派對上會出現哪些人，或者你揣測兒童派對上的氣球應該長什麼樣子。

因此，某種意義上來說，大腦協助我們不需要將所有碰到的事都強制編碼，讓我們可以挪用過去的記憶和預期創造捷徑。不過這同時也代表，大腦會欺騙我們，在我們的日常生活中添加許多不正確的記憶細節。有些細節在我們經歷的當下好像很不重要且瑣碎，譬如說有個我們不太熟的人有沒有出席這場生日派對，所以我們就沒有將這件事編碼。但這件事可能在後來會變得非常重要，好比說如果我們突然發現那個人涉嫌謀殺他太太，而且案發時間正好是派對的時間，所以他到底在不在場就成為犯罪關鍵。我們可能會覺得自己清楚記得他當天是否在場，但是除非我們的大腦在那天就將這個資訊正確編碼，否則我們其實沒有辦法分辨記憶正確與否。

喝醉酒或沒戴眼鏡當然會影響我們的編碼能力，但還有其他事情會妨礙我們的覺察能力。不同於一般想像，壓力對於編碼過程的影響往往非常負面。如果證人說：「看到犯罪發生時，我的腎上腺素大量分泌……我變得非常清醒而且警覺，一直密切注意。」許多陪審團也都會加以採信，但是其實這類的壓力反而會干擾編碼過程，因而大幅降低記憶的可信度。（原注23）

研究顯示，如果在犯罪發生的當下，犯罪者掏出一把槍，被害人和證人都會產生「武器聚焦」（weapon focus）現象，他們的目光會專注在那把槍，確認犯罪者會不會拿槍指著他們。在這樣的情況下，證人或許會「看到」犯罪者的髮色或者其他特徵，例如他有沒有鬍子，但大腦不會把這些事情正確編碼，因為他全部的注意力都放在那把槍。如果事後請他回憶犯罪者的臉部特徵，那個「記憶」很可能已經受到汙染，大腦會拿一些過去的記憶和預測填進這幅圖像中，因為他當時專注在其他更重要的事情上，例如那把槍指向哪裡。（原注24）但證人往往不知道自己的記憶其實並不正確。

編碼過程是有選擇性的，所以會讓確認偏誤和認知失調汙染我們的記憶。《華盛頓郵報》曾登載一篇文章，討論證人針對紐約市警察射殺一位揮舞鐵鎚的攻擊者的證詞出入，此文可說是這個現象的絕佳範例。（原注25）事件發生後，一名目擊證人告訴《紐約時報》的記者說，警察是在攻擊者逃離現場的時候開槍的。那名證人表示：「他看起來像是極力要躲避警察。」第二名證人是在騎腳踏車時看到這起槍擊，驚魂甫定後，她與《紐約時報》的記者聯絡，告訴記者那個人都已經被手銬銬住了，警察才冷血加以槍殺。她的說法是：「我看到一個被銬住的人遭到槍擊。」、「很抱歉這麼說，也許是我瘋了，但那真的是我所看到的。」事後有一段外流的監視錄影，顯示警察當時開槍完全合理合法，兩名證人都錯了。錄影畫面流出之後，第二名證人向記者說：「我真的覺得很不好意思。」《華盛頓郵報》的拉德里．巴爾科（Radley Balko）如此評論道：

她現在認為，自己在腳踏車上看到這起事件後，馬上就移開視線。她看到的畫面是，那名男性剛開始攻擊，持續了大概三秒就遭到射殺。她說：「我沒有看到那個人在跑，也沒有看到他揮舞鐵鎚。」、「我腦海裡的畫面是他動也不動地站在那裡，根據當時的情況，我就認為他有被銬住。」她進一步補充說：「根據我讀過的關於警察開槍的所有新聞報導，我假定警察對某些容易遭到歧視的人就是不太客氣。」、「我根據自己看到的那一幕做了最壞的假設，但其實我當時已經把視線移開了。」正如同《紐約時報》的報導所指出的，其實也沒辦法說這位證人在說謊，因為錯誤的記憶可能就像真的記憶一樣真實。

經過編碼之後，接下來的兩個階段是儲存和提取；這兩個階段會互相影響。在儲存和提取階段，有幾個因素經常影響記憶的可靠程度。此時有兩種變化會發生，其一是我們的記憶，也就是經過編碼的事件，會隨著時間而減弱。記憶不會隨著時間而改善。（原注26）舉例來說，研究顯示在案發十一個月後，要證人從照片序列中指認犯罪者，正確率幾乎已經跟隨機指認差不多，即便證人對於犯罪當天的許多細節都正確編碼，（原注27）但時間流逝會嚴重削弱編碼的資訊。第二種改變也會發生，亦即若證人看到該案的錯誤資訊，例如被逮捕的嫌疑犯照片，弱化的記憶就會遭到取代，或者因警察或其他人告訴他的事而遭到汙染。又或者，記憶會因為自己對那個案件有偏見、假設、預期和個人欲望而遭到汙染。研究顯示，如果證人是在案發十一個月後才於列隊指認中指出某人，這個指認尤其應該謹慎看待，即便證人本身對此十分有信心。

查爾斯．古澤爾（Charles Goodsell）博士解釋記憶可能會遭到無關的資訊和偏見汙染。我和俄亥俄州無辜計畫同僚承辦「俄亥俄訴道格拉斯．普拉德案」（*Ohio v. Douglas Prade*）時，古澤爾博士是我的專家證人。該案涉及非常不可靠的證人指認，指認是在案發後相當久才做的，而且在指認之前，證人已經在電視新聞上看過我方當事人的臉部照片：

其他人（例如另一名證人、警察或媒體）的暗示或證人自己的推論，都可能修改或影響他的記憶……已經有數不清的研究顯示這個現象是存在的……

大部分人不知道記憶其實是經由一個建構過程得到的結果，在那個過程中，我們結合了事件中記得的特定元素，還有一般性的知識，以及對於應該會發生什麼事的假設或預期。每當你回憶起（想到）某個記憶，那個記憶都會遭到改變。在記憶最後一次被儲存之後，那段記憶的元素不斷有機會被新增、改變或是忽略。新接收的資訊或是覺得可能會發生什麼事的想法都會被新加進去，現在覺得看起來不符合或是不正確的資訊，則會被忽略或是改變。

簡言之，證人在事後的某個時點（例如在法庭上作證時）所擁有的記憶，可能已經和他在事件當下所形成的記憶大不相同。記憶的保留間隔（從目擊到回憶起的時間）越長，就越有可能忘記和加進錯誤的資訊。這種新獲得但是不正確的資訊可能被加入一個人對於原始事件的記憶，從而增加了記憶的扭曲。（原注28）

古澤爾博士指出，因為證人已經在新聞上看過我方當事人的照片，才會在指認時選擇他的照片，所以我們沒有辦法知道證人的選擇是出自正確或是被汙染的記憶。而DNA鑑定結果後來顯示我的當事人是無辜的。

記憶汙染與錯誤歸因

難以計數的冤錯案件都能顯示出查爾斯．古澤爾博士所討論的現象。證人會在電視新聞上看到一名無辜的嫌疑犯照片，新聞中說他剛因犯下某個案件而被逮捕，然後證人就「記住」了這張臉是犯罪者的臉，進而取代了他們腦海中真的在犯罪現場看到的那張臉。或者，由於警察的問題可能讓證人覺得犯罪者留有濃密的鬍子，於是證人就突然「記得」犯罪者臉上是有鬍子的，即便他在一週前看到的犯罪者並沒有鬍子。這就叫作記憶汙染與錯誤歸因。（原注29）前文所提羅芙托斯的研究亦提及此現象，只因為用了「撞毀」這個詞形容車禍，受試者就會錯誤地記起車禍影片中有碎玻璃，這個例子完全可以說明實務上會有記憶受到汙染的情況。

上述這些錯誤歸因的例子都是受試者的記憶受到外在影響的汙染，他們的內在動機並沒有想要改變記憶。不過我在本章一開頭所提到的兒時故事中，證人卻有改變記憶的動機。家裡養的狗咬了客人的那位母親有很強的內在動機，那個動機出自於她的認知失調：她希望確保家裡的訪客都很安全，只要遵從她的指示，就不會被她家的狗咬。她不希望是因為自己這個主人照顧不周，才害一個小朋友被咬了。那不符合她設想的自我形象。

毫無疑問，在刑事調查中，動機對於一個人的認知和行為都會發揮很大的影響力。當犯罪發生後，被害人、證人、警察、檢察官和大眾都希望事件盡快解決，他們希望惡有惡報，也希望壞人能被繩之以法。因此，證人和刑事司法制度裡的各個角色都會下意識地把外部資訊或建議納入記憶，好幫助案件被推往正確的方向。每個投入冤錯案件救援的律師都可以提供許多例子，說明證人如何隨著時間經過不斷改變他們的故事，也就是他們的記憶，好讓事情朝著有罪判決前進。當我還是檢察官時，也經常在工作上看到這樣的過程。因為我們並沒有集體意識到記憶可能經過塑造，所以制度中總是充斥著經過改造的記憶。

許多證人指認的研究也都證實這個現象確實存在。研究方式大概如下：受試者會先觀看一段商店遭搶劫的監視影像，然後再給他們看幾張照片，不過照片中不包括真正的犯罪者。接下來，受試者會被詢問是否能夠從照片中指認出犯罪者；若選出了照片，有些人會被告知他們做出了正確的選擇，有些人則不會獲得任何回饋。指認照片的受試者需要填一張問卷，問卷裡會要求他們對一些事情評分，例如他們對於自己指認出正確的犯罪者有多大信心、他們有多認真地看監視影片，以及他們有多願意上法庭作證。

不論受試者的年齡或其他條件，上述研究都會得到類似的結果。（原注30）只要證人的指認獲得正面回饋，他們的信心就會大幅提升，在回報中會表示自己更仔細觀察犯罪影片，也更願意在審判中作證。外部的影響汙染了他們的記憶。如果證人獲得肯定的回饋，他們在法庭作證時，就比較不會說被告「看起來像」犯罪者，或者「我只有百分之七十五確定是他」之類的話；相反的，他們不但願意出庭作證，說自己百分百確定看到被告犯下那樁罪行，他們還會作證說，自己真的非常仔細看過犯罪者的生理特徵。然而，他們的自信不僅很容易造成冤判，其實也只是肯定回饋所創造出來的，而且證人本身還毫無自覺。

肯定回饋可以有許多形式。如果警察說「你選到了我們的嫌疑犯」，這就是非常明確的肯定回饋。如果證人到警局挑了一張照片，事後看到新聞報導說他選的人被警察逮捕了，那也是另一種形式的肯定回饋。在新聞上聽到有「幾名」證人也指認那名嫌犯，當然也是肯定回饋。還有另一種應該頗為常見的情況是，證人選出一張照片後，聽到警察鬆了一口氣，興奮地把照片收起來，還對他說：「謝謝你，我們很快就會再與你聯絡。」

觀眾在紀錄片《謀殺犯的形成》中，應該也都見識到肯定回饋的效果。這部紀錄片是講述史蒂芬．艾佛瑞涉嫌謀殺泰瑞莎．哈里貝克的有罪判決，以及他更早之前被控性侵潘尼．貝倫斯頓，但此案已經藉由DNA鑑定還了史蒂芬清白。當初潘尼錯誤地指認史蒂芬為性侵她的人後，警方告訴她，她確實選到了他們認為的嫌疑犯。潘尼後來告訴《日界線》節目說，警方所給的這個肯定回饋大大強化了她的信心。（原注31）從那個時間點開始，她便對自己的記憶充滿信心，每當她回想起那次攻擊，都會浮現「像照片上一樣」的史蒂芬．艾佛瑞的臉。（原注32）

當我還是檢察官的時候，曾經和一名聯邦調查局探員一起辦案，我們花了很久時間，最後總算找到一些對某個嫌疑犯很不利的證據。我們能否起訴那名嫌犯，取決於犯罪被害人能不能從幾張照片中指認出那名嫌犯。當被害人來到我的辦公室時，我和那名探員都很緊張，我們對此案做了很多功課，也相信那名嫌犯確實有罪，所以非常希望被害人能夠選到他的照片。等被害人真的指認他後，我和探員馬上離開房間，走到外面的走廊上興奮地討論下一步要做什麼。我們講話的地方離被害人的座位其實很近。實際上，我們離開房間時根本已經像達陣一樣相互擊掌。我相信那名被害人，也就是犯罪唯一的目擊者，從我們的反應中無疑已經知道她選到對的人。她也可以猜到這對我們來說很重要，案子可以繼續往下走了。看到我們的反應之後，她應該很清楚知道如果她對自己的指認表示出任何懷疑，我們都會大失所望。我當時和今天的許多檢察官和警察一樣，完全不知道這個行為在多大程度上會改變證人的證詞。

證人錯誤指認的案件

既然證人的錯誤如此普遍，人類的記憶又經常經過塑造，那麼在許多有不只一位證人的案件中（某個案件中甚至還有十位證人），若所有證人都錯得很離譜，應該也不會太令人驚訝。（原注33）

雷蒙．托勒案

雷蒙．托勒是我的當事人，他於一九八一年在克里夫蘭被判有罪，罪狀是在公園的樹林裡性侵了一名年輕女性。案發數週後，雷蒙的車被一名公園管理員攔了下來，當時雷蒙剛服完兵役，想去公園放空冥想。他被攔下來很可能是因為他的非裔身分，該案的嫌犯也是非裔，而公園周圍是富庶的白人社區。管理員給雷蒙照了張相，要了他的身分資料之後就讓他走了。後來性侵案的受害者、她哥哥和兩名成年證人，都從幾張照片裡指證雷蒙是性侵犯，這四名證人在審判時再度指認雷蒙是犯嫌，而且他們對自己的指認展現高度自信。於是雷蒙被判有罪。在監獄裡待了二十九年之後，終於在二〇一〇年以DNA鑑定還了他清白。當年的四名證人全都錯得離譜。

迪恩・吉利斯皮案

我在本書中花了許多篇幅討論迪恩・吉利斯皮的案子。本案中有三名證人指認迪恩犯下了一九八八年的一起性侵案。由負責該案的刑警所安排的照片指認可謂極具暗示性：（原注34）其他照片都是藍色的光面背景，只有迪恩的照片是黃色的霧面背景；證人描述性侵犯的臉很大，而指認照片中只有迪恩的臉距離鏡頭比較近，幾乎占滿整張照片，其他接受指認的人都離得比較遠，照片中也都看得到身體。多年後，《戴頓每日新聞報》（*Dayton Daily News*）貼切地描述，迪恩的指認照片「只差沒有畫圈圈打個星號了」。（原注35）

迪恩案中的警察也曾明顯地做出肯定回饋。證人是在案發後二十二個月，才被要求進行照片指認，前文提過，研究顯示這麼久的間隔幾乎會讓指認的可信度趨近於零，而且證人的記憶也很容易因為受到暗示而改變。證人也的確在出庭時承認他們從幾張照片中選出迪恩後，警察有說他們選了對的人；這種表達方式當然會大大強化證人的信心，也會改變他們的記憶，把照片中的那張人臉灌輸到自己的腦中，變成犯罪者的臉。

除此之外，證人形容那名性侵犯的頭髮是棕色偏紅、沒有灰髮，然而迪恩是棕色頭髮，摻雜不少灰髮，一根紅頭髮都沒有。迪恩的辯護律師在審判詰問時，曾詢問一名證人何以迪恩的髮色和她先前對性侵犯的形容不一樣，她的回答大概是「他去染頭髮了」。辯護律師大為驚訝，又進一步追問，證人才承認在審判前，警察告訴她迪恩看起來會和性侵犯很不一樣，但那是因為他想要在審判時改變容貌，所以去染頭髮。雖然律師傳喚迪恩的髮型師作證說，迪恩的頭髮已經維持灰色好幾年了，從來沒有染過，而且也有好幾名證人為迪恩提供不在場證明，但陪審團依然判他有罪。這件事不令人驚訝，即便有這麼多矛盾和不在場的證明，但如果有三名證人分別站上法庭，泣不成聲地說他們「確定」這個人就是性侵犯，大概沒有幾個陪審員能夠不判他有罪。陪審團通常會把證人的證詞看作是真理，即使人類的記憶其實有所侷限。（原注36）

那三位證人直到今日都還相信迪恩是性侵犯，這在冤錯案件裡並非罕見的事。一旦錯誤的記憶被創造出來，並依此而做出一個有罪判決，確認偏誤和認知失調就會進一步鞏固這個沒有根據的記憶。再加上人們也不願意接受自己的過錯會讓一個無辜的人被關了二十年。性侵案的受害者潘尼．貝倫斯頓錯誤指認了史蒂芬．艾佛瑞是性侵她的人，後來DNA鑑定的結果證實攻擊她的人其實是格雷戈里．艾倫。潘尼後來也很清楚地說明了這個現象：「我看到了格雷戈里．艾倫的照片，他對我來說感覺很不真實。我可以發誓我這一生中從來沒有見過他，我看著他的照片，不會感覺憤怒，我相信就算他現在走進來，我的血壓也不會上升。我依然覺得攻擊我的人是史蒂

芬・艾佛瑞。」(原注37)

羅納德・卡頓案

一九八四年七月二十八日，一名男性闖進珍妮佛・湯姆森（Jennifer Thompson）的家裡性侵了她，那時候珍妮佛是二十二歲的大學生。(原注38)在和攻擊者共處一室的半小時中，痛苦的珍妮佛費盡心力，努力記住他的臉。負責此案的刑警記得當珍妮佛來到警察局時，她的第一句話是：「我一定要逮到這個對我做出這種事的傢伙。我有仔細記住了他的臉，有機會的話，我一定能夠認出他。」

警察拿了幾張照片給她看，而她從裡面指認了一個叫作羅納德・卡頓（Ronald Cotton）的年輕人。在幾天後的真人列隊指認，她也指認了羅納德；刑警告訴她，羅納德正是她前幾天挑到的那張照片裡的人。事後珍妮佛解釋說，當她聽到那句話時，她鬆了一口氣。她在心裡想著：「太好了……我挑對人了……我們逮到他了。」後來在羅納德的審判中，她自然帶著滿滿的確信出庭作證，想當然耳，羅納德獲判有罪。(原注39)

羅納德入獄後見到了另一名囚犯，他覺得這名囚犯長得很像根據珍妮佛對性侵犯的描述所繪成的素描，而且他正是因為性侵案入獄。羅納德試著接觸那名囚犯，打聽他是從哪裡來的。後來他們知道那個人叫巴比．普爾（Bobby Poole），來自北卡羅來納州，就住在和珍妮佛與羅納德同樣的城鎮。羅納德後來獲得重新審理的機會，他們有機會主張來自相同地區的性侵前科犯巴比．普爾才是真正的犯罪者。在新的審判中，巴比被帶到法庭上讓珍妮佛指認，珍妮佛說她從來不曾見過對方。她事後說當時她對被告極為憤怒，「你怎麼敢質疑我。你竟然敢懷疑我會忘記強暴我的人長什麼樣子，我怎麼可能會忘記那傢伙。」羅納德．卡頓再度被判有罪，這次還被判了兩個無期徒刑。

回到監獄裡又關了七年後，羅納德從收音機裡聽到辛普森的案子，知道有DNA鑑定這回事。他寫信給律師，希望自己的案子能夠進行DNA鑑定，而鑑定結果也證實了他一直以來堅持的事：他是無辜的，而且性侵珍妮佛的犯人確實是巴比．普爾。羅納德因為他沒有犯過的罪在牢裡待了十年，才終於獲得釋放。

珍妮佛最初得知這個消息時，完全不可置信。但她最後還是接受了事實，她說她感到「喘不過氣，羞愧到無以復加」。只不過她和潘尼．貝倫斯頓一樣，每當想起或者夢到那起性侵案時，腦海裡看到的還是被誤判有罪的那張臉。她對羅納德的錯誤記憶已經遭到汙染，還一次又一次重新獲得確認，經過這麼多年，已經不太可能輕易被打破了。記憶專家伊麗莎白．羅芙托斯博士後來在《六十分鐘》節目上解釋過這個案子，她說一旦像珍妮佛或是潘尼這樣的證人挑中了無辜的嫌疑犯，那張臉就會取代證人記憶中攻擊者的臉龐，（原注40）它會變成錯誤的記憶，而且再也難以動搖了。

珍妮佛後來要求與羅納德見面，並向他道歉，兩人還發展出一段友情。珍妮佛和羅納德一起寫了《認錯：性侵受害人與被冤者的告白》（*Picking Cotton*），這本書還成了《紐約時報》的暢銷書。

珍妮佛和潘尼都公開承認她們的錯誤，但這是例外，而非通例。根據我的經驗，證人、警察和檢察官通常都無法接受因為自己的錯誤而害一個無辜的人入獄。證人的錯誤記憶會隨著時間而日漸深化，再加上確認偏誤、肯定回饋，以及不想承認錯誤的想法，往往都會讓證人越陷越深。這當然也是人類的自然反應。事實上，珍妮佛後來說在重新審判時，當她在法庭上看到巴比．普爾時，完全沒有「一丁點兒」回憶，她對於羅納德的錯誤記憶已經根深柢固。珍妮佛有一次告訴我，記憶並不像是燉牛肉，你可以把馬鈴薯、紅蘿蔔和牛肉都挑出來；記憶比較像是放進攪拌機裡打過的燉牛肉，一旦記憶遭到汙染之後，你就分不出來哪些記憶是真的，哪些是受到外來影響和其他外力造成的結果。就像是丟進了攪拌機裡的燉牛肉，你永遠不可能把它還原成本來的樣子。

依照我現在對於人類記憶的了解，我想羅納德的律師當初以為只要能有第二次審判，只要能把巴比・普爾帶到珍妮佛眼前，珍妮佛就會說：「噢，就是他了。我之前認錯了。」這其實是非常天真的想法，這樣的事其實從來沒有發生過。羅納德案得以平反，是因為DNA鑑定比對到巴比・普爾，加以珍妮佛・湯姆森具有無比的勇氣、開闊的心胸，以及謙卑。

戴蒙・蒂博多案

一九九七年，戴蒙・蒂博多（Damon Thibodeaux）做出錯誤自白，說自己性侵並謀殺了同母異父的妹妹，時年十四歲的克里斯特・湘頻（Chrystal Champagne）。（原注41）克里斯特在一九九六年七月十九日失蹤，翌日傍晚在路易斯安那州橋市（Bridge City）的堤防邊找到屍體。她是被勒斃的，身上有遭到嚴重毆打的傷勢，還有部分衣服被脫掉了，所以調查員認為她曾經遭到性侵。（原注42）

許多人在謀殺案隔天因為克里斯特的死而遭到傳訊，戴蒙也是其中之一。戴蒙最初否認和事件有關，也同意接受測謊，後來他被告知沒有通過測謊。他被訊問了八個半小時，但是有紀錄的不到一小時。（原注43）警方最後從他身上取得了一份詳細的虛偽自白，內容還加入他在偵訊過程中從警方那裡得知的犯罪事實。（原注44）接著，他便遭到逮捕與起訴。

戴蒙被捕之後，兩名證人出面表示，克里斯特遭到謀殺那天，他們看到一名男性徘徊在堤防附近。證人從並列的幾張照片中指認出戴蒙，後來在法庭上他們也指認是他。（原注45）根據證人的指認和戴蒙自己的自白，戴蒙被判處謀殺和性侵罪，並且處以死刑。（原注46）

十年後，無辜計畫和傑佛遜郡的檢察長合力對戴蒙案重新展開調查。（原注47）經過五年的調查，一致認為戴蒙的自白不是真的，審判中的證人也都做了錯誤指認。（原注48）為什麼他們會錯誤指認戴蒙呢？在進行指認之前，兩名證人都在電視上看過戴蒙的照片，因為新聞曾報導戴蒙被列為犯罪嫌疑人。（原注49）伊麗莎白・羅芙托斯在《六十分鐘》節目談論前述羅納德案時，也解釋過如果證人事先在新聞裡看過嫌犯的照片，指認就很容易受到汙染。在電視上看到戴蒙的照片之後，兩名證人的記憶就遭到改變了，他們把記憶中那張臉替換成戴蒙的臉，但自己毫無所覺。

根據常識、邏輯和DNA證據來看，戴蒙的自白也是完全錯誤。幾乎所有他所陳述的事實都和案件的其他部分相衝突。（原注50）戴蒙對犯罪的描述並不符合犯罪現場的狀況，也和其他證據矛盾，（原注51）而且案發現場完全找不到他的DNA，但是用來勒死被害人的繩子上卻發現有不知名男性的DNA。（原注52）而且鑑定甚至推翻了被害人遭到性侵的假設。（原注53）

路易斯安那州的法官在二〇一二年九月撤銷了戴蒙．蒂博多的有罪判決，戴蒙在被監禁十六年之後獲釋，其中有十五年他還被列在待執行死刑的名單上。他是美國第三百個透過ＤＮＡ鑑定證明無辜的人。（原注54）

錯誤記憶和虛偽自白

虛偽自白是另一個重要的冤案成因，乍看之下，這可能是最違反大眾直覺的原因。在美國前三百二十五件ＤＮＡ平反案件中，有八十八件（約為百分之二十七）涉及無辜被告的虛偽自白。（原注55）而在美國平反案件登錄中心登記的兩千多件冤錯案件中，有百分之十二涉及無辜被告所作的虛偽自白。（原注56）

心理學家指出虛偽自白有三種類型。

自願的虛偽自白是指在沒有警察促使的情況下，無辜者仍然錯誤地承認不是自己犯下的罪行，這樣的情況通常涉及精神疾病。美國最高法院的「科羅拉多訴康納利案」（*Colorado v. Connelly*）就是典型的例子。（原注57）該案是一名精神病患走進丹佛一間警局，沒來由地就自白犯下一件謀殺案。另一個例子是在一九九〇年代受到全國矚目的案子，約翰．馬克．卡爾（John Mark Karr）自承他謀殺了兒童選美皇后瓊貝妮特．拉姆齊（JonBenet Ramsey），但亦非事實。（原注58）

「強迫屈從型」（coerced-compliant）的虛偽自白是指嫌犯在警方施壓下，錯誤地供認犯罪，儘管他明知自己是無辜的，也並未在偵訊時形成虛假的記憶。嫌犯之所以會自白，通常是因為警方動用了極端的偵訊技巧，例如警察騙嫌犯說在現場找到他的DNA或指紋，使其認為自己已經走投無路了，絕對會被判有罪，如果要讓偵訊結束並將刑罰極小化，唯一的方法就是說出偵訊者想要聽的話。這種類型的自白者是出自理性的選擇，他們相信自白是唯一選項，兩害相權取其輕。許多人認為一般人絕對不會承認自己沒有犯過的罪，不過出乎意料之外，這種類型的虛偽自白頻繁發生。理查德·萊奧（Richard Leo）博士在《警方偵訊與美國司法》（*Police Interrogation and American Justice*）一書中，對於「強迫屈從型」的虛偽自白有深入討論；在湯姆·威爾斯（Tom Wells）和理查德·萊奧合著的《搞錯的人》（*The Wrong Guys*）、約翰·葛里遜（John Grisham）的《無辜之人》（*The Innocent Man*）中，也都可以找到極具說服力的例子。（原注59）紀錄片《中央公園五人案》（*The Central Park Five*），描繪了五名少年捲入「紐約中央公園慢跑者案」後做出虛偽自白的故事，這五名少年遭控性侵一名女性慢跑者並對其施暴，他們最後遭到錯誤定罪。這部片亦能清楚說明「強迫屈從型」的虛偽自白。（原注60）

第三種類型是「強制內化」（coerced-internalized）的虛偽自白，指嫌犯因為警方壓力，真心相信自己有做出那個犯罪行為，儘管事實根本不是如此。（原注61）警方的壓力會讓人懷疑自己的記憶，最終開始「記得」有那件犯罪，並且根據警察提供的資訊建構事實。虛偽自白的專家索爾・卡辛（Saul Kassin）寫道：「強制內化的虛偽自白是指無辜者受到影響後做出的陳述，極具暗示性和誤導性的偵訊手法就會帶來這樣的結果，它會讓接受偵訊的人漸漸相信，那個犯罪的確是自己做的，錯誤的記憶有時候也會強化這個想法。」（原注62）

我有兩名無辜的當事人曾經以這種方式做出虛偽自白，不過他們各自牽涉到一些特殊狀況，所以沒那麼典型。前文提過克里斯・班尼特，他因駕車殺人罪而被判刑，警察指控他酒駕後發生車禍，導致他最好的朋友死亡。克里斯因撞擊而造成頭部受傷並出現了失憶症狀，他記不得車禍發生當時或是發生前的任何事情，包括他到底有沒有開車。警察和其他人告訴他開車的人是他，他也漸漸相信車子一定是他開的，所以就同意認罪。後來在監獄裡，克里斯的記憶逐漸恢復，直到他終於想起來，當初開車的是他那位過世的朋友，他自己則是坐在副駕駛座。後來根據擋風玻璃的血跡所做的DNA鑑定，以及作證證明克里斯當時確實坐在副駕駛座的新證人出現，我們終於推翻了他的有罪判決。含冤入獄四年之後，他才重獲自由。

俄亥俄州無辜計畫的另一名平反當事人格倫・廷尼（Glenn Tinney），在他做出錯誤自白，表示自己在自家店裡殺了一名水床銷售員之後，被判有罪入獄服刑。不過格倫患有嚴重的精神疾病，他在接受警方偵訊時情緒崩潰，因而更容易相信警方告訴他的話。

七成大學生會對自己不曾做過的犯罪建構出詳細但不實的記憶

你可能會說：「我絕對不會承認一件我沒有做過的嚴重罪行。」不過在你這麼說之前，讓我先告訴你以下這件事。二〇一五年，幾名加拿大的心理學教授模仿了警方通常會用的典型偵訊手法，最後竟然讓百分之七十的受試大學生創造出自己曾用武器攻擊別人的錯誤記憶，或是虛構出從來沒有發生過的竊盜案。（原注63）

研究者事先與七十名受試者的父母或過往的照顧者聯繫，確認這些受試者不曾被逮捕過，也沒有任何刑案紀錄，並且收集每位受試者在十一至十四歲之間發生過的一個真實事件。在第一次訪問受試者的時候，研究者會告訴受試者他們是在研究記憶的提取方法，並且要求受試者回憶兩件他們在十一至十四歲間發生的事。受試者以為研究者是採訪他們的照顧者後知道這兩件事的，他們不知道的是，說他們曾經犯罪的事情其實是研究者編出來的。

在第一輪訪談中，受試者會漸漸想起確實發生過的真實事件，但沒有人記得曾經犯罪的虛構故事。離開之前，研究者會告訴受試者如果他們努力回想，一定可以想起那件犯罪的細節，受試者也被要求在回來進行第二次訪談前，每晚都要試著想想那件事。

在第二次和第三次訪談中，研究者會使用警方在偵訊時的慣用手法。他們會告訴受試者，有非常明確的證據指向他們曾經犯過這些罪，因為照顧他們的人已經提供了關於犯罪的詳細陳述，並且表示：「只要努力回想的話，大部分人都能夠提取出被遺忘的記憶。」研究者會提供一些「事實」，讓受試者相信他們真的知道那些犯罪細節，例如據說一起犯案的朋友名字，還有他們家鄉某個熟悉的地點（據說犯罪就是在那裡發生的）。

到第三次訪談時，絕大多數學生都承認他們犯過罪，而且還講得出犯罪過程的細節，不過他們的故事都是根據偵訊者提供的事實塑造的虛假記憶。等到整個過程結束時，研究者會詢問受試者是否真的相信自己犯過罪，或只是順著偵訊者告訴他們的話，但是沒有真心相信。有七成的人說透過提取記憶的過程，他們重新得到了真正的記憶，現在也是真的相信他們有犯過罪。

進行這個實驗的心理學家有了以下結論：「這個研究證明人們會回想起犯罪的記憶，連細節都一一浮現，但是這些都是錯誤的記憶。在我們的樣本中，不乏年輕人在引導下創造出這樣的回憶，產生錯誤記憶的比例很高，連記憶本身的細節都呈現得出來。犯罪的錯誤記憶也有一些現象，顯示其產生方式其實和非關犯罪的情緒記憶很像。犯罪的錯誤記憶也與真正的記憶有許多共通特徵。」(原注64)索爾．卡辛博士指出，警方偵訊時所創造的氛圍更有助於建構錯誤的記憶，遠比研究塑造的氛圍強烈得多——警察會「表現出強烈確信嫌犯涉案的樣子，而且不見動搖，他們會將嫌犯與他熟悉的所有社會連結和外部資訊來源隔離開來，進行冗長且讓人情緒緊張的偵訊，並且拿出嫌犯有罪的證據，說已經罪證確鑿了（雖然可能是假的）。他們會準備好一套生理或心理的說詞，告訴嫌犯為什麼他會不記得自己有犯罪，以及對嫌犯施以明示或暗示的壓力，可能是承諾或威脅，要求他做出自白」。(原注65)在如此緊繃的氣氛下進行長時間的偵訊，勢必會帶來「如催眠般、讓人極易接受暗示的狀態」，以至於「在嫌犯的腦中，真真假假變得混淆不堪」。(原注66)

彼得．萊利案

就是因為這種壓力，讓年輕的彼得．萊利（Peter Reilly）相信自己犯下一宗其實與他無關的犯罪。一九七三年九月的一個晚上，彼得的母親芭芭拉．萊利（Barbara Reilly）在自家遭到殘忍毆打後被刺死。(原注67)發現她的屍體後三小時，十八歲的彼得就被帶回警察局接受偵訊。在八小時的偵訊中，共有四組警察輪番訊問他，彼得也從否認到困惑、自我懷疑，最後接受了他有罪的說法。他最後承認是他殺了母親，他也相信自己確實有罪。

幾年後在一場討論會中，彼得有點混亂地解釋是什麼導致他的虛偽自白：

你得強打精神好幾個小時，既錯亂又疲累，而且對於自己唯一的親人已經不在了這件事，還沒有從震驚中回復過來。你發現自己身處在一個奇怪且肅殺的地方，周圍都是警察，而且他們一直說這件糟透的事一定是你做的，根本沒有任何人關心你……那些有權力的人說你當然什麼都不記得了，還讓你開始懷疑自己的記憶，不管他們說了什麼給你聽，都只是想讓你待會兒從自己嘴裡說出來……在這種情況下，你當然會說出和簽下他們想要的任何東西。（原注68）

在有罪判決被推翻之前，彼得在牢裡待了兩年。他母親的謀殺案至今還沒有找到凶手。

邁克爾．克羅維案

邁克爾．克羅維（Michael Crowe）被一些過度熱心的刑警說到相信他殺了自己的妹妹，那年他才十四歲。（原注69）一九九八年一月二十一日，十二歲的斯蒂芬妮．克羅維（Stephanie Crowe）被發現陳屍在聖地牙哥家中的臥室裡，她是遭人謀殺的。在一連串粗暴的偵訊之後，邁克爾最後承認是他殺了妹妹。他一開始還很堅持自己的清白（後來DNA鑑定也證明這點），但到了最後一次偵訊接近尾聲時，他已經變得相信自己有罪了。邁克爾被關在少年看守所裡等待審判時，頭兩個星期他繼續堅信如此；直到兩週過去，他才想通自己錯誤承認了一件不是他犯的罪行。

警察也告訴邁克爾他沒有通過測謊，而且證據顯示那件犯罪行為是他做的。為了說明他的記憶何以和警察認為的事實不一樣，偵訊他的警察說那是因為他有人格分裂，壞的邁克爾殺了他妹妹，但好的邁克爾不記得壞的邁克爾所做的事情。警察接著又把邁克爾逼到絕境，說如果那件案子不是他做的，就一定是其他家人做的。邁克爾只有兩條路可以走：接受有罪，或是怪罪給另一個家人。於是他選擇了自白。他當時說：「你一直問一些我沒有辦法回答的問題。」、「我不太知道我究竟是怎麼做的。我只知道我的確做了……細節我都不記得了。」

邁克爾被關在少年看守所的時候，曾經在電話裡向他父母坦承那件犯行是他做的，但他的父母完全不相信。

本案是在進入審判程序前撤除了對邁克爾的控告。DNA鑑定證明凶手是一名患有精神疾病，叫作理查德．圖特（Richard Tuite）的流浪漢。理查德在二〇〇六年接受審判，並被判以殺人罪。

比利．韋恩．科佩案

二〇〇一年，比利．韋恩．科佩（Billy Wayne Cope）也是因為接受警察偵訊後而覺得自己有罪，所以錯誤自白謀殺並性侵了他十二歲的女兒阿曼達。他否認殺害女兒多達六百五十多次，（原注70）但是警察仍然嚴厲地指責他，還說他沒有通過測謊，於是比利也自白了，並且漸漸地相信警察才是對的。

比利後來在審判中收回他的自白，主張他是因為測謊結果才變得無法相信自己的記憶：（原注71）

> 我開始懷疑自己……我本來以為我當然知道。我知道的事情不是這樣的，我知道我沒有對阿曼達做什麼。但是他卻一直說……科佩先生，是你做的，而且照片也不會說謊……

（我）開始在腦中想像所有畫面……我開始懷疑自己了，我變得衰弱，覺得說不定當真是我做的……我真的不知道了……我開始懷疑我告訴他的每一件事，我覺得動搖了，我開始聽信他所說的，我相信了機器，它說我是個騙子……

比利完全相信那件犯罪是他做的，承認讓他鬆了一口氣：「我真的有做。我想是我做了那件事……把它講出來讓我鬆了一口氣，現在我女兒的死可以血債血償了……我很高興……把我腦袋裡的東西叫了出來。」雖然在犯罪現場採到的精液與唾液和當地一名叫做詹姆士·桑德斯（James Sanders）的性侵犯DNA相符，但直到二〇一七年，比利還在獄中繼續與他的有罪判決奮鬥。（原注72）

合成的證詞

犯罪偵查和起訴成功與否，常常取決於檢警能否巧妙地改變證人的記憶。而這個問題一直未受到足夠的重視。

我成為檢察官後就注意到，同一件犯罪的各個證人經常會對發生的事情有截然不同的說法。有些證人的說法會對檢察官有幫助，而有些證人的說法則對被告有利。我們經常透過誘導性的提問，「糾正」那些對被告有利的證人的說詞，好讓它們更符合我們對案件的假設。舉例來說，如果有一宗犯罪發生在晚上十一點，有一名證人說嫌犯在晚上十點半離開酒吧，並在晚上十一點半返回，但有另一名證人說，嫌犯晚上十一點在酒吧裡（等於是為嫌犯提供了不在場證明），我們就可能認為後者的記憶是「明顯有缺陷的」，所以會一直盤問他，「檢驗」他的記憶。有時候我們甚至還會暗示有其他證人或證據與他的說法互相矛盾，經過偵訊後，他的陳述通常就會改變。的確，因為我們會一直重複問題，或者會對某些答覆顯得惱火，證人應該不難猜他們對某個時間點的記憶一定有什麼問題，應該要更深入地想一想，而從檢方的偵訊中絕對不難猜到「正確」答案是什麼。

最後那名證人可能會說：「你知道嗎，我又想了一下，發現你可能是對的。他好像有比較早離開。」證人可能會突然「記起」酒吧電視轉播的足球賽是在大約十一點結束，而那時嫌犯的確早已離開了。到了審判作證時，這名證人可能會變得很確定嫌犯離開酒吧的時間是十點半，就在球賽結束之前，而且他過了好一會兒之後才回來。如果證人原本說他沒有注意到嫌犯回到酒吧時有任何異於平常之處，在經過強調提示之後，他最後可能也同意嫌犯回來後，看起來衣冠不整、心煩意亂或是很激動。如果檢察官認為嫌犯在回到酒吧之前犯下了謀殺案，這樣的證詞當然就很有幫助。

心理學家丹・西門（Dan Simon）將此種狀況稱作「合成的證詞」（synthesized

testimony），（原注73）是由兩個因素造成的。首先，證人通常都希望取悅執法人員，希望能幫警察抓到「壞人」，如果他們從偵訊中感覺出警察希望他們說什麼、什麼是「正確」答案，有些證人就會轉而認為自己是錯的，並且同意警察對於事件的陳述。我當檢察官時，某次調查局探員從證人的家裡訪談回來，我問他：「訪談得如何？他有說出我們希望的答案嗎？」那名探員回答：「他是個迷弟。」我問他那是什麼意思。他說：「那幾個人是聯邦調查局的瘋狂擁護者。他們很興奮有一天會有探員去敲他家的門，所以他們很樂意合作，每一個答案都是我們想要的。」我猜想，不管任何職位的刑警或調查人員敲了一位警察迷的家門，結局大概都是那樣，雖然程度上可能沒那麼誇張，但也八九不離十。

第二點，如同我們在前文所說的，記憶相當容易被塑造，所以證人可能在某些狀況下會開始質疑自己的記憶，最後會採用、甚至相信與他們原本的陳述大相逕庭的說法。根據我擔任檢察官以及冤案救援律師的經驗，我知道合成證詞在刑事司法制度中其實很常發生。這種情況不僅不妥，而且會造成冤案。

當我們在檢察官辦公室做這件事的時候，並沒有意識到我們是在違背專業倫理改變證人的證詞。由於隧道視野、認知失調和其他人性因素，雖然我們在犯罪發生時都不在現場，但我們總是很確定自己知道發生了什麼事，我們腦中從不懷疑，我們認為自己絕對是抓對了人。如果突然有一個證人說嫌犯晚上十一點的時候還在酒吧裡，這不符合我們已知的事實，所以那個證人一定是搞錯了，而我們的工作是要幫他正確地想起來。畢竟，如果只聽信一位顯然沒有多留心的證人的話，就因為他隨便回憶一下，或是沒有真正用心回想起發生了什麼事，就敷衍地回答我們的問題，最後導致嫌犯逃過處罰，這是一件足以惹眾怒的事。只要提醒一下證人他「顯然」弄錯的事，就可以幫助他把證詞整理得更正確也更符合真實。我們是這麼相信的，或者說我們是這麼告訴自己的。

實際上，在我當檢察官的時候，被耳提面命的幾件事就是如果我認為證人有部分陳述是不正確的，就先不要把它寫下來，除非他們「幡然悔悟」後說了「真話」。如果我們在證人可能還很「混亂」的時候就把他早期的記憶寫下來，日後可能會傳到辯護律師那邊，在交互詰問時，律師可能就會抓住證人改變證詞這點大力攻擊。辯護律師甚至可能向陪審團暗示是我們告訴證人該說什麼、勸誘他改變了證詞。這一點其實也沒錯，我們確實有做，只是我們自己並不這麼想。

所以，如果我們認為證人的答覆並不正確，我們就會把它看作是初步的想法或閒聊，還不是需要寫下來的正式「陳述」。等到證人有時間整理他的想法、聽取我們的問題和提醒、能夠專注在這件事上、記憶獲得釐清，也就是等到證人已經「有所醒悟」，願意說出我們想聽的答案時，那些證詞才需要記錄下來。如果我們擔心證人在審判時三心兩意，或者講出他原本的版本，我們就會讓他在大陪審團面前作證，以利我方「鎖住」他的證詞。畢竟如果證人在大陪審團時宣誓作證，他就沒有辦法走回頭路了；如果他日後想要改變說法，我們可以提醒他已經為相反的說法宣誓過了，再改變說法的話，可能得面臨偽證罪的起訴。「鎖住」證人的陳述是很普遍的作法，只要說：「我要讓這名證人在大陪審團作證，好鎖住他。」每個人都懂你的意思。

我被教導的事顯然在美國的各個檢察官辦公室都很常見。有一項調查是針對全美的聯邦檢察官，結果發現在許多地方，「弄清楚事實之前，先不要形諸文字」原來是一項「辦公室守則」。（原注74）說是辦公室守則，是因為沒有檢察官辦公室會把這個作法明白寫下來制定成政策，因為它違反了憲法上的布萊迪（Brady）法則！★就如同丹．西門所說的：

法庭證詞通常是在刑事案件發生後數月，有時候是數年後才做出來的，且調查本身也會導致證詞出現錯誤。在調查和準備兩造辯論的過程中，證據經常會遭到編輯、潤飾和修改。因此，在審判中提出的記憶性陳述其實已經衰退了，而且很容易受到汙染，證據的變化過程也會損及證詞有時還殘留的一點正確性。要用這樣合成的證詞來

★譯按：指檢察官依據美國憲法第十四修正案的正當法律程序規定，必須向被告開示具有重要性且對被告有利的證據及資訊。

正確判斷事實，是一件令人氣餒的工作。要在刑事司法過程中發現真實，這是最大的阻礙之一。（原注75）

在我剛踏進檢察官這一行時，也有人告訴我不能讓不同證人的陳述太過一致。如果證詞彼此都配合得天衣無縫，等於是把武器奉送給辯護律師，讓他們在審判時主張是我們告訴證人要這麼說的。所以我們必須故意在紀錄裡放進一些證人針對次要情節提供的不足以影響案件進行的錯誤資訊，以顯示我們並沒有下指導棋。如果對造在審判中指控我們從旁指導，我們就可以指著這些不一致的地方說：「看，他們又沒有全都說一樣的事，看一下，這裡就不一樣！如果是我們叫他們這麼說的，就會說出完全一樣的話了。」

雖然在絕大部分狀況下，我們大概都是在對付有罪的嫌犯以及幫助證人「修正」有瑕疵的記憶，或者糾正他們最初想要隱藏真相的念頭，不過如果嫌犯真的是無辜的，這種作法確實會虛構出一些證據，導致錯誤的有罪判決。如果這類偵訊過程真的能夠幫助證人記得更正確一點，說詞的改變就應該要讓辯護律師知道，這樣律師才能夠在交互詰問時對證人提問。如果證詞的改變是自然發生的，應該要盡可能讓證人向陪審團解釋。

雖然我說「我們」在檢察官辦公室是這麼做的，但是我不能夠代表每一位檢察官，畢竟我們沒有針對此事進行全辦公室人員的培訓，也沒有官方政策這樣規定。每一位菜鳥檢察官都是從前輩那裡學到這個慣例和作法，如同菜鳥檢察官的前三次陪審團審判中，都會有前輩檢察官「陪席」指導，這是個「辦公室守則」。我自己有時候會這麼做，是因為我覺得這件事是對的，可以幫助證人確實更新他們的記憶，但我還是不能夠代表署裡的每一位檢察官，雖然我相信這個作法應該相當普遍。

每當我回顧俄亥俄州無辜計畫中那些獲得平反和自由的當事人，印象最深的總是與他們在牢裡的第一次會面——那時候我們還沒有證據證明他們的無辜。在這種初期會面中，我很常聽到的一種評論是，「檢察官到底是怎麼讓證人講出那些完全不是事實的話？」我的當事人克拉倫斯．埃爾金斯被錯判有罪的罪名是謀殺和性侵他的岳母，並且對他的外甥女施暴。我第一次在牢裡見到他的時候，他說：「我和我岳母生前所有的單純互動都被收集起來，當作是我有殺機的預兆。證人作證說我在某些派對和聚會上顯得對她很生氣，還對她說了些仇恨性的言論。但是我在那些派對裡心情都很好，完全沒有對她生氣。那根本就是子虛烏有的事。」其他的無辜者也說過類似的事。另一名當事人告訴我，證人在審判時作證說當事人在小孩的生日派對上對被害人大發雷霆，接著氣沖沖離開派對現場（在派對後不久，被害人就遭到殺害）。但其實他在派對上心情一直很好，並沒有類似的事情發生，他也沒有氣沖沖離開現場，生日派對結束後甚至還有留下來幫忙收拾。

由於現在我們知道這幾位當事人是無辜的，以及他們當初是因為有瑕疵的證據而被誤判有罪，所以我很容易就能看出這類證詞是怎麼合成的。在一件謀殺案發生之後，社區會群情激憤，並對警方認定的凶手充滿憎惡之情，所以證人如果突然「想到」嫌犯做過一些有利於檢方起訴的社會互動，也不是完全空穴來風，尤其是如果警察問了一些帶有既定立場的問題，還暗示了「正確」答案。就像是莎拉．波莉的紀錄片《莎拉波莉家庭詩篇》，關於莎拉的媽媽究竟有沒有外遇，所有家庭成員都各自記得不同的事，但他們記得的事情都有助於確認自己的想法。犯罪案件的證人也一樣，他們通常也會陷入這種記憶改造，尤其如果警察問他們：「在謀殺案發生的前幾週，他有對她生氣嗎？還是對她有什麼奇怪的行為？你確定嗎？再努力回想一下。」

我的辦公室曾處理過德威．瓊斯（Dewey Jones）的案件，他因自己沒有做的謀殺案含冤入獄十九年，最後才因為DNA證據平反獲釋。有幾名證人在審判中指證德威是犯罪者，不過他們的陳述也都遭到警察的合成或加工。舉例來說，羅伯特．斯崔馬特（Robert Strittmatter）在審判中作證說被害人遭到謀殺的那一天，他看到德威．瓊斯站在被害人家外面。但陪審團沒有聽到的是，在羅伯特決定指認德威之前，曾經做過多種矛盾的陳述。實際上，在警察第一次訪談羅伯特時，他說他知道德威是被害人家裡的常客，可是在被害人遭到殺害的那天，他在被害人家外面看到的人不是德威。羅伯特在幾張照片裡指認了一名叫作泰瑞．鮑爾斯（Terry Bowers）的人，表示泰瑞是那天站在被害人家外面的人。初次訪談結束後不久，警察又再度到羅伯特家裡，這次他們帶了三十張照片，包括德威的照片。這次羅伯特則指著比爾．威爾森（Bill Wilson）的照片，說他才是那天站在被害人家外面的人，他也拿了德威的照片，說他知道德威常去被害人家裡，但他在謀殺案發生那天看到的人不是德威。

幾個星期之後，警察又來到羅伯特家裡問他謀殺案的事，他們還是把德威當作嫌疑人。但是羅伯特仍然說比爾．威爾森才是他那天看到站在被害人家外面的人，他也再次確認那個人不是德威。幾個月後，警察又拿了五張照片到羅伯特的家裡給他指認，其中也包括德威的照片。羅伯特仍然說他知道德威常常去被害人家裡，但是發生謀殺案那天他看到的人不是他。接下來，警察只拿出德威的照片給他看，結果他終於講出了警察一直在等的答案——德威就是發生謀殺案那天站在被害人家外面的人。後來警察又帶著新的相片組合（其中也包括德威的照片）到羅伯特家讓他再度正式指認德威，並且簽名證實他從照片裡指認了誰。

一名叫做查爾斯．休利（Charles Hughley）的證人也受到警方類似的「修正」。

查爾斯原本從幾張照片中指認的人叫作拉里．海斯（Larry Hayes），但是警察反覆嘗試了幾次要他指認德威．瓊斯，最後他屈服了，指認出德威。

這些前後不一致都沒有在審判中呈現出來。為什麼？因為記錄證人最初陳述的警方報告被不當地隱藏起來，不讓德威的辯護律師看到。我們在好幾年之後才找到這些報告，那時德威已經在牢裡待了將近二十年。

我覺得很有趣的是，即便內容不是警察想要的，但羅伯特和查爾斯的早期陳述還是被記錄了下來，畢竟一般來說，如果初始陳述對起訴沒有幫助就不會被寫下來。雖然陪審團不知道警察是怎麼用合成證詞把案件導向對德威不利的方向，但我們還是很幸運地在幾年後發現了那些報告，因此才能用這些報告和在犯罪現場發現的DNA證據，還無辜者清白。

二〇一六年有項研究，（原注76）目的是探討典型的警察偵訊過程是否有可能讓證人對其他人做出不實的指控。有三十名大學生參加了這個實驗，不過他們以為自己要做的是邏輯測驗。這三十人被分別帶入房間，房間共有兩位受試者，都是要來參加同一個測驗，他們彼此不認識。施測者發下試題並作好基本說明之後，就會離開房間。幾

分鐘之後，施測者會再度回到房間，告訴受試者說他把手機遺落在房間裡了，詢問兩個人是否有看到手機，但事實上施測者從來沒有把手機帶進來。

接下來，受試者將接受三十分鐘的偵訊，詢問他們有關手機的事。偵訊者會告訴受試者是另一個人偷了手機，他們需要受試者的合作，說出他們看到的事。施測者會採用警方偵訊時的典型施壓手段，例如說如果受試者說他沒有看過手機，他們就對此說法表示懷疑，如果受試者拒絕合作，有些偵訊者還會用學校的懲戒作為威脅。這樣的對話只要進行三十分鐘，三十名大學生中就會有五人表示，他們的確看到另一名受測者偷了手機，甚至還能夠詳細描述他們所看到的事。（原注77）

在實驗環境下，經過三十分鐘的提示，三十個大學生中就有五人會編造出一個虛假的故事，完全虛構、毫無半點真實性的謊言，去誣指一個無辜的人。如果今天是要幫忙逮到一個警察認為很危險的罪犯，應該不難想像，一定有更高比例的人會願意配合警方，讓說詞稍微改變一些。尤其是在詢問一些較為主觀、模稜兩可的細節時，譬如嫌犯在幾點回到酒吧，或者當他回來時是否顯得情緒激動或心神不寧，記憶的可塑性就會發揮更大的作用。如果警察問得夠多次：「你確定他看起來沒有激動或生氣的樣子嗎？」而且證人也理解到警察想要的答案，他們出庭作證時通常就會採信那樣的觀點。

近期有另一項研究亦彰顯了後續的資訊如何催生出合成證詞。（原注78）在這個研究中，受試者會和另一個人（研究者安排的樁腳）待在房間裡共同執行任務。受試者以為實驗目的是要知道人類解決問題的能力在單獨工作和有夥伴時的差異。房間裡有一張桌子，合作完成任務時，雙方都可以看到桌子上有一個錢箱，裡面放了幾張二十元美鈔；合作一段時間後，兩人便要轉移到另一個小隔間，在那裡單獨工作。轉移之後，他們就再也看不到那幾張鈔票。

受試者移動到小隔間後不久，會被告知他們離開後錢就被偷了。由於受試者一起待在隔間，也一直可以看到或聽到對方的聲音（研究者有交代樁腳，如果離開了受試者的視線，要一直翻紙或是製造一些聲音），所以理論上兩位受試者應該都可以為彼此提供不在場證明。

當研究者問起這件事時，結果一如預期，超過百分之九十的受試者一開始會為組隊的另一人做出不在場證明，說他們一直都有看到對方或聽到對方的聲音，因此那個人不可能回到房間偷走那些錢。但當受試者看到一份「事件報告」，裡頭寫道另一人已經承認偷了錢，但後來又推翻說詞聲稱自己是無辜的——在這個情況下，一開始提供不在場證明的受試者中，就有百分之五十五會撤回說詞（雖然他說的確實是事實），並且不再說他認為另一個人一直待在那裡。如果研究者進一步對受試者施壓，例如說他們再繼續「包庇」另一個人的話，自己也會被扯進這個竊盜案，就會有百分之八十的受試者會撤回不在場證明。

在這個實驗中，撤回不在場證明的受試者說他們相信另一人確實偷了錢，而且在得知對方已經承認後，便會開始懷疑自己的記憶。

這個研究再次顯示，偵訊證人的方式以及在調查期間告知他們的資訊，很大程度會影響證人的陳述，而且通常還會影響他們的記憶。這個實驗的結果也符合我自己當檢察官的經驗，如果在執法時以既定觀點偵訊證人，的確經常會更改他們的證詞。而且我相信如果發生了這種事，證人絕大部分會轉而相信他們後來的陳述；可能是在剛改口的時候就改變他們相信的內容，或至遲也是在他們後來出庭作證的時候。

在《謀殺犯的形成》中，就能清楚看到合成證詞的影子。警方報告指出，有一位名為麥克．奧斯蒙森（Michael Osmundson）的年輕人曾於初步調查時告訴警察，當泰瑞莎失蹤的消息傳開後，他和史蒂芬的侄子博比．達西（Bobby Dassey）曾開玩笑地跟史蒂芬說，是不是他把泰瑞莎鎖在密室裡或什麼地方了，然後史蒂芬則開玩笑地回說他需要有人幫他藏屍體。如果這段對話屬實，內容確實很殘忍且冷血，但不應該真的被看作是犯罪，畢竟大家都已經知道泰瑞莎失蹤，也都猜到她很可能已經被綁架後撕票了。

但在審判中，檢察官肯・克拉茲（Ken Kratz）沒有傳麥克・奧斯蒙森作證，反而傳喚了博比・達西。而當博比回覆檢察官的誘導性問題時，他同意檢察官的說法，說是史蒂芬主動提起泰瑞莎失蹤的話題，還詢問博比和麥克能否幫他把泰瑞莎的屍體藏起來。博比進一步作證，或說是在檢察官的誘導下同意，這段對話的發生時間比麥克告訴警察的時間還要早一週。這段對話的日期很關鍵，因為在那個時候，大眾還不知道泰瑞莎失蹤，所以當時只有殺人犯知道泰瑞莎已經失蹤並死亡的事；換句話說，如果博比的證言屬實，那就是對於史蒂芬極為不利的犯罪證據。

檢方在博比作證後召開了記者會，但記者們在會中表示他們對博比的證詞感到震驚，因為他的陳述和警方對此事的唯一一份報告矛盾。他們指控克拉茲檢察官在提問時，採用誘導的方式暗示博比對話日期；他們也質問檢察官，為何沒有任何警方報告支持博比的證詞，以及檢方何以能夠在審判前夕得到這麼有強烈犯罪暗示的證詞。對此，檢察官回答說是因為博比在幾天前的審判前準備會議中，才說出這些明確指向犯罪的對話日期和細節。記者表示，克拉茲檢察官在審判中如此誘導證人講出「正確的」日期，令人不禁擔心到底這個證詞算不算是強迫所為；換言之，檢察官是否合成了證人關於此事的證詞。根據我當檢察官時經常看到的狀況，以及克拉茲檢察官在審判時詰問證人的誘導性問題，我想我同意記者的擔心。

大眾對記憶的錯誤認識

大眾都相信記憶是可靠的。如果有一名證人作證說她確定庭上的那名男性就是性侵她的人，陪審團一定會想：「她為什麼要說謊？說謊對她有什麼好處？她當時人在那裡。她一定知道。」如果檢察官拿出一份被告承認犯下謀殺案的自白，上頭還有他自己的簽名，陪審團也會想：「他為什麼要承認自己沒有犯下的謀殺罪？如果我沒做，我就絕對不會承認。完全不可能。」

一項針對華盛頓哥倫比亞特區的可能陪審員人選所作的調查顯示，有四分之三的人說他們的記性「絕佳」；（原注79）我猜剩下那四分之一承認自己記性不完美的人，也只是覺得他們有時候會忘東忘西，而不是因為知道他們會虛構真正記得的事，或是有不正確的記憶。接受調查的人也有近半數同意，記憶就像是錄影帶，已經被「刻印或是燒錄在一個人的腦中」，隨時可以回播。我同樣懷疑，那些不同意這個說法的人是因為他們承認自己會健忘，但是他們不相信自己的記憶可能經過塑造，而且極可能對自己的生活有虛假的記憶。警方對於人類記憶的觀點也類似，對英國警察所作的一項調查發現，有四分之三的受訪者認為證人錯誤的機率極小。（原注80）

就連法官也經常沒有意識到這個問題。我有幾件案子牽涉到虛偽自白，法官的評論大抵不脫：「世上怎麼可能會有人承認他沒有做過的案子？」類似這樣的評論再再提醒了我們，平冤的工作還需要繼續推進，才能讓司法體系理解到當代記憶領域的科學研究進展。

如果某個鎂光燈焦點人物被揭露出有錯誤記憶，大眾會投以鄙夷的目光，因為他們會認為這種錯誤一定是故意的。新聞主播布萊恩．威廉士（Brian Williams）說他在報導伊拉克戰爭時，乘坐的直升機曾經遭到擊落，但那是一段錯誤的記憶。大眾知道後一片譁然，他也因為這個過失而被停職六個月。（原注81）二〇一二年的總統候選人米特．羅姆尼（Mitt Romney）在一場競選活動中，說他記得自己在四或五歲時曾經參加「全球五十週年慶」（Global Jubilee），當時有七十五萬人聚集在一起慶祝汽車問世五十週年，而當年的一切對他仍歷歷在目。他說出這件事在當時引起軒然大波。（原注82）這場活動是亨利．福特（Henry Ford）最後一次公開亮相，但問題是，此活動舉辦之時，米特．羅姆尼根本還沒出生。羅姆尼的競選搭檔保羅．萊恩（Paul Ryan）也陷入了類似的窘境，因為他說自己有一次花了不到三小時跑完馬拉松，（原注83）他後來解釋說他是被自己的記憶騙了。兩人都因為記憶錯誤而受到攻擊。

小布希總統對於他如何得知九一一恐怖攻擊事件發生，曾經講過三個前後矛盾的說法。他甚至曾說他是從電視報導上看到飛機撞進世貿中心的第一棟塔樓，不過那個

時間點其實根本沒有任何的紀錄影片存在，就連給總統看的都沒有。（原注84）

當你得知一個著名的事件，例如珍珠港事件、甘迺迪遇刺身亡或挑戰者號太空梭災難，卻錯誤地認定自己當時在哪兒或在做什麼，其實是一種很普遍的錯誤，叫作錯誤的「閃光燈記憶」（flashbulb memory）。我妹妹最近對我描述了她在一九九〇年代一段栩栩如生的記憶，發生在她住在某處的某幾年間：她在某一天早晨醒來，穿上浴袍後，走到門口的台階拿了報紙，然後發現黛安娜王妃已經在前一天晚上因車禍過世了。我們爭論黛安娜王妃的過世時間，結果上網搜尋後，她才發現她記錯了，黛安娜王妃過世那天，她早已不住在那個地方。然而就算她知道有一段錯誤的閃光燈記憶，每當她回想起黛安娜王妃過世時，還是只能夠想起那個畫面。

這就是完全靠不住的人類記憶。

第六章

盲目的直覺

我們的刑事司法制度普遍相信，人類的直覺能夠讓我們知道證人何時說實話、何時說謊。距今不久的一九九八年，美國最高法院還認為美國制度的「基本前提」是讓「陪審團擔任測謊器」，由他們「決定……證人證詞的可信性」，因為陪審團「具有對人類和人類行為的實務知識」，所以這個工作「適合由他們來做」。(原注1)因此，幾乎每一個美國法院都會正式告訴陪審團，召集陪審團的主要理由（就算不是唯一重要的理由），就是要他們檢驗證人的真假。他們時常被告知說要分析每一名出庭證人的「舉動」和「作證時的態度」，這樣才能夠釐清真假，並據此做出判決。(原注2)

並不是只有刑事司法制度相信人可以偵測謊言。每當有名人或是政治人物被抓到鬧緋聞，大眾文化就不乏各種專家出面分析這些緋聞主角的舉止，然後信心滿滿地宣稱他們可以判斷這些名人的公開宣誓到底是吐露真心，還是在騙人。舉例來說，美國人阿曼達・諾克斯（Amanda Knox）因為被錯誤認定謀殺室友並遭判有罪，在義大利坐了幾年冤獄，此事於國際間鬧得沸沸揚揚，所幸最後義大利最高法院判決她無罪。在她獲判無罪之前，美國國家電視台播出了與她的第一次訪談，播出之後有許多「專家」爭相分析她的面部表情和聲音，發表意見說她到底是無辜還是有罪。(原注3)這些所謂的專家在網路上寫文章並發表意見，大眾也提出許多激烈的意見評論阿曼達到底有沒有說真話。這些業餘的專家看起來真的很有自信，都認為自己可以從阿曼達的姿態中推斷出事實，例如她的眼神轉動和她在聆聽問題時張嘴的方式。荒謬至極。

在討論史蒂芬．艾佛瑞案的紀錄片《謀殺犯的形成》中，有一名威斯康辛州當地的政治人物譴責大眾在紀錄片播出之後，竟然就同意史蒂芬可能是無辜的，他寫道：「我絕對不會忘記史蒂芬．艾佛瑞被帶到法庭時的眼神……我知道一個人不會因為眼神而被定罪，但我在那天就打從心底知道，史蒂芬是有罪的。」（原注4）厲害。

根據確鑿的證據做判斷，而不是一個人的態度

我們現在知道這種判斷別人是否說謊的信心其實沒有什麼根據，儘管大眾和我們的司法制度還沒有承認這一點。事實上，我們很不擅長在別人講述故事時，僅靠著觀察他們的舉止或聆聽他們的聲音就衡量其中的真實性。我們以為可以當作真實性指標的東西，例如堅定的眼神和信心，其實並不是什麼好的標準。而我們認為代表不誠實的指標，如緊張外露、坐立難安、避免眼神接觸或聲音沙啞，其實也不是分辨說謊的好標準。這些只是幾個世紀以來我們一直被教導和接受的概念，只是一些代代相傳的習慣，但現在都已經被推翻了，因為我們對人類心理有了新的理解，而且無辜運動也明白顯示出人類是如何犯錯的。雖然我們不能夠完全忽略人的直覺，但它的確不是顛撲不破的真理。我們必須極力避免只根據「本能反應」或直覺就下結論，也不能對於

直覺這麼有信心，因為它會模糊掉我們對於客觀事實的觀察。

我是吃了苦頭後才學到這一課。我當上檢察官之後，剛開始承辦的幾個案件中，有一件是銀行搶案，偵辦該案的聯邦調查局探員認為某個出納員與此案有關，在搶案發生前，那名出納員才剛從金庫裡拿出一萬美元放在她存放現金的抽屜裡。當搶匪靠近她的出納櫃檯還亮了槍後，她就把抽屜裡的所有現金都給了搶匪，包括那一萬美元。搶案發生後她接受偵訊，表示她之所以從金庫裡拿出一萬美元，是因為幾分鐘前剛好有一名男士來兌換一萬美元的支票，但那名男士忘了帶他的證件，他說會很快回來再完成那筆交易。探員覺得這個答案很可疑，他光憑這件事就直覺認為是「有內應的犯案」，出納員一定有參與犯罪計畫。

我被分配到此案後，有好幾個月的時間案情都毫無進展。搶匪作案時戴了面罩，所以出納員是我們唯一的線索，因此警探跟蹤她好幾個月。他們把她叫去聯邦調查局總部好幾次，每次都嚴厲偵訊她數個小時，但是她一直堅持自己的說法，從來沒有半點動搖，也沒有任何可疑之處。有一次偵訊時我在場，另外還有兩名實習檢察官跟著我，那名出納員偵訊到一半時哭了起來，懇求探員放過她，不要再一直騷擾她、摧毀她的生活。她說探員給她的壓力已經影響到她家人，她的小兒子也因為媽媽的壓力和沮喪在學校開始變得不太對勁。她的眼神很堅定，聲音充滿了真誠和感情。她堅定又自信，在我看來完全是一位深受不實指控所苦的女性。我覺得坐立難安，不久之後那兩名實習檢察官也看著我，像是在說：「我希望他們放過那個可憐又無辜的女性。」到最後，我已經完全相信她和這起搶案沒有關係了。

後來幾個月，調查一樣毫無進展，直到另一名女性因為一項不相干的指控遭到逮捕。為了爭取認罪協商，她向逮捕她的警察透露了有關於那件銀行搶案的情報。我和調查局探員一起訊問她，她說她的好朋友，也就是那名出納員，與該搶案有關，而且對方在製作搶匪的勒索信時，她也在場（那封信是用雜誌上剪下的字母拼湊而成）。她說自己與那名出納員和銀行搶匪有相同的朋友圈，甚至還說出了所有搶匪的名字。果不其然，在我們調閱了那名出納員和所有被指稱為搶匪的通話紀錄之後，發現在搶案發生的那天早上，她連續打了好幾通電話給其中幾個人。我們逮捕了那些搶匪，他們每個人都說出同樣的劇情。他們承認涉案，並且說這是一起「有內應的犯案」，是那名出納員主導的，她說她會在搶劫之前從金庫裡提出一筆現金，她甚至告訴他們一天之中最適合搶銀行的時間，以及警衛會站在哪裡。最後那名出納員總算坦承她是搶案的共犯。

我對於自己曾經完全相信她的無辜感到震驚。她的演技根本可以得到奧斯卡金像獎了。

我擔任冤案救援律師時，也曾一次又一次學到這個教訓。有些申請無辜計畫救援的囚犯，在我們到獄中與他見面時，真的看起來毫無破綻，但後來的DNA鑑定卻證明他有罪；有些囚犯還會跟我們說起遭到冤枉的感覺，或因為自己沒有犯過的罪而待在牢裡這幾年，在心理上要如何調適，結果後來卻證明他們是有罪的。他們的故事有時候和真正的無辜者如出一轍，有時還顯得特別可信，最終卻證明是在說謊。

當然也有完全相反的例子。有些當事人在會見時顯得很緊張，講述自己蒙冤的故事時，也沒有辦法看著我的眼睛。他們看起來就像有罪的樣子，有時候跟我一起去牢裡會見的學生還會覺得他們「讓人心裡發毛」，他們說話的聲音顫抖也變了調。可是最後DNA鑑定證明他們是無辜的。

我現在會告訴和俄亥俄州無辜計畫一起工作的學生，雖然他們對某個證人是否在說謊的直覺並非完全不重要，但在整體調查中，本能反應不應該被當作是一個很重要的因素。我告訴他們要根據確鑿的證據做判斷，而不是一個人的態度。但是要讓學生學會這一課其實很難。我們的社會信念根深柢固地認為我們有能力辨別謊言，所以我仍不時會發現，如果一個宣稱無辜的囚犯沒有辦法用他的舉止打動學生們，他們對他的案件就會顯得意興闌珊，又或者學生們會對一個顯然無望的案子緊抓不放，只因為他們見過囚犯之後，從他給人的「感覺」中「知道」他是無辜的。我提醒他們不能把直覺視為理所當然，人類真的不是稱職的測謊機。

我總是會從警察和檢察官身上看到他們固執又傲慢地堅信自己有辨別謊言的能力。當檢警得知俄亥俄州無辜計畫在調查他們過往判定有罪的案子時，不少人會感到極為憤慨。每當我打電話給檢察官或警察，向他們要舊案的檔案或證據時，已經數不清有多少次對方只是說：「你是在開玩笑吧，我才是真正見過證人的那個人。我看著他們的眼睛、聽著他們說話，他們說的是真的，不可能有錯，這沒什麼好懷疑的。先生，這件案子你看走眼了。」

我記得有一次，我去紐奧良出席一個無辜者行動的會議，當時我碰到一個其他州的無辜組織成員。她過去曾是一名檢察官，近來退休後才決定至該組織擔任志願工作。我們在午餐時聊天，我很好奇為什麼她決定「倒戈」。我問她是不是因為當檢察官時有某個人被判有罪，後來卻證明是無辜的，所以才決定投入平冤的工作。她說不是如此，她是逐漸接受了這個國家的確會將一些無辜之人錯判有罪，所以開始認同冤案救援工作，不過在她服務的無辜組織協助平反獲釋的人當中，卻有一人是遭到她以前任職的檢察官辦公室定罪的。她非常確定那個人罪大惡極，結果竟然平反獲釋！

我很好奇，便問她為什麼這麼確定那個無辜者一定有罪。她的回答是：「在那名女性平反後，我朋友們，包括起訴該案件的檢察官跟法官，跟我說她在原審中作證時，他們就知道她在說謊了。」她繼續表示自己對她朋友和該案法官偵測謊言的能力有絕對的信心，而且不諱言這樣的信心比日後浮現的所有無罪證據都更重要。我當然只是聽著，沒有提出任何研究和事實來反駁她的立論；我也沒有指出，其實在多年前的那一天，也就是他們在法庭裡看著那名女性作證時，確認偏誤一樣會蒙蔽檢察官和法官，因為打從一開始他們就認定她是有罪之身。

二〇一一年，俄亥俄州無辜計畫的一名當事人大衛．阿爾斯（David Ayers）在為他沒有犯過的謀殺罪坐了十二年的牢之後，終於平反獲釋。他後來對逮捕他的克里夫蘭市警察局提起民事訴訟，要求金錢賠償。一名刑警出庭說明她當初何以會把焦點放在大衛．阿爾斯身上，何以一直認為他有嫌疑，最後對他提出指控。她在二〇一三年講出的證詞令人吃驚，但也能夠說明一切。透過作證，她釐清了自己決定追捕和指控大衛的主要理由，是她根據多年經驗所累積的信念，她覺得自己可以分辨哪些嫌犯在說謊，以及有誰講的是事實。而她很確定大衛在說謊，因為他對她問的每一件事幾乎都含糊其詞。她的直覺告訴她對方在說謊，而且顯然是大聲且明確地告訴她。靠著這樣絕對可靠的直覺，和數年來街頭刑警的鍛鍊，她敢說自己從來沒有誤抓過任何無辜的人。她認為自己可以靠直覺分辨出一個人是不是無辜的，所以絕對不會浪費時間在無辜者身上。她相信自己是一個正確率百分百的人體測謊機，（原注5）那件事對她而言再容易不過。當然，她作證時也被問及為什麼覺得大衛是有罪的，她的說法是：「我可以用我的生命發誓。你相信我準沒有錯，我的搭檔也可以用他的生命發誓。我們辦謀殺案辦了十三年。十三年。我在五分鐘內就可以找到殺人犯，只要花兩分鐘和一個人講話，就會知道他有沒有在說謊。十三年來我辦過幾百件謀殺案，所以我知道自己在做什麼。」因為有強大的證據證明大衛・阿爾斯是無辜的，包括DNA鑑定結果和大量證明警察濫權的證據，所以辯護律師說服陪審團判決這名刑警和她的搭擋賠償一千三百多萬美元。這名刑警申請破產，而她的搭擋則因為已經過世，所以至今無辜者還沒有獲得任何賠償。

在美國最早的三百三十件DNA平反案件，有大約半數的被告在審判時都曾經為自己辯護，表明自己的清白，但陪審團斷然拒絕採信他們的話。陪審團反而往往會相信獄中線人（事後常證明他們是騙人的）、證詞誇大或不實的鑑識專家，或者是說謊的證人（因為他們要確保自己不被發現與犯罪有關）。

我的幾名冤案當事人，包括克拉倫斯・埃爾金斯、羅伯特・麥克林登（Robert McClendon）、雷蒙・托勒與里奇・傑克遜，全都曾在原審中為自己作證辯護，告訴陪審團他們沒有犯罪，但陪審團都認為他們在說謊。結果後來證明這四個人都是無辜的。克拉倫斯在牢裡待了七年半，羅伯特被關了十八年，雷蒙是二十九年，里奇則長達三十九年——他成為美國史上在獲釋平反前遭關押最久的人。

在史蒂芬・艾佛瑞被控性侵潘尼・貝倫斯頓的審判中，分別有二十名證人替史蒂芬作證說案發時他不在攻擊現場附近，但警察和陪審團完全不予採信。DNA鑑定後來證明史蒂芬的確是無辜的，他也平反獲釋。（原注6）

有些案件的警察和陪審團還被騙了兩次，他們不僅不相信真正無辜的人，而且還相信了真正凶手的不實陳述，把犯罪推到無辜者身上。在堪薩斯州的佛洛伊德・布萊索（Floyd Bledsoe）案中，警察選擇相信佛洛伊德的哥哥湯姆所言，湯姆告訴警察，是佛洛伊德殺了被害人，並把她的屍體丟到他們父母的房子裡。佛洛伊德根據湯姆的證詞被判有罪，還被處以徒刑，但他一直堅稱自己的清白，只是警察和陪審團都不相信他。幾年後，DNA鑑定證明湯姆才是真正的凶手，佛洛伊德完全是無辜的，如同他一直主張的那樣。（原注7）

前文曾經提及沃爾特・齊默和湯瑪士・斯勒案，他們也是俄亥俄州無辜計畫的當事人，而該案也有類似的結果。一名年長的女士在位於克里夫蘭的家中遭到殺害，警察隨即逮捕了傑森・史密斯，但傑森立刻讓警察相信沃爾特和湯瑪士才是真凶，他說沃爾特和湯瑪士毆打被害人時，他本來坐在屋外的車子裡，然後才進到屋內，隔著一段距離看到他們的攻擊行為，看了幾秒之後就離開。結果，在兩人含冤十幾年後，DNA鑑定後來證明傑森才是真凶，沃爾特和湯瑪士則是無辜的。後來兩人各自獲得克里夫蘭市對此冤案的一大筆賠償。原審時警察和陪審團都相信傑森這個靠說謊以自保的職業罪犯，而不相信沃爾特和湯瑪士，儘管他們才真的是無辜的。（原注8）

對於人類辨別謊言能力的研究

經過幾十年的研究，心理學家保羅．艾克曼（Paul Ekman）提出了一項極具開創性的結果：他發現，有違一般大眾的認知，人類其實不擅於偵測別人誠實與否。事實上，根據艾克曼的研究，人類判斷謊言的正確率根本沒有比靠擲硬幣來猜測的正確率高多少。他有一本極具影響力的著作《說謊：揭穿商場、政治、婚姻的騙局》（*Telling Lies*），其中描述了他的一項研究。他把一群護理系學生分成兩組，（原注9）給第一組人看的影片是一段令人愉悅的海景，然後要求他們正確並誠實地描述他們看這段影片的感覺，艾克曼會把他們的反應錄下來。第二組學生看的則是一段血腥的醫療場面，他們被要求看完之後要編造一個故事，說他們看的是一段以花為內容，令人覺得很舒服的影片，他們說謊的影片也會被拍下來。艾克曼博士為這件事塑造一個嚴肅的情境，他告訴護理系學生，說謊也是護理工作不可或缺的一部分，因為他們有時候必須對病患隱瞞不好的事實，必須展現出快樂和輕鬆的樣子，直到醫生決定何時才是把壞消息告訴病患的適當時機。施測者告訴這些學生，會有人評量他們說謊的能力如何，以及他們說謊時的情緒控制和隱藏能力。被分到「說謊組」的學生必須顯示自己有能力做好工作，因此他們有說謊的動機。

艾克曼博士接著請來另一群受試者，讓他們觀看兩組錄影帶，判斷哪一群學生在說謊。他把受試者分成兩組，並故意讓第一組保持疑心，告訴他們要小心錄影帶裡誰是騙子，因為有一半的人在說謊。他沒有對第二組說這些話。不過兩組人對於哪些學生在說謊都沒有比亂猜好到哪裡，而且「猜疑組」也沒有比另一組人表現得更好。

這個研究後來換成其他對象又做了幾次，結果也都類似。心理學家克勞特（Kraut）和弗里（Vrij）各自作的研究都顯示，人們偵測謊言的正確率大約是百分之五十七，這真的是一個很低的數字，因為就算是亂猜或丟硬幣，得到正確答案的機率也有百分之五十。（原注10）針對這個主題有兩百多筆研究，共涉及兩萬四千多名受試者，對這些研究進行綜合分析後，發現一般大眾偵測謊言的正確率大約是百分之五十四。（原注11）許多這類研究也顯示出所謂的「真相偏誤」，也就是說受試者可以正確地分辨出百分之六十七的實話，但只能分辨出百分之四十四的謊言，遠低於隨機機率。從這個結果可以看出社會偏誤讓我們傾向相信其他人，只要沒有反面的證明，我們的預設立場就是相信。

除此之外，還有幾項研究顯示，警察並沒有比外行人更擅長查明真相。有幾個研究顯示，警察偵測謊言的正確率是百分之五十到五十七之間，不過特勤局的探員表現得稍好，正確率百分之六十七；中情局的探員正確率百分之七十三。不令人意外的是，執法人員雖然沒有特別擅長發現謊言，但並沒有像一般大眾那樣的「真相偏誤」。由於警察必須發掘謊言，他們也預期自己會聽到謊言，因此比較不像一般人那樣會選擇相信。

二〇〇四年，一群頂尖的心理學家設計了一個很符合真實世界的情境，評估警察偵測謊言的能力。（原注12）他們選了十四件真實案件中的偵訊影片，其中的嫌犯起初都說了謊（後來都證明他們說的故事是假的），最後在更多有罪證據浮現後才吐實。這些案件經過精挑細選，最後的有罪證據必須相當明確，譬如有DNA鑑定結果，或者嫌犯在最後自白中舉出的事實足以證實其正確性，例如謀殺的凶器藏在哪裡。

心理學家把兩段偵訊影片播放給九十九名年紀與資歷各不相同的警察觀看，他們可以清楚聽到嫌犯的聲音，也看得到他們的臉部表情。結果顯示，這群警察可以分辨出百分之六十四的實話和百分之六十六的謊言，而較資深的警察也的確比資淺的警察表現更好。即便此處的數據確實比上文所列的研究高，但要說警察對謊言的偵測能力不容懷疑、直覺絕對沒有問題，還是差得很遠。值得注意的是，在這個符合真實狀況的設定下，警察還是有大約三分之一的錯誤率。

這份研究還有另外一個重要的結果。大眾一般用來判斷對方是否不誠實的客觀要素，例如身體不安的扭動和避開視線，與嫌犯說謊與否其實沒有太大關係。這也符合其他許多研究的結論，推翻了一般的認知。大眾普遍以為坐立不安或者避免視線接觸的人就是在說謊，而神色冷靜、能夠自信地注視別人的眼睛就代表說實話，但研究結果並不支持這個想像。實際上，在研究中，會藉由逃避視線接觸或者緊張的肢體語言來判斷的警察，其判斷正確率往往比較低，而會避免受到這類誤導，轉而以更客觀的元素作為判斷依據的警察，如說詞本身是否合理，或是有沒有與其他證據互相矛盾，其判斷的正確率則較高。

警察的訓練手冊總是聲稱，警察是優秀的謊言偵測者，並且教導警察要重視類似眼神接觸或坐立不安這類判斷要素，然而遵守如里德偵訊法（Reid technique）這類著名訓練技巧的警察，反而比忽視這類訓練的警察錯誤率更高，（原注13）實在很諷刺。這種訓練似乎讓警察誤以為他們具有高超的謊言偵測能力。

但也不是只有警察和陪審團會對自己的謊言偵測能力過度有信心。聯邦政府的運輸安全管理局（Transportation Security Administration）近年來花了將近十億美元訓練探員在機場篩檢哪些乘客在面試時可能說謊，以偵測潛在的恐怖主義威脅。他們用的也是同樣一套偵測不誠實的指標，包括坐立不安、避免眼神接觸等等，然而我們現在知道這些指標並不可靠。（原注14）美國政府問責署（United States Government Accountability Office, GAO）在二〇一三年針對這個作法，對國會提出了一份嚴厲的報告：

> 關於運輸安全管理局的「以觀察技術篩檢乘客」（Screening of Passengers by Observation Techniques）計畫所使用的行為指標，並沒有證據支持這些指標可以找出會對飛航安全造成危害之人。GAO檢視了四項綜合分析（對其他研究進行分析後綜合的各項發現），其中包括過去六十年間的四百多項研究，發現希望人們根據行為指標正確地分辨欺騙行為，其可能性與隨機分配的結果無異，頂多只是好一點。（原注15）

美國國土安全委員會的主席德州眾議員麥克・麥克考（Mike McCaul）表示，GAO的報告「令人擔憂，尤其是考量到運輸安全管理局花了十億美元進行該計畫」。他還說：「雖然我相信在航空環境中使用行為偵測和分析肯定有其價值，但是我們只支持證明有效的計畫。恐怖主義會對我們的航空體制造成威脅，因此我們需要

一再對安全程序重新評估並加以改善，如果這個計畫不再有效，我們就必須另外找一個有用的計畫。」(原注16)

總而言之，在浪費了將近十億美元，訓練探員使用這些據說可以偵測謊言的技巧之後，運輸安全管理局已經受到廣泛且公開的批評，而國會也開始著手評估其他替代方案。然而，當同一套有缺陷的推論方式被運用在決定人民有罪與否，決定他們一生是否必須葬送在監獄中，或者決定是否要將他們送上死刑台的時候，我們的社會卻不為所動。

行為證據

只要是曾經投入無辜運動的律師，不論時間長短，一定都聽過警察聲稱在抵達犯罪現場後，發現被告的舉止實在太「冷靜和鎮定」，好比說，不像是一個剛回到家發現太太躺在地上、胸前插著一把刀且已經斷氣的人。又或者，相反的，聲稱被告顯得「太過慌張失措」。這兩種情況都表示警察認為被告的舉動是演出來的。警察在抵達可能的犯罪現場後，經常就會對在場的人抱持懷疑，確認偏誤就會油然而生。如果這個人很冷靜，他們會覺得這樣很可疑；如果這個人情緒失控，他們又會覺得這是一種預先設計的表演。要撇開這種主觀的看法很難。或者如果後來發現了什麼可能是有罪的證據，警察會覺得：「現在我想起來了，他在當時的情況下好像顯得有點太冷靜了。」人類的記憶是可以塑造的。認為被告冷靜得很不自然的想法，可能在日後成為審判證詞，並進一步成為陪審團眼中有力的有罪證據。下列案件都可以彰顯這一點，而這些還只是冰山一角。

卡麥隆．托德．威林罕案（德州）

一九九一年，卡麥隆．托德．威林罕（Cameron Todd Willingham）的房子被大火夷為平地，他的三個女兒也在火災中喪生。（原注17）最初研判這起火災並非人為造成，但後來改判定為縱火，卡麥隆也被控謀殺罪。在判定為縱火前，卡麥隆的朋友和鄰居都認為他的悲痛是真情流露，但當他被以縱火罪起訴後，他的崩潰情緒卻被視為是心虛的表現。

實際上，起火原因被改為縱火後，大眾對這名悲傷父親的觀感便出現一百八十度的翻轉。卡麥隆的牧師原本形容他已瀕臨崩潰，後來卻突然懷疑起他，說：「事情不像表面上看起來的那樣，我感覺他控制得很好。」一名鄰居表示，雖然卡麥隆在火勢變大時確實哭得呼天搶地，但他「不像有半點激動或擔心」，暗示說他的情緒都是演出來的。另一名鄰居告訴警察，消防車來之前，卡麥隆把車子開到火燒不到的地方，卻沒有嘗試進入火場救他的女兒，顯見他對車子的關心勝過他對孩子的關心。

檢察官不曾試圖釐清為什麼卡麥隆想要謀殺自己的女兒，反而努力要拼湊出卡麥隆具有反社會人格——他想要追求放蕩不拘的生活，但女兒們妨礙了他。不過即便媒體持續釋出卡麥隆有反社會人格的報導，真正認識他的人大多不相信火是他放的。

經過兩天的審判，卡麥隆被認定是蓄意謀殺，並且判處死刑。檢察官經常用他在火災當下和之後的舉動作為有罪的證據，還列舉了多位證人對他這些舉動的詮釋。嘗試證明卡麥隆清白的多次努力全都以失敗收場，他最後在二〇〇四年二月十七日遭注射毒針的方式執行死刑。（原注18）

卡麥隆死後，由火場鑑定專家所組成的研判小組認為，當初在調查那場奪走卡麥隆女兒性命的火災時所用的「科學」其實是無效的。（原注19）日後消防科學領域有不少新發現，而根據新的認知，該場火災並非人為縱火，應該是如同最初認定的那樣，屬於非人為因素起火。現在大家都相信卡麥隆的清白，也有幾項獨立調查指向這個結論。（原注20）實際上，卡麥隆的有罪判決後來讓德州通過一條新法律，允許因垃圾科學而被判有罪的人有權聲請再審，爭取平反。此外，證明卡麥隆有罪的檢察官最近也可能面臨紀律處分，因為他當初隱匿了可證明卡麥隆無罪的證據。本書寫作之際，這些程序還在進行中。

和其他案件一樣，本案顯示了確認偏誤與行為證據互相影響。在火災調查員採用後來被認為不具科學性的作法判定起火原因為縱火前，其實沒有人認為卡麥隆的舉止可疑。一直要到縱火的判定出現之後，證人的「記憶」才被喚起，指稱卡麥隆的行為都是裝的，進而認定這就代表他有罪。過去負責偵辦謀殺案而現今投入無辜運動的前刑警吉姆・特萊奴姆（Jim Trainum），他曾經上過著名數位媒體「播客」（Podcast）的節目《序號》（*Serial*），主持人問起他如何看待人們對他案被告阿德南・賽義德（Adnan Syed）的行為所做的詮釋。他回答說：「那些東西應該完全被丟棄，那既主觀又只是後見之明，而且人們很容易把記憶扭曲成他們覺得警察想聽的話。」（原注21）我完全同意他這段話。

邁克爾・莫頓案（德州）

邁克爾・莫頓（Michael Morton）因為謀殺妻子克莉斯汀而被關在牢裡二十五年，直到二〇一一年才藉由DNA證據平反。審判中，邁克爾在妻子死前和死後的行為都被放大檢視，而且很大程度造成他被定罪。（原注22）邁克爾在妻子死亡的那天早上留了一張字條給她，抱怨她前一天晚上拒絕與他行房，警察便根據那張字條發展出一個動機。檢察官更在審判中對那個動機加油添醋，在沒有證據的情況下，不實地聲稱邁克爾是性變態，在施暴殺害克莉斯汀後，還對她的屍體手淫。有時候現實真的比虛構的情節更詭異。

檢察官說邁克爾在案發後如此漠然，顯示他對太太毫不關心。檢方還進一步說服陪審團相信邁克爾的心理異常，所以才會謀殺配偶。對邁克爾最致命的證詞出自莫頓一家人的鄰居伊麗莎白．吉（Elizabeth Gee），她形容邁克爾的婚姻並不快樂，她還想到邁克爾曾對克莉斯汀說過一些過分的話，她也說她想不通邁克爾何以在太太被殺之後還如此冷漠。除此之外，邁克爾在他太太葬禮的兩天前拔光了她種的所有金盞花，她也覺得這個時間點實在讓人覺得他麻木不仁，舉止可疑。

即便邁克爾在得知太太的死訊後，確實看不出太大的情緒波動，且在謀殺案之後也確實做了一些奇怪的決定，例如不待在旅館，決定要回到發生凶案的家，又例如拔光太太種的花，然而根據這些行為就認定他有罪也不對。後來DNA鑑定不僅證明邁克爾的清白，還找到了這起犯罪的真凶馬克．諾伍德（Mark Norwood）。邁克爾從獄中獲釋兩年後，馬克就因為謀殺克莉斯汀．莫頓遭判有罪，並處以終身監禁。（原注23）

魯斯．法里亞案（密蘇里州）

二〇一一年十二月二十七日，魯斯．法里亞（Russ Faria）打了一通電話給一一九，電話中的他情緒異常激動，因為他發現太太的屍體倒臥在血泊中。（原注24）他告訴接電話的人說，他病入膏肓的另一半自殺了。雖然魯斯有不在場證明，也沒有什麼證據指向他犯案，但他還是在一週後遭到逮捕，被控以謀殺的罪名。

檢察官在審判中宣稱魯斯打電話報案時那麼激動都是裝出來的。檢察官把報案錄音播放給陪審團聽，並且找來接聽那通電話的一一九人員的上級，請他在法庭上說明他對魯斯舉止的詮釋。魯斯在激動之餘，仍有些時刻顯得沉著且頭腦清楚，對方便證稱，根據他的經驗，在這兩個極端之間擺盪的魯斯顯得不太尋常且可疑。後來魯斯被判有罪。

不過真正接聽電話的一一九人員在事後告訴記者，她覺得魯斯在電話裡的情緒都是真的，她進一步解釋說，所有接線員在碰到情緒激動的電話時都會使用安撫技巧，而魯斯的情緒會有這種擺盪，只是因為安撫技巧奏效了。根據這個說法，以及其他可以證明無罪的新證據，魯斯獲得重新審判的機會。二〇一五年十一月，魯斯面臨的所有指控都被宣告無罪。

本案又是一個依靠行為證據的例子，我們總認為可以根據一個人在不尋常的時刻中如何反應，來判斷他到底是有罪還是清白的，這個想法帶來很多麻煩。真的接到電話的一一九人員和她的上級對魯斯的反應有如此不同的意見，也表示這個證據確實具有高度主觀和不可靠的本質。卡麥隆和邁克爾因為對於震驚的消息太過冷靜而受到起訴，但魯斯又因為過度反應而遭到非難。

還真的是做也不行，不做也不行。

李漢卓案（賓州）

李漢卓（Han Tak Lee）也和卡麥隆一樣被控蓄意縱火造成女兒死亡，並被判有罪。（原注25）當初用來鑑定起火原因的消防科學，後來被認為是無效的科學，在遭關押長達二十四年後，李漢卓總算平反獲釋。

原審中，李漢卓在悲劇發生後的行為舉止都被放大檢視。第一個抵達現場的警察說他「無動於衷」、漠然地看著那場火災，其他證人對他的形容則是「冷靜」和「冷淡」，（原注26）一名消防隊員注意到他似乎「非常沮喪」，像是在「對自己生氣」。（原注27）相較之下，李漢卓的太太在聽到女兒死訊時就顯得徹底崩潰，證人說李漢卓並沒有試圖安慰傷心欲絕的太太，反而只是「走過去，彷彿什麼事都沒發生一樣」。（原注28）李漢卓還有一個倖存的女兒，她對那場火災的反應也和她媽媽一樣，悲痛到近乎發狂，最後甚至不得不搬離那個地區。

辯方主張，以韓國的文化標準來說，李漢卓在那個脈絡下的反應其實很普通，沒有任何反常之處。不過陪審團沒有接受這個主張。

李漢卓平反獲釋的時候已經將近八十歲了，檢方卻還對他的無罪判決提起上訴，並且又重述了原審時對李漢卓行為的主張：

> 讓我們想想，絕大多數人在以如此可怕的方式失去自己的孩子時，會如何看待這場顯然的悲劇，就知道對被上訴人的行為描述是很重要的。雖然證詞中指出被上訴人的行為符合其文化規範，但是他的太太和女兒卻完全沒有顯出同樣的冷漠，這點很重要……被上訴人對於有人死亡感到麻木不仁，陪審團應該認為這就是他造成李志胤之死的證據。（原注29）

檢察官的上訴被駁回，李漢卓的平反得以確定。

德布寶夫妻案（喬治亞州）

艾希莉・德布寶（Ashley Debelbot）和阿爾伯特・德布寶（Albert Debelbot）被控將新生兒從醫院帶回家後不到幾小時就謀殺了她，兩人後來雙雙遭判有罪。（原注30）據稱嬰兒死於以鈍器蓄意造成的創傷。由於警方無法為嬰兒的死找到其他解釋，便認定是這對夫妻做的。

檢察官頻繁引用兩人的行為當作情況證據，進而主張艾希莉應該要為孩子的死負起主要責任，阿爾伯特是次要的角色。旁人形容艾希莉十分冷靜沉默，但是阿爾伯特就顯得很心痛。（原注31）檢察官很有技巧地將這對夫妻的行為作對比，彰顯艾希莉的冷酷無情：

德利檢察官：你有機會觀察阿爾伯特和艾希莉兩人的行為嗎？

泰納警官：有。

德利檢察官：請你形容一下阿爾伯特．德布竇的行為。

泰納警官：他顯得快要崩潰了……發生的事讓他大受打擊，看起來是這樣。

德利檢察官：好的。請你再形容一下艾希莉．德布竇的行為。

泰納警官：艾希莉的警覺性比較高，至少看起來是那樣。她看起來比較理性，在各方面都保持得比較警覺。

德利檢察官：好的。她看起來是崩潰的樣子嗎？

泰納警官：沒有像她先生那樣。

德利檢察官：她有哭嗎？

泰納警官：我不記得她有，沒有。

德利檢察官：阿爾伯特．德布寶有哭嗎？

泰納警官：有，德布寶先生哭了好幾次。（原注32）

檢察官說艾希莉「毫無感情」，他認為艾希莉在陳述時沒有流下一滴眼淚，而且不是用名字稱呼她的孩子，這些都可以證明她對那個孩子漠不關心。但是也有另一份證詞顯示艾希莉對女兒的死一點都不冷漠。

加德納警官：艾希莉的情緒經過幾個階段的變化，這是可以預期的。她在醫院時顯得很緊張……對於剛失去孩子的人來說，這很自然。等我們回到家裡，她的話多了些，看起來也好一點了……我們在調查她孩子的死有令人疑心之處……

德利檢察官：……當你在醫院和家裡看到她的時候，她有哭過嗎？

加德納警官：她在家時眼眶泛淚。她沒有放聲大哭，但噙著淚水……到家的時候，我想是她的媽媽或祖母打電話過來，她在電話裡有哭出一些聲音。但是掛上電話之後，她又回復鎮靜了。（原注33）

艾希莉和阿爾伯特後來因謀殺罪而遭判有罪，判處終身監禁。二〇一五年，發現了新的證據顯示他們女兒的死是天生的腦部和頭骨異常造成的，因此威斯康辛州無辜計畫和喬治亞州的公設辯護人便代表阿爾伯特．德布寶提出聲請，要求重新審判。(原注34) 艾希莉也希望盡快提出同樣的聲請，訴訟至今仍在進行中。(原注35)

傑佛瑞．德科維奇案（紐約州）

傑佛瑞．德科維奇（Jeffrey Deskovic）在十六歲時因為性侵和謀殺一名十五歲的同學而被判有罪。(原注36) 傑佛瑞之所以捲入此案，是因為當初他對這件案子的調查過程感到非常好奇和著迷，因而被一名警察誤認為是有罪的信號。傑佛瑞亟欲協助調查，所以自願和警察碰了幾次面，並且告訴警察他對這個案件的想法，他誤以為只要能夠證明自己對調查有幫助，就可以參與偵辦過程。刑警利用傑佛瑞急於取悅他們的心態，在六小時的偵訊後就使得這名青少年做出不實自白。(原注37)

十六年後，傑佛瑞因為DNA證據而獲得平反。當地的檢察長對當初使得傑佛瑞被判有罪的調查進行了內部審查，並在審查報告中提出以下觀察：「警方認為傑佛瑞有此行為是出自一名凶手想要加入調查行動，從而在過程中逐漸萌生自白的想法。基於同樣的道理，傑佛瑞的行為也有可能是且顯然是一名不安的十六歲少年，在初次經歷同儕的死亡之後，變得對這件事感到十分著迷，也天真地相信只要他能夠證明自

己真的可以幫上忙，那些請他吃披薩、花時間和他討論案情的刑警就真的會邀他一起進行調查。」（原注38）

幾年後的某一天，我聽到浴室裡傳來很大的聲響，接著發現我太太倒在浴缸裡，蓮蓬頭的水還一直從她身上流過。她的眼得呆滯，嘴角流出一些泡沫狀的嘔吐物，身體僵硬得像塊木板，還不斷抽搐。她對我說的任何話都沒有反應，只是空洞地向上望，全身痙攣。我打電話給一一九，告訴他們我看到的事，並且回答了一些問題，像是她的年紀、健康狀況等等，也告訴對方她並沒有類似的發作史。我以前從來沒有碰過這樣的事，可以想見我也嚇到了，並且相當擔心，因為我認為她說不定會死。

但是不知道為什麼，我當時的反應很冷靜。我跟一一九調度員講話時盡量放慢速度，也很謹慎並且注意我的發音是否清楚。我的音調不帶任何情感。

還好我太太後來沒事了，也不用展開調查，因為她顯然是身體出了狀況，而不是什麼犯罪情事。但是在那之後，我不只一次想到，在那樣的情況下，為了某種我也不知道的原因，我是很冷靜而且專心的。也因為我的工作之故，我想到如果有警察或是檢察官心生懷疑，覺得有犯罪發生，他們會來調查我的行為，並且因為我太過鎮定和冷靜而將我起訴。他們會說我毫無感情，這樣不太自然，所以我有罪。

我的當事人萊恩．威德默就沒有我那麼幸運了。當他發現太太死在浴缸裡，並且打電話給一一九的時候，他在電話裡的聲音，還有他在急救人員和警察抵達現場時的反應，都在審判中被積極地引用為不利於他的證據。警察認為他淹死了他太太，不過被告舉證說她太太有身體疾病，所以才會在洗澡時失去意識因而溺斃。當我聽到那通打給一一九的電話時，我聽不出萊恩究竟是無辜還是有罪的。那聽起來就只是一通普通的報案電話，沒有任何線索，但是執法人員好像就是知道不對勁，因為他的聲音聽起來就像是一個要把現場偽裝成意外的殺人犯，而他們也一再對陪審團強調此事。陪審團也覺得這有道理，配合上其他一些很薄弱的證據，就把他給定罪了。

我後來參與此案時，曾與該地區的民選檢察長碰面，希望他同意讓我們取得死者的身體組織，以進行一些基因鑑定，確認她是否真的患有例如長QT症候群（Long QT syndrome）的疾病，而那可能才是造成溺死的真正原因。威德默太太生前確實出現許多長QT症候群的症狀，例如腭裂、身材矮小、有心雜音，且終生都有像猝睡症一樣的症狀。實際上，她還有個外號叫作「小懶蟲」，因為她會在奇怪的時間坐著坐著就突然睡著，譬如全家人聚在一起要拆聖誕節禮物的時候。

檢察官拒絕了我希望取得身體組織的要求，他的理由是萊恩．威德默在一一九錄音中的聲音和他在警察抵達現場時的表現都太過冷靜。就在我與檢察官會面不久前，此案剛上過《日界線》節目，萊恩決定在獄中透過鏡頭接受訪問。檢察官說：「在《日界線》的訪問之後，這裡已經沒有人相信他是無辜的了，你可以從他的表現中看得出來就是他做的。」我還真希望我擁有這種天賦，可以根據一個人的行為就推測出事實。

直到今天，檢察官還是沒有提供任何身體組織讓我們進行生物鑑定，法院也說檢察官不必提供，因為俄亥俄州沒有一條法律明確要求他這麼做。即便我們只要進行基因鑑定就可以釐清萊恩的案子究竟發生了什麼事，但他現在人卻還在牢裡。

我也不知道萊恩是不是無辜的，畢竟當他太太死亡時，我並不在場，不過我發現其他人大抵上只是根據他的行為，就如此確信他有罪，這是很有問題的。這反映出我們的制度過度倚賴行為證據，而且我們對於自己辨別謊言的能力實在太有自信了。

第七章

盲目的隧道視野

我在前文討論過的克拉倫斯．埃爾金斯案，很能夠說明隧道視野。克拉倫斯被控性侵和謀殺他的岳母，接著又強暴他六歲的外甥女。案發後他的外甥女說凶手「長得很像」克拉倫斯姨丈，但是負責調查的人，包括警察在內，與受害者談過後，故事卻變成「凶手是克拉倫斯姨丈」，即便當她深夜遭到攻擊時，房間裡其實很暗，且小女孩遭人施暴時已經昏了過去。她當然無法把凶手的臉看得清楚。然而警察僅憑這個薄弱的證據，案發後幾小時內就到克拉倫斯家逮捕他，接著向大眾保證，警方已經將危險的罪犯緝捕到案。對於如此迅速地保護社會大眾，警方感到相當得意。

在那之後，雖然警方實際調查後找到的所有證據，幾乎都明確指向克拉倫斯是清白的，但警方全然置之不理。在逮捕克拉倫斯並宣布破案之後，事情就無法回頭了。他們已經鐵了心，隧道視野就此出現。

可以證明克拉倫斯無罪的證據包括他當時的太太梅琳達告訴警察的話。梅琳達說在案發當時，克拉倫斯就在自家床上睡覺。那個晚上，他們有個孩子生病了，梅琳達整晚都沒睡，一直在照顧他，她告訴警察克拉倫斯不可能跳下床，開三十分鐘的車到岳母家裡，犯下一起謀殺案和兩起性侵案後，再開三十分鐘的車回家，然後躺回床上，而她卻完全沒有發現。更何況他也沒有動機。克拉倫斯和他岳母有時候是有些摩擦，但以一般丈母娘和女婿的關係來看，倒也沒有特別不尋常之處。

梅琳達說她沒有理由說謊，畢竟被謀殺的是她的母親，被施暴之後性侵的也是她妹妹的女兒。但因為警方的隧道視野，他們就是知道她在說謊。她被貼上了「包庇自己男人」的標籤，警察覺得她寧可保護殺人犯老公，也不願捍衛自己的母親和外甥女。梅琳達為克拉倫斯作證時，檢察官也對陪審團講了類似的論調。總而言之，檢警就是在告訴陪審團說梅琳達不值得相信。

但是沒有任何鑑識分析結果能夠證明克拉倫斯和犯罪現場有關。現場幾乎是一片血海，既有血手印，也有頭髮，地板和牆上也散布著各種證據，但沒有一項和克拉倫斯相符。完全沒有。不過警察和檢察官卻說，因為受害人的家裡很髒亂，她一定很久沒有打掃過了，所以那些指印和頭髮和其他東西，全都是以前的訪客留下來的。不知為何，他們就是認為克拉倫斯可以在犯案時什麼痕跡都不會留下，而且即便凶手身上一定沾滿血，但他們在克拉倫斯的車子、衣服或家裡的任何地方都找不到血跡，也就是完全沒有辦法把克拉倫斯和這起案件連結在一起。警察甚至推測克拉倫斯家中的排水管會有血跡，因為他會在家裡沖澡，把身上的血沖掉，但搜查過後依然沒有發現任何跡證。

看到這裡，任何客觀的旁觀者應該都會覺得這個六歲女孩的證詞——她也只有在巨大的壓力下，於黑暗中看到攻擊她的人幾秒鐘——應該可以被克拉倫斯牢不可破的不在場證明推翻，更何況沒有鑑識證據指向他當時確實在場。任何客觀的旁觀者大概都無法想像有誰可以在犯下這麼血腥的犯罪之後，不僅沒有在現場留下任何證據，還能在幾個小時內把車子、衣服和家裡的所有血跡擦得乾乾淨淨。不過因為警察和檢察官受制於隧道視野，所以他們仍然持續調查。而且他們還毫不手軟，想要將克拉倫斯判處死刑。

克拉倫斯後來依據女孩的證詞被判處有罪。幸好陪審團沒有判決死刑，不過判處了終身監禁。

如前文所提，遭關押七年半後，DNA鑑定不僅還了克拉倫斯清白，並且證明厄爾・曼才是真正的凶手。厄爾現在要終生待在牢裡了，而他的罪名正是克拉倫斯原本被判處的罪名。

實際上，檢警除了完全忽視克拉倫斯無罪的證據之外，他們甚至絲毫不顧有一名暴力的兒童性侵犯才剛出獄回家，而且就住在犯罪現場的隔壁兩戶。這個資訊應該沒有那麼容易遺漏，遑論厄爾・曼甚至還真的跟克拉倫斯長得有點像。更荒謬的是，後來克拉倫斯對警察機關提起民事訴訟時，發現其實早在審判之前，厄爾・曼就因為犯下暴力搶案而被同一個警察機關逮捕，而且他那時候甚至還說過：「你們怎麼沒有因為我謀殺茱迪思・詹森而逮捕我？」茱迪思・詹森就是克拉倫斯的岳母。他這個說法無疑是平地一聲雷，因此逮捕他的警察也確實提醒刑警應該要調查那件謀殺案，但是刑警十分堅持他們對案件的想法，也堅持克拉倫斯是有罪的，所以沒有人對這個疑似犯案的陳述採取進一步行動，就直接忽視了這個訊息。就連這份記載厄爾的陳述的警方報告，在審判前都沒有開示給克拉倫斯的辯論團隊！

因為這種可怕的隧道視野，克拉倫斯有七年半的時間都在地獄裡度日，而厄爾．曼則繼續對幾名兒童施暴，直到他最終被逮並判處終身監禁。

對於一個不熟悉刑事司法制度的人來說，這個故事可能顯得很古怪，甚至有點不可思議。但這絕對不是什麼特例。隧道視野在我們的制度中比比皆是。

我們很擅長說服自己相信想要相信的事

一旦我們產生了一個信念或懷疑，並且一直執著於那個信念，接下來我們碰到的所有資訊都會被我們詮釋或扭曲為符合那個信念，由此產生了隧道視野。人類生活中有許多情境都可以見到這樣的傾向，就如同凱斯．芬德利觀察到的那樣，有「部分是與生俱來的」，「部分是我們的心理編造」。（原注1）

乍看之下，可能會覺得隧道視野和確認偏誤很像，但隧道視野有過之而無不及，本書所討論的各種心理學問題，加起來就創造了隧道視野。由於確認偏誤，我們不願意放棄原本的信念，而且還會透過扭曲的鏡頭看待新的資訊。芬德利寫道：「人們只看得見能夠確認他們原先假設的資訊，而且還會避開與此假設衝突的資訊。」（原注2）

由於記憶是可以塑造的，所以我們在回憶過去的事件時，會用改造後的記憶來支持我們的新信念。有時候這就會造成「我早就知道效果」（knew-it-all-along effect），或者「後見之明偏誤」（hindsight bias），也就是傾向讓事件發展看起來比實際上更符合原本預期。對於記憶的認知研究清楚顯示，我們會重新建構對於過去事件的記憶，好讓它更符合我們後來的想法。（原注3）

除此之外，由於人類並不擅長辨別謊言，我們在判斷誰說實話、誰說謊的正確性上，並沒有比丟銅板決定的機率好多少，所以隧道視野會讓我們在判斷時，也只選擇符合我方犯罪假設的證人陳述。

如果有外部的政治壓力要求檢警達到與最初假設相符的結論，例如警察和檢察官有壓力要解決一樁駭人的犯罪，這些問題就會變得更加嚴重，隧道視野也會帶來更大的災難。（原注4）

隧道視野在過去時代是重要的。部落領導人帶領成員解決饑餓問題時，必須要有足夠的決斷力，還要能夠很快地分析各種線索，決定獵物跑向何方，這樣他們才可以及時移動，跟上獵物的腳步。與此相反，一個深思熟慮的領導者可能會花上一整天的時間，評估所有可能線索後才做出結論，這麼做的正確率或許高於決斷型的領導者，但他的部落成員可能已經餓死了，因為在謹慎思考的過程中，獵物已經跑到他們追不到的地方了。

因此，演化其實需要快速做決定，也就是需要執著於某個最明顯的選項，忽略其他會轉移注意力的事物。結果就是，我們的大腦與生俱來就會進行所謂的「捷思」（heuristics），也就是為了協助我們快速做決定，大腦天生就會在思想上走捷徑，甚至會讓我們忽略太多容易轉移注意力的細節，直接跳到結論。（原注5）心理學家知道，雖然捷思在過去是必要的，在今日生活中的許多面向上也很有幫助，但是它們有時候也會在這個複雜的世界中招來大禍。如果我們不知道這個天生的心理本能存在，也不試著去檢驗它們，在刑事司法制度中就真的會造成嚴重的問題。

隧道視野的威力極其強大，譬如政治領導者就經常在外交政策事務上受制於隧道視野。九一一事件之後，小布希總統和他的政府團隊幾近妄想地懷疑，伊拉克和該國領導人薩達姆．海珊（Saddam Hussein）藏有大規模的毀滅性武器。他們選擇相信一些不可靠的資料來源，例如會有「投其所好」的線民告訴他們一些政府當局想要聽的話，也有關於這個議題的其他偽造及缺乏可信度的文件，這些都一步步促使美國於二〇〇三年出兵入侵伊拉克。同時他們又不相信較可靠的資訊來源所提供的資料和數據，指出伊拉克早在波斯灣戰爭之後，就已經銷毀大規模的毀滅性武器。（原注6）美國展開侵略後，卻發現伊拉克確實已經沒有大規模的毀滅性武器，於是便指派了一個政府委員會對這樣的誤判展開調查，並向總統報告：

就伊拉克案而言，情報蒐集者接收了主流的分析意見，卻拒斥或忽略了對立的資訊，其結果就是「隧道視野」——只專注在情報體系既有的假設……舉例來說，在戰爭之前其實就有幾個情報來源主張，伊拉克已經沒有大規模毀滅性武器了……但是傳統觀念認為，伊拉克確實還擁武，而且還積極地藏匿以避免被偵測到，這種觀念的廣泛影響帶來一種認知上的「隧道視野」，讓官員認為與傳統觀念不符的資訊都是故意散播的假情報，其他觀點的情報來源都受到貶低，或不被情報人員重視。（原注7）

概括來說，布希政府變得「過度執著」於原本的假設，未能客觀分析所有新證據，因而導致一場昂貴且造成死傷的戰爭，最後這場戰爭還證明了政府原本的核心假設根本是錯的，只是因為他們固執地拒絕加以質疑。（原注8）

不過小布希總統絕對不是唯一受制於隧道視野的美國總統。詹森總統的顧問給了他很多資料和建議，主張越戰不可能取勝，但詹森持續忽略這些資訊。（原注9）詹森的一位顧問喬治‧里迪（George Reedy）就曾評論道，詹森總統「總是相信他應該時時堅持原則，如果有人提出證據說他過去的觀點不是這樣的，他便會立刻做出無辜受冤的樣子，他對於這方面很在行。那不是裝出來的……他很擅長說服自己，讓自己相信現在的『事實』就是真的事實，與此相違背的狀況都是敵人拿來掩飾的謊言。他使他腦中所想的成為現實。」（原注10）我們大部分人在生活中也都有類似的自欺傾向。

一九六二年的甘迺迪總統和他的政府都堅信蘇聯不會在古巴設置飛彈，他們對於反面訊息的接受速度很慢，也不太情願接受，雖然架設工作都已經在進行了。一九六八年，已有清楚可靠的證據顯示蘇聯準備要侵略捷克斯洛伐克，但因為證據與官員先入為主的信念互相衝突，詹森政府也不相信，直到蘇聯軍隊真的入侵。五年後，即便有著「堆積如山」的反證，尼克森政府也堅信埃及和敘利亞不會攻擊以色列。（原注11）一項調查顯示，幾乎過去每一任總統都有與上述類似的隧道視野案例，通常也都造成了災難性的結果。但也不是只有總統才有這樣的問題，每個人每天的生活中，不論是工作還是在家裡，都會經歷這種事。

舉例來說，就連愛情也是隧道視野的有力推手。如果你的關係曾經發生過問題，大概就會同意我說的。我也是根據個人經驗而有所體會。二〇〇四年，我當時的太太跟我提離婚，我真的嚇到了，我以為在過去的十五年，我們有著一段近乎完美的關係。我一再推拖要離婚這件事，拖了兩年多，就是想不通怎麼會發生這樣的事。我也極其痛苦。等到我們終於在二〇〇六年離婚之後，有好幾個月的時間我一直很鬱悶，覺得世界要崩塌了，所有事情都不會和以前一樣了。拋棄這麼一段美好的關係，尤其我們還有兩個年幼的孩子，真是太可惜了，而且其實沒有理由讓他們經歷這樣痛苦的過程。這一切都太無情了，根本沒必要如此。

在我成長的家庭中，離婚是絕對不會被允許的。我的父母有著一段如童話般的婚姻，他們每天都會對彼此表達愛意和支持，也沒有任何形諸於外的緊張關係。長大之後，我知道我也應該擁有一段這樣的關係，而原因只是因為我對其他型態的關係一無所知。我父母的關係是我唯一的範例，而我天真地以為任何夫妻只要願意努力維持對彼此的愛和支持，都會是這樣子的模式，這種關係很容易。像我父母那樣的婚姻成了我所認知的人生中，根深柢固的一部分。

在我與前妻的初期關係中，我是愛她的，我也以為會和她幸福快樂地一起變老，就像我父母那樣。這也是我人生中唯一知道的途徑。但在我們離婚後，隨著時間的流逝，我在婚姻期間創造的隧道視野開始一層層剝落。我開始用不同的觀點看待我們之間的關係，非常緩慢，一步一步的。我開始理解我們的關係出了什麼問題，而那是我之前看不到的。最後我終於了解，前妻和我其實是如此不同的兩個人，我們真的很不適合。她一直是對的。

我在這段婚姻中其實也不快樂，或者至少應該是不快樂的，如果我對自己夠誠實的話。但我不斷合理化各種問題，並形塑出一連串的修正歷史，然後說服自己我很快樂。其實這段關係已經讓兩個人都不快樂也無法滿足了，但是我依然覺得我們是近乎完美的伴侶，因為我把自己的視野限制住了。到了二〇〇七年底，時間過去得夠久了，我終於能夠看得比較清楚，也擺脫對自己的欺騙，同時也要謝謝我的前妻有勇氣停止這一切，雖然我如此天真且固執，始終看不到她在很久以前就明白的事情——那其實不是任何人的錯，只是我們真的不適合。

當然也不是只有我在關係中受制於隧道視野。在本書的提案中，我並沒有提到隧道視野在兩人關係中的角色，但有位朋友讀了那份摘要之後告訴我：「你知道嗎？你應該談談愛情會在變質的關係中造成隧道視野。我有一段很糟糕的關係，維持了幾年。對方很糟糕，他沒有工作，也沒有任何優點，但我就是看不清楚。他跟我分手時，我還像行屍走肉一樣。每個人都知道問題所在，只有我不知道，等到很久之後我才看清楚這件事。都是因為隧道視野。」我相信很多愛人都是如此，尤其是那些關係不太健全的伴侶。班傑明．富蘭克林曾經戲謔地說，那些關係有問題的情侶總是在結婚之前把眼睛「睜大」，婚後就「睜一隻眼閉一隻眼」。

並不是只有視野會變窄，通常關係已經動搖的伴侶會不斷修正他們的記憶，以符合他們目前對於彼此的觀感。如同一名心理學家所說，伴侶會「扭曲過去的事件，或乾脆徹底失憶，以符合」雙方的信念。（原注12）如果伴侶中有任何一方扮演我在第一段婚姻中的角色，誓死相信他們擁有一段美好的婚姻，他就會用光明且正面的角度來審視兩個人過去的記憶，以維持他心中的信念；但如果有一方想要離婚，想要結束這段關係，他在回頭看過往時，可能就會用一種過於負面的眼光。一名婚姻關係的心理學家曾說，有次她問一對接受諮詢的夫妻是怎麼認識的，太太回答是「在學校裡，我那時候誤以為他很聰明」。她接著說她在挑選另一半時並沒有什麼問題，是她先生不應該設局騙她，讓她誤以為他很有才智。（原注13）我想婚姻諮商師一定都聽過許多扭曲和改造過的記憶。

同樣的，警察和檢察官也是人，所以他們也很容易對自己最初的懷疑和信念始終如一。犯罪偵查是個高度競爭和有壓力的工作，檢警同時受到來自內部和外部的壓力，要他們解決待辦清單上的案件。如果無法解決一個駭人的案件，他們不但在情緒上會蒙受極大壓力、心力交瘁、自尊低落，在職場上也會受到負面評價。警察和檢察

官的評量標準常常是「結案率」，亦即要看分配給他們的案件有多少比例能夠解決，而且當然是要獲得有罪判決。（原注14）

他們並不是沒有情感的機器人，他們也要親臨血腥的犯罪現場，握住被害人家屬的手。暴力犯罪也會帶給他們深沉的恐懼，讓他們覺得不舒服，所以可能在情緒上很想要為被害人討回公道。結果就是，一有什麼可疑的事證出現，鎖定了某個嫌疑犯，那種「好啊！我嗅到了不對勁……讓我們開始吧！」的感覺是最好的。警察和檢察官常會孤注一擲地認為他們最初懷疑的嫌犯是對的，尤其是碰上令人髮指或受到高度關注的犯罪時，否則他們就得從零開始重新調查，並且帶給心碎的被害人或被害人家屬更多壞消息。

我是從我自己當檢察官的經驗中學到這件事。只要有一個可能的嫌疑犯跳出來，在那個「有了！」的時刻之後，你的腦袋裡就只會一遍又一遍，興奮不已地想著案件中的所有舊證據。事實原本沒有意義，直到突然凶光乍現——你現在找到一個嫌疑犯了。接著你會想，「這就說明了他為什麼要在被害人被謀殺的三十分鐘前打電話給她。」、「他一定知道她現在是一個人在家！」、「現在一切都說得通了。」拼圖的每一塊開始可以慢慢拼湊起來了。一切勢不可擋，你的腎上腺素開始分泌。每當你在腦子裡播放一次那個案子，你就又多「了解」了一些什麼，然後變得更熱血沸騰。你會試著讓每一片證據都能套進你的新理論。

如果證人為嫌犯提供了不在場證明，你會覺得他一定是在說謊。你會找一些理由讓自己不必相信他。「他是嫌犯的朋友，所以當然會說謊，保護他的朋友。這就說得通了。」或者是，「你有看到他多麼坐立難安，而且不敢看著我的眼睛嗎？他看起來很緊張，一定有什麼隱情。」你會說服自己說你從來不曾相信那名證人，雖然其實你原本是相信他的。你告訴自己，你一開始就知道他靠不住。

至於那個提供證據讓嫌犯被定罪的證人，顯然是在講實話，至少你現在是這麼認為的。你說服自己說你其實從頭到尾都知道。每經過一次辯解，你就越來越確定你的信念。

我當檢察官的時候也是如此，我每天都這樣做，而且毫不遮掩。我完全不知道有確認偏誤這回事，我不覺得我的記憶經過塑造，我覺得我當然能夠分辨證人說的是不是實話，因為我很能夠偵測謊言。我現在知道完全不是這麼回事。但當我還在體制內，當我必須為我的決定承受政治壓力時，我不可能會對自己承認這件事。

隧道視野其實是我的檢察官辦公室文化的一部分。我們會與周圍的人分享我們的推測，每個人都會把他們的想法告訴其他同事、尋求他人的意見，也提供一些方法，讓拼圖組合得更加完整。「破案」的刺激感和想辦法拼好這些拼圖，正是辦公室的樂趣之一。既然每一塊拼圖都找到位置了，我們會越來越堅持我們的假設，我們會互相滿足。如果我們試著去檢視反面觀點的論調，那只是為了做好準備，好在審判時把他們一舉擊倒。

檢察官的工作是追尋正義，而不是打贏官司

我當檢察官時初期偵辦的幾個案子中，有一個案子就很能夠說明隧道視野。下面的故事中，我改了幾個當事人的名字，還有一些不是那麼重要的細節，以達匿名的效果。我姑且稱被告為迪亞哥・米蘭達，他是紐約市一個專業運動團隊的裝備經理人；原告叫杰基，是該隊著名的明星運動員。雖然杰基是百萬富翁，但他很年輕、自我紀律不彰，而且揮霍無度。杰基的會計師想要控制他的花費，所以每個月都會坐下來和杰基一起核對帳目，看看杰基到底買了什麼，順便告誡他要量力而為。在某一次會談時，杰基否認他簽過某些較大面額的支票，其中大部分是拿來支付信用卡的。杰基注意到那些有問題的支票在備註欄部分都有填信用卡號碼，但那些卡號與杰基的任何一張信用卡都不符合。

會計師問杰基有誰可以拿到他的支票簿，還可以填寫其中的內容，杰基點名迪亞哥・米蘭達。杰基解釋說迪亞哥會和其他想要躋身職業運動員社交圈的「狂粉」一起

到他家玩。杰基說他的支票簿就隨手放在一邊，所以迪亞哥曾經拿走他的一本支票簿，他還在某幾張支票上看過迪亞哥的字。杰基認為一定是迪亞哥偽造了他的簽名，拿那些支票去付自己的信用卡帳單。所以那位會計師就把支票帶來給我們看，調查也隨之展開。

會計師把支票帶來給我們時，說他已經問過迪亞哥有關支票的事，迪亞哥崩潰得當場哭了出來，還為拿走杰基的錢道歉。所以我們就逮捕了迪亞哥。

但迪亞哥的律師堅持他是無辜的，並且希望與我見面。會面時，律師告訴我迪亞哥為杰基工作。杰基僱用迪亞哥當他的私人助理，替他跑腿、購買他需要的東西、拿回他送洗的衣服、幫他洗車、確保杰基的冰箱在比賽後一定有食物和啤酒，還有其他許多這類事情。他們的關係漸漸加深，迪亞哥後來在不必為團隊工作的時候，大部分私人時間都會拿來替杰基做個人服務。

杰基給了迪亞哥一本支票簿，讓他支付某些要替他購買的東西。但是律師說，杰基的自我管理能力不佳，他身邊很少有現金，也常常忘了給迪亞哥錢。迪亞哥希望杰基正式僱用他，這樣他就能夠固定領薪水，但是杰基說他的會計師不會同意，所以迪亞哥還是「見不得光」，僱用他的事依然是個祕密。

律師聲稱，是杰基跟迪亞哥說：「把我欠你的錢拿去買點東西，每個月也替你自己買點東西，這些就算是你的薪水。你可以用信用卡買這些東西，然後用我的支票去付卡費，這樣我的會計師就不會發現了，他只會覺得我簽那些支票是為了付我自己的信用卡。」迪亞哥的律師說，雖然對一個普通人來說，這樣的安排聽起來很奇怪，但是杰基是一個年輕的百萬富翁，自制力不佳也不成熟，做事情前常常都沒有仔細想過。迪亞哥的律師也告訴我，就在杰基指控迪亞哥偷錢之前不久，兩人才剛為一名女子吵過架；那名女性曾經和杰基約會，但現在正和迪亞哥發展關係，所以迪亞哥就連這份見不得光的打雜工作都被開除了。律師也說雖然杰基的會計師認為迪亞哥「坦承犯罪」，但這是誤會。杰基告訴迪亞哥他們的業務關係必須保持祕密，因為他的會計師一定不會同意，所以當會計師問起支票的事時，迪亞哥慌了，不知道如果洩漏這個祕密，會不會害杰基陷入很大的麻煩。如果破壞了對杰基來說很重要的關係，或許會讓杰基失去得到贊助的機會，或是天知道還有什麼壞處。所以在沒有什麼時間多想的情況下，迪亞哥就承認了，他覺得只要事後再把這件事告訴杰基，他一定會知道怎麼彌補。但是或許是因為他們決裂了，或許是因為杰基真的很怕會計師知道事實，所以他反而在迪亞哥背後捅了一刀。律師說是迪亞哥替杰基背了黑鍋。

聽到這個說法之後，我找上杰基。杰基說他從來沒有僱用迪亞哥當他的私人助理。杰基表示迪亞哥是那種想要攀上明星運動員的追星族或跟班，迪亞哥總是出現在他家，並且在派對上晃來晃去，所以每一個職業運動員都會叫他跑腿幫忙買啤酒，或者開車從俱樂部送他們的女朋友回家，都是這類的事情。但他們都不會付錢給迪亞哥，頂多就是一起出去的時候會幫他付吃喝的帳單。他們只是在利用迪亞哥，因為迪亞哥就是眾多狂熱粉絲之一，為了在下班後還能夠繼續待在這些職業運動員的身邊，他願意做任何事。

我繼續偵辦這個案子，我的辦公室已經決定要追訴迪亞哥了。杰基的說法聽起來很有道理，但是迪亞哥的版本感覺很牽強。在與杰基面談並觀察他的行為之後，我相信了他。我沒有那麼相信迪亞哥的律師告訴我的事，而且被偷的金額有大約十萬美元，以一個跑腿的薪水來說，似乎太高了，就算杰基是一個身價數百萬的富翁。這一點也讓我對迪亞哥產生懷疑。

在召集陪審團進行審判的一兩天前，我才終於收到杰基在據說發生偷竊事件的那幾個月期間所有的銀行紀錄。讓我驚訝的是，的確有我判斷是迪亞哥所寫的，要付給像是乾洗店、洗車店和雜貨店等店家的小額支票。這類型的各種支票當初都被我認為是迪亞哥寫的，杰基的簽名也被我看作是迪亞哥偽造的。迪亞哥的律師收到寄給他的支票複本之後，打了電話給我說：「你看吧，這就是我之前說的。迪亞哥會去領杰基的乾洗衣服、幫他買食物，還有做許多杰基的日常採買，他就是杰基的私人助理。你要起訴的其他支票的確是迪亞哥寫來支付他自己的信用卡支出，但那也是杰基同意的，因為那就是迪亞哥的工作報酬。他們這樣的安排是不太合乎常理，但那是杰基自己說的。」

審判就要開始了，而我覺得像是被人打了一拳。這些支票看起來的確可以支持迪亞哥的說法，但與杰基告訴我的事互相矛盾。不過我就是知道事情一定不是這樣的，我很確定我是對的。那時候我深深陷入了迪亞哥有罪的想法，所以我一想再想，最後終於露出了一線曙光：迪亞哥比我以為的更聰明。他偷了杰基的支票簿，但是沒有馬上開始填一些很大的金額用來支付他自己的卡債，他想出了一個計畫，先用這本支票去付乾洗費或是買些雜貨，類似這樣比較小額、廉價的東西。這些「測試支票」是要看看他偽造的簽名可不可以通過銀行員的檢查。既然有些店家就在杰基家附近，杰基的會計師也不會覺得有什麼不對勁。這些「測試支票」就是要讓銀行員和杰基的會計師習慣看到迪亞哥簽的支票，讓他們覺得以前的支票就是迪亞哥所寫的那樣。如果他們還是注意到筆跡不同，報警讓迪亞哥被逮捕，畢竟這都是一些非常小額的支票，像杰基這樣的百萬富翁根本不會放在眼裡，所以什麼事都不會發生。但是如果時間久了之後都沒有出任何錯，迪亞哥就會知道這麼做安全無虞，他就可以著手準備簽更大額的支票，用來付他自己的信用卡帳單。

我的腦中亮起這個點子之後，我知道我找到正確答案了。我把我的理論告訴其他同事，他們也都同意我的想法，他們說：「這樣就對了，這很有道理。」我也很自豪我救了這個案子，讓它不至於變成一場災難。

我在審判中把我的推論告訴陪審團：迪亞哥擬訂一個聰明的計畫，他先寫了一些小額的支票作為測試，如果可以逃過銀行和杰基會計師的檢查，就會接著簽一些面額比較大的支票支付他自己的信用卡。迪亞哥作證時則講了他自己的故事版本：他為杰基工作，用來支付迪亞哥信用卡的大面額支票是杰基同意付給他的薪水。迪亞哥說杰基在說謊，因為他的會計師一直抓到他亂花錢；而且因為杰基與他發生了爭吵，所以杰基對他抱持敵意。杰基否認這一切，堅持是迪亞哥偷了他的錢。我對陪審團說的話，大意是：「為什麼像杰基這樣的職業運動員要說這種謊呢？說謊會害他損失的東西太多了。如果他陷害團隊裡一名低階的工作人員，他就太壞了。沒有證據可以顯示他會這麼做。」陪審團判迪亞哥有罪，他被送進聯邦監獄。

雖然我當然真的相信迪亞哥有罪，但如果是今天，我就沒有辦法這麼確定了。現在我又再重新回顧一次這個案子，當然我也回顧了其他許多被我起訴的案子，我發現當時我在看這件案子時，和我今天在一些平反案件中看到的檢察官與警察一樣，都有隧道視野。雖然我其實不知道到底發生了什麼事，但我說服自己說我都知道。我在審判的前兩天想出這個出人意料之外的「測試支票」理論，即便乍看之下，那些支票其實支持的是迪亞哥的說法。我這麼做是因為我想要扭曲和翻轉任何收到的新證據，好讓它們符合我已經先入為主的理論。數週以來，我努力調查這個案子，也相信迪亞哥在說謊，所以當我在審判前一天終於拿到新支票時，我只能夠選擇相信它們也是迪亞哥那狡滑計畫的一部分。於是我編出一個符合我原本想法的理論，並且講得好像足以排除合理的懷疑來支持我的論調。

雖然我那時候的確相信迪亞哥有罪，但如果是今天，我完全無法確定迪亞哥是不是真的想出了這麼傑出的「測試支票」計畫，我也不知道他是否確實像他所說，有替杰基做一些私人跑腿的工作。我的理論說不定是對的，但我不知道。我也不知道杰基是不是真的因為生迪亞哥的氣而陷害他，還是因為他不想讓會計師發現自己亂花錢而惹上麻煩，或是兩者都有。但回首這個案子，我可以確定的是，如果我要說迪亞哥有罪，應該提出更能夠排除合理懷疑的證明，但是我卻在審判前一刻編了一個令人意想不到的理論。我說出那個理論時其實滿懷熱情，因為當時我知道我是對的，我堅信我得把迪亞哥送進牢裡。

刑事司法制度認為出現這種兩邊都說得通的情況也沒有什麼問題，因為陪審團可以看著證人的眼睛，分辨出誰說的是實話，誰又在說謊。如果迪亞哥說的是實話，是杰基在說謊，陪審團當然也會知道，當時我也是如此深信不疑。我認為杰基說了實話，迪亞哥在說謊，而陪審團也必定能夠看到我所看到的事實。但是現在我知道其實人類不是精準的測謊機，而且當我們深陷在一個理論中，偵測謊言的能力又會下降。我比較相信杰基，懷疑迪亞哥，純粹就是因為我花比較多的時間投入調查迪亞哥有罪。陪審團也是如此。我們也在前文提過，雖然我們有理念崇高的無罪推定原則，但是陪審團一定會認為警察及檢察官不會浪費時間去調查沒有罪的被告。相較於無罪推定，陪審團大概還是會在一開始就採取對被告不利、支持警察和檢察官的立場。

那件案子受到高度關注，因為有杰基涉案，還有其他幾位著名的職業運動員和教練也出庭作證，這使我的隧道視野更形嚴重。甚至有個著名的饒舌歌手也被傳來作證，他參加過幾次杰基的派對，當時迪亞哥也在場。我知道體育頻道 ESPN 和《紐約時報》會報導這件案子，也不乏其他媒體報導。審判前一週，我已經和一名與媒體簽約的法庭素描畫家約好，在審判後要買下他的幾張素描原稿掛在我的辦公室牆上。我到今天還保存其中兩張素描畫。一張畫的是我正在詰問證人席上的杰基，那張畫現在還掛在我父母家裡。由於我投入這麼多心力調查這件案子，由於我的聲譽全繫於此，由於那件案子獲得這麼多注意，都讓我很有可能會遠離所有證明無辜的新證據，想出一些理論讓這個案子維持在原來的軌道上。當然，如果是重罪案件，例如謀殺或性侵，就算沒有媒體的關注，風險和壓力本來就很高了。

檢察官每天都會將人定罪，就像是我對迪亞哥所做的事。在爭論激烈、勢均力敵的案件中，更是一定要如此。檢察官會發展出一些理論或用什麼方法編造證據，但那可能不過是充滿偏見、獨厚一方的隧道視野所合成的一些推測。他們接著就會滿懷信心地把這些理論當作事實，展現給陪審團看，當作是能夠「排除合理懷疑的證明」。制度接著也會信任陪審團可以釐清這一團亂，看出哪一邊的理論才是對的。然而其實許多陪審員在審判開始之前就已經支持檢察官的偏見了。而且被告方掌握的資源通常極為不對等，不可能有調查員或是專家站在反面見解這一邊。這就是兩造對立制度的實況。

但我們必須承認，這不可能是一個絕無誤差的過程，其實它根本站不住腳，也很主觀。在雙方激辯的案件中，像是迪亞哥．米蘭達的案子，我們可能也沒有其他選擇，只能把證據都丟給陪審團，讓陪審團去決定。我們沒辦法因為缺乏萬無一失的方法可以辨認事實，就從此不再起訴罪犯。但是我們至少不能夠指鹿為馬，也要承認這個制度的根基並不穩固，它們都是建立在人的基礎上，而人勢必會為制度帶來一些缺陷。我們會受制於人類的限制，不可能有什麼萬無一失、絕對找得出事實的方法。我們不可能用高度的正確性重建過去的事件。檢察官其實不應該把他們編出來的理論當作什麼顛撲不破的事實向陪審團提出，然後說服陪審團他們確實知道發生了什麼事。或許檢察官應該誠實地說明，自己的理論就只是理論，然後讓陪審團在一個比較有利於客觀衡量的環境中，在兩個不同的可能性中做選擇。畢竟檢察官的工作是追尋正義，而不是打贏官司。

由於這個世界充滿了各隧道視野，所以我們總是把每一個有罪判決看作是「真理」，彷彿陪審團絕對不可能犯錯。所以如果幾年後有新的證據浮出水面，說那個被關進牢裡的人可能一直都是無辜的，我們會假裝原本的有罪判決是上帝的意旨，絕對不容許挑戰。檢察官通常會說：「你怎麼敢說這傢伙是無辜的？」、「陪審團判他有罪了。他當然有罪。」

前面提過在德州威廉森郡發生的邁克爾．莫頓案，其實邁克爾也是隧道視野的受害者。一九八六年八月十三日的早上，邁克爾起床時對他的太太克莉斯汀有點微慍。前一天晚上，這對夫妻為了慶祝邁克爾的生日而出門共進晚餐。回家之後，邁克爾希望能夠在生日這天和太太共度纏綿悱惻的一晚，於是放了一部成人電影讓兩個人一起觀賞。但是克莉斯汀很快就進入夢鄉，獨留邁克爾在一旁生悶氣。邁克爾在隔天早上出門上班前，留了一張紙條給克莉斯汀，上面寫著：「克莉斯汀，我知道妳不是故意的，但是妳昨晚真的讓我覺得一點都不滿足。在那麼開心地吃過晚餐之後，我們回家妳還把剩下的餅乾都吃完了……我也不是生氣或是想要多大的禮物。我只希望妳知道我是怎麼想的。我不想要再因為性愛這件事吵架。妳想想看嘛，如果只有妳在乎自己的生日，妳會有什麼感覺。愛妳的，邁克爾。」邁克爾把這張字條留在他太太的梳妝檯上就去上班了。那天稍晚他回到家後，他已經成了謀殺案的嫌疑犯。

莫頓一家人的朋友同時也是鄰居伊麗莎白・吉發現了克莉斯汀的屍體。她看到這對夫妻的兩歲兒子只穿著尿布在家門外面徘徊，於是走進莫頓家裡。她在這對夫妻的臥室裡看到克莉斯汀被打死在床上，床單上還留有精液的汙痕。（原注15）

警察抵達莫頓家時，邁克爾還不知道發生了什麼事。警察立刻就在克莉斯汀的梳妝檯上發現邁克爾的字條，他們本來就懷疑是被害人的配偶犯案，找到這張字條更是火上添油，於是他們立刻得出結論，凶手就是邁克爾。

當邁克爾回到家時，發現他家被警車團團圍住，他的第一個反應是他兒子怎麼了，而不是他太太。所以當他被告知克莉斯汀的死訊時，他顯得沒有什麼情緒。這毫不意外只是再度確認了刑警的懷疑。邁克爾還決定那天晚上要和兒子一起留在家裡，儘管白天家裡才剛發生那樣的事。於是很多人也把這個舉動看作是他麻木不仁的象徵。邁克爾甚至還在他太太被謀殺的同一個房間、同一張床上睡覺，警察和檢察官當然又覺得這代表他是一個毫無悔意的凶手。

邁克爾堅決否認他殺了自己的太太，也完全配合調查。他從來沒有拒絕提供自己的頭髮、唾液和血液樣本，他同意進行兩次測謊，而且兩次都通過了。除了那張紙條和警方硬是說他的行為舉止很可疑之外，沒有任何證據指向邁克爾和他太太的死有關。現場的確找到大量物證，不過沒有一項指向邁克爾。從他家的玻璃拉門門框上採到了指紋，但不屬於莫頓家任何一個人。在房子裡和被害人屍體附近還找到另外十五枚指紋，也都不是這一家人的。莫頓家的後院是用籬笆圍住的，後院發現了一個剛踩上去的足印，附近空地旁邊發現了一條藍色染血的印花圍巾，但這些證據上都找不到和邁克爾的關聯。

警察不僅無視於鑑識證據明顯指向邁克爾之外的其他人犯案，他們還讓伊麗莎白．吉做出不利於邁克爾的陳述，這對起訴邁克爾達到推波助瀾的功效。警長的副手在審判之前頻繁造訪伊麗莎白，灌輸她一些資訊，甚至還有他們認為邁克爾有罪的論斷。在審判時，伊麗莎白也說出一些她認為莫頓夫妻的婚姻並不快樂的觀察，她記得在某幾次爭吵和事件中，邁克爾對克莉斯汀說了一些很刻薄的話。她也作證說邁克爾在謀殺案之後顯得很漠然，還在葬禮前兩天拔掉他太太種的金盞花，這也讓她覺得邁克爾既冷血又可疑。

邁克爾給人的漠然感促成了對他的起訴，因為這似乎說明了他是一個邪惡、性慾強的性變態，完全不在乎他太太。檢方的理論是，在邁克爾生日那天，他太太拒絕與他做愛之後，邁克爾又繼續看成人電影，最後他變得過於興奮，以至於對太太拒絕與他同寢這件事感到怒不可遏。檢察官指控邁克爾的性饑渴和狂怒到達一個臨界點，所以他打死了自己的太太。不過真正讓人想不到的事來了，檢察官說邁克爾在謀殺了他太太之後，還做了一件最令人髮指的事：在她的屍體上手淫。

辯方提出異議後，檢察官向陪審團出示了邁克爾當天晚上借的錄影帶，當中的確充滿性暗示。經過六天的審理後，陪審團只考慮了兩小時，就做出有罪判決。

幾年之後，在定罪後重新展開的訴訟程序中，邁克爾的律師取得了警察在調查克莉斯汀謀殺案時的詳細報告。報告中顯示其實有邁克爾無罪的證據，但是警察沒有交給辯方，有些看起來很有希望的線索都沒有進行調查或是被忽略了，還有幾份清楚指向不同凶手的證人陳述也是如此。

舉例來說，發生謀殺案後的那天早上，有一對和莫頓住在同一條街的夫妻攔下警長副手，說他們看到莫頓家後院旁的樹林空地邊停了一輛綠色休旅車。染血的圍巾正是在那附近找到的。鄰近地區也有一家人與警察聯絡，說了類似的事，但警察沒有回電話給他們。有一名證人說他看到一個陌生男子從休旅車所停的樹林裡穿過，走向莫頓家後院，但警方對這些舉報都不太用心。有一名證人記得，案發幾天後他與警察的一段對話，他記得警察那時候似乎很確定他們已經抓到凶手了：「他沒有明說『我們知道是誰做的』，但是他有暗示，這件事並不是一個來路不明的人做的。我不記得他確切的說法了，但他的意思就是被害人的先生幹的。」

案發後幾天，警察也接到幾通電話，指出克莉斯汀的錢包失竊了。一名親戚說他簽給克莉斯汀的一張支票在她死後被兌現了，而簽名看來像是偽造的。另一個通報說，在克莉斯汀被殺害後的兩天，她的信用卡在聖安東尼奧遭人使用。但由於警察確信邁克爾自導自演了這些竊盜案，所以對這些線索都沒有進行調查。這些報告裡夾了一張紙，上面清楚說明了警察的推論：「這些線索似乎是要說克莉斯汀的錢包被偷了，但是當然我們知道那不是重點。」

報告裡還進一步指出，調查時莫頓夫妻的兩歲兒子（當時正由外祖母照顧）也曾接受警察偵訊。由於案發時那個孩子就在現場，所以他應該有目擊到犯罪。被問到當時有誰在場時，那個兩歲男孩只有說他自己、媽媽和一個「妖怪」；被問到爸爸是否在場時，他很明確地說沒有。這份紀錄也沒有交給辯方，反而被埋沒在檔案裡。

被判有罪二十五年後，邁克爾得以平反，部分是得力於DNA鑑定。針對謀殺案現場附近找到的藍色圍巾進行鑑定後，發現圍巾上的DNA屬於克莉斯汀．莫頓和馬克．諾伍德，後者是一個著名的罪犯，在聯邦調查局的「組合DNA索引系統」（CODIS）資料庫裡就有他的資料。諾伍德在二〇一三年接受審判，被控謀殺克莉斯汀·莫頓，並判處終身監禁。（原注16）

邁克爾·莫頓在二〇一一年十月四日獲釋出監。他在兩個月後正式平反，後來也從德州政府那裡獲得一百多萬美元的賠償。邁克爾後來寫了一本書，《獲得新生：一個無辜的人從監獄到平靜的二十五年之旅》（*Getting Life: An Innocent Man's 25-Year Journey from Prison to Peace*），書中詳細說明了他如何成為警方隧道視野下的另一名受害者。

一九八二年，維吉尼亞州的馬爾文·安德森（Marvin Anderson）也成了這類的受害者。（原注17）有一名犯罪被害人在幾張照片中指認他是一起性侵案和搶劫案的凶嫌。馬爾文的照片在幾張照片中顯得特別突出，它是唯一一張彩色照片，也只有他的照片上印了嫌犯的社會安全碼。二十分鐘後，被害人又從真人列隊指認的隊伍中選了馬爾文，因為他的臉現在已經深深刻在她的記憶中。指認是檢方在案件審判中的關鍵環節，也是對他最具決定性的不利證據。馬爾文被判有罪，並被處以兩百一十年徒刑。

馬爾文會成為嫌疑犯純粹出於偶然。被害人形容攻擊她的人是黑人，而且他曾提及自己有一個白人女友。在一九八二年的維吉尼亞州漢諾威，跨種族的情侶檔並不是那麼常見，而警察剛好認識一名和白人女性同居的黑人男性，也就是馬爾文．安德森。因此，馬爾文就成了主要的嫌疑犯。

在那之後，警察一直信心滿滿地積極追蹤馬爾文，雖然沒有什麼根據。那種態勢就好像他們已經抓到真凶了。但馬爾文除了是有色人種之外，完全不符合被害人對行凶者的描述：馬爾文的個子比較高，膚色比較深，沒有留小鬍子，也不像被害人說的那樣臉上有傷疤。還有四名證人為馬爾文提供不在場證明，說明犯罪發生時他人不在那裡。而且他沒有犯罪紀錄，也不曾被警察逮捕，但他還是因為被害人的指認而被判了罪。

犯罪發生二十年後，DNA鑑定找到了真正的凶手，這才發現導致馬爾文被判有罪的隧道視野有多麼嚴重。DNA鑑定不只證明馬爾文是無辜的，還找出了真凶的身分：約翰．奧蒂斯．林肯（John Otis Lincoln）。在馬爾文接受審判時，整個社區就傳言約翰有涉入該起性侵案。調查剛開始時，有幾名證人聲稱他們看到約翰在犯罪現場附近騎腳踏車，以及那天他對他們說了一些下流且威脅人的話。據說是約翰那天騎的腳踏車車主後來出面作證，在案發那天，他的車被約翰偷了。只有警方完全不在意約翰涉案的可能性，因為在調查初期，警察很快就把他排除在嫌犯名單之外，即便他符合被害人對凶手的描述，他在當日也與一輛贓車一起出現在案發地區，而且他當時還有另一件性侵案纏身。結果就是，馬爾文為了一件他沒有犯的罪，在牢裡白白被關了二十年。

維吉尼亞州的「諾福克四人案」（*Norfolk Four*）是彰顯警察隧道視野的極致案例。（原注18）在此案中，警察前前後後共指控了七名以上無辜的人謀殺並性侵蜜雪兒・摩爾博斯科（Michelle Moore-Bosko），直到最後才終於將真凶起訴和定罪。七人之中，有三人的起訴被駁回，卻有四名無辜者被關了很久的時間。案件中一連串的事件幾乎讓人想起電影《三個臭皮匠》（*Three Stooges*）中的片段，帶頭的刑警起初盯上住在被害人家附近的丹尼爾・威廉斯（Danial Williams）和他的室友喬・迪克（Joe Dick），因為鄰居說丹尼爾很「迷戀」被害人。這位素以偵訊手法極具侵略性而聞名的刑警——他後來還曾因為其他案件中的不當行為而入獄服刑——逼迫丹尼爾和喬做出不實自白，不過兩人的自白內容不僅對不起來，和犯罪現場的跡證也完全矛盾，就連被害人遭到殺害的方式都有出入。

現場採集跡證所做的鑑定也排除兩人參與的可能性，但是承辦刑警不但沒有質疑他原本對案件的理論，反而回過頭跟他們兩人說，他知道一定還有其他涉案者，這樣就能夠解釋為何現場的DNA不屬於他們兩人。在強迫之下，包括以死刑要脅，喬最後終於供出了另一個名字，埃里克．威爾遜（Eric Wilson）。刑警逮捕了埃里克，也強迫他做出不實自白，結果犯罪現場的DNA也不是他的，於是警察又回去找這幾個人，告訴他們一定要再供出別的共犯。喬在重大的壓力下，又說出了德里克．泰斯（Derek Tice），德里克也馬上就被逮捕，同樣做出不實自白。但他的DNA也不符合犯罪現場的證據，所以他也被施壓要講出更多人。德里克後來給了另外三人的名字，不過這三個人的起訴後來都被撤銷，因為他們沒有做出不實自白。

雖然犯罪現場的證據強烈顯示謀殺和性侵都是一人所為，但隨著每個嫌疑犯都被DNA鑑定排除，然後他們又在強迫下一直供出新的共犯，承辦刑警對案件的理論也一再改變。警方最後的理論擴張成，共有八人涉入這起輪流性侵和謀殺案，即便此理論與犯罪現場的客觀分析完全是背道而馳，尤其有個非常棘手的事實，那就是現場只有一個人的DNA。但檢方仍然繼續起訴，而且根據被告們所做的自白，最後取得了對丹尼爾、喬、埃里克和德里克的有罪判決。後來，案發現場採得的DNA經證實與奧馬爾．巴拉德（Omar Ballard）相符，他與其他人毫無關係，而且奧馬爾也自白

表示為單獨犯案。在極大的社會關注與壓力之下，諾福克四人最後終於獲釋，並獲得完全赦免。（原注19）

一九八九年四月，一名女性慢跑者在紐約中央公園慘遭性侵，並遭毆打幾乎至死。一小時後，當時那名失去意識的慢跑者還沒有被人發現，警察接獲報案，說有大概三十名青少年正在結夥騷擾公園裡的民眾。最後其中五人不僅因為聚眾滋事遭到逮捕並起訴，罪名還包括性侵那名慢跑者。這五名青少年分別是安東・麥克雷（Antron McCray）、凱文・理查森（Kevin Richardson）、尤瑟夫・薩拉姆（Yusef Salaam）、雷蒙德・山塔納（Raymond Santana）和柯里・懷斯（Korey Wise），他們的年紀從十四歲到十六歲不等，其中有四人後來都做出自白，五人都被判有罪。但在多年後，DNA鑑定卻證明這五人都是無辜的，真正犯下這起案子的是一個叫作馬泰斯・芮耶斯（Matias Reyes）的連續性侵犯，而且他是單獨作案。（原注20）

這起慢跑者遭攻擊案的背景使其格外獲得輿論關注。本案的性侵被害人是一名富有的白人女性，還是受過常春藤盟校教育的投資銀行家，而犯罪者則是一夥黑人和拉丁裔青少年。此案甚至引起川普的注意，而他最著名的訴求，就是要立即處死那五名男孩。這個案件特性使它受到高度矚目，而當一件案子越受矚目，破案壓力就越大。當外部和內部都產生了取得有罪判決的巨大壓力時，負責此案的人就會無所不用其極地要確保這些男孩做出自白。（原注21）

這起攻擊事件沒有目擊者，且受害者在遭受攻擊後頭部受傷暫時失去意識，也無法描述行凶者的長相。除了那些男孩剛好在公園裡，而且據說他們在聚眾滋事之外，警察其實沒有什麼理由懷疑他們與此案有關。而且實際上沒有證據顯示攻擊者超過一人。然而警察卻對這群男孩進行了高壓且長達十四到三十個小時的長時間偵訊。（原注22）他們所做出的四份自白不僅互相矛盾，和攻擊事件的事實也不符合，曼哈頓檢察長理應懷疑這些自白的可信度，但他把它們拿來當作定罪的主要證據。雖然辯方主張自白的取得過程使用了過度主導且高壓的偵訊手法，包括威脅、身體虐待和答應會釋放他們，由此可見自白並非出於自願，但法院仍然容許這些自白作為證據。由於剛好只有自白的部分有錄音，取得自白的實際偵訊過程都沒有錄音，所以無法證明自白究竟受到多大程度的強迫。

除了自白，沒有證據顯示這五名男孩和本案有所關聯；（原注23）事實上，所有物證都顯示他們的清白。在他們受審時，已經可以對現場採集樣本進行早期的ＤＮＡ鑑定。曼哈頓檢察長辦公室後來告訴媒體和大眾說，鑑定結果不具有決定性，但實際的鑑定結果是，無法發現與被告相符的DNA樣本，五名被告都被排除了。此外，鑑定結果還顯示從被害人子宮頸採到的精液和在她襪子上找到的精液相符，這表示犯案者很可能只有一人。但檢察長不但沒有中止對男孩們的起訴，反而還封鎖這個消息，對外宣稱鑑定結果是無法確定。（原注24）

五名男孩在審判中都被判有罪，各自的刑期為五年到十五年不等。直到二〇〇二年，當時因被判處無期徒刑而正在紐約州監獄服刑的馬泰斯·芮耶斯自白說，這起中央公園慢跑者的性侵和施暴案是他犯下的。馬泰斯可以說是紐約最惡名昭彰的連續性侵犯之一。當時的DNA鑑定技術已經更加進步，得以確認在慢跑者襪子上發現的DNA確實屬於馬泰斯。（原注25）二〇〇二年十二月十九日，安東·麥克雷、凱文·理查森、尤瑟夫·薩拉姆、雷蒙德·山塔納和柯里·懷斯的有罪判決被推翻。五人遭到起訴時，只有柯里·懷斯已經成年，他在牢裡待了十一年半。紐約市政府為「中央公園五人案」付了超過四千萬美元的賠償金。

在我工作的檢察官辦公室裡，對於隧道視野的危險並沒有一般性的認識，我們所做的事就是讓案子裡的每個新證據都符合我們原本就建立的理論。我們都很願意互相

討教和腦力激盪，想辦法把證據套進我們原本的假設中。這就像是一場遊戲，在這個過程中完全不考慮客觀性，我們從來沒有想過要懷疑原本的假設。遊戲的重點反而是看你有多聰明，能不能讓所有新證據都符合原本的假設，這樣就能夠讓這個案子的立論更堅定。即使有人唱反調或是提出相反意見，也只是為了讓我們的準備更充分，好在法庭上駁倒對方。

更遑論大部分警察機關和檢察官辦公室都沒有系統性的政策可以降低隧道視野的發生，警察的訓練甚至是要他們貫徹隧道視野。以著名的里德偵訊法為例，這個大部分美國警察都要學習的技巧，就鼓勵警察假設接受偵訊的人是有罪的，並且充滿自信地告訴嫌犯：警方已經知道他們是有罪的。如果接受偵訊的嫌犯想要解釋他們是無罪的，或是提供其他假設以證明他們的清白，警察受到的指示就是不要聽他們的狡辯，而且要直接阻斷所有這類嘗試。一名學者曾指出，「因此，里德偵訊法的核心概念其實就是用隧道視野掌握基礎問題。它會過早做出有罪的結論，而且不願意考慮其他可能性。在此脈絡下，隧道視野其實不只是因為疏於注意，而是故意的；警察被教導要用這種方式進行調查，公然地鼓勵認知偏誤。」(原注26)

像我這樣投入冤案救援的人，在刑事司法制度中也會看到另一種隧道視野——辯護律師的隧道視野。在許多案件中，其實都可以看到我們當事人的原審律師並沒有做什麼工作，也常常沒有對事實進行獨立調查。他們通常只是接受檢察官已經認定的案件基礎，在這個框架內作業，辯護的主要形式也只是對檢方的證人進行詰問，而不再做任何必要的調查，嘗試為其他假設找到證據。有部分理由是辯護律師大概都沒有可以運用的資源，無法挑戰檢察官對這個案件的理論，但是通常不只於此。一名冤罪救援律師就注意到：

> 我們都知道隧道視野，也知道它如何影響警方的調查和檢察官的決定。辯護律師也經常受制於確認偏誤，他們常常用陪審團和法官的眼光看待他們的當事人，而覺得他有罪；他們也常常覺得他們當事人的案件是打不贏的。由於這些確認偏誤，我們常常提不出最終可能獲得平反的主張。律師應該要調查所有事實和檢驗所有理論，避免在調查完成之前做出判斷。唯有當每一項理論都無法成立，所有相關的有利事實也都無法證實，冤案救援的律師才能夠舉白旗投降。（原注27）

另一名學者也指出：「當了辛苦的公設辯護人一年之後，大部分人都不再相信他

們代表的人其實是無辜的。其實多數刑案法庭中的大部分人都認為，警察抓的人一定是對的，審判只會確認被告有罪。」（原注28）

在紀錄片《謀殺犯的形成》中，就可以明顯看到這個現象。布蘭登．達西向警察自白說他是史蒂芬．艾佛瑞的共犯，兩人合謀殺了泰瑞莎．哈里貝克（雖然這份自白在推論上顯得相當不可靠），接著他就被逮捕了。隨著影片的進展，觀眾會看到布蘭登很可能完全是無辜的，而且其實他有許多強而有力的辯護方法，但他最後還是被判有罪。他的第一任辯護律師首次代表他出庭時（那名律師是法庭指派的，後來因為利益衝突而退出），在公開法庭上說布蘭登的確有參與犯罪，但在此之前，那名律師甚至沒有和當事人長談過，也沒有做過任何調查；他只是盲目地接受檢察官對該案的理論。他的第二位律師萊恩．卡欽斯基也做了一模一樣的事。在萊恩代理布蘭登的期間，他從來沒有調查過這個案件，也不曾試著聆聽布蘭登說的話——他是無辜的，只是做了不實的自白。事實上，當布蘭登還在力陳自己的無辜時，萊恩就把協助律師的調查員派到監獄，強力施壓布蘭登要他放棄無辜的主張。該名調查員最後讓布蘭登簽了另外一份自白，內容和他原先的自白一樣。

部分問題在於公設辯護人和法院指派的辯護律師會受到條件的限制，他們沒有資金僱用調查員或者專家證人，因此沒有辦法進行大規模的調查，所以只能夠接受檢方提出的理論。但還有部分問題是辯護律師的隧道視野。

在俄亥俄州無辜計畫的工作中，當我們接了一個案件並且要展開調查時，我會去找那名當事人的原審律師，請他提供關於案件的資訊。但我已經數不清有多少次，我們通常只會得到一個帶有優越感的笑容，以及類似下面的評語：「你說那傢伙？俄亥俄州無辜計畫要接那件案子？那傢伙百分之百是有罪的。」接下來我會問他們當初是怎麼調查那件案子的（如果有的話），還有他們是不是有看到俄亥俄州無辜計畫最近發現的幾個有希望的切入點，而他們的答案總是：「沒有。那些我都沒有做過，因為那傢伙看起來很明顯就是有罪的。在那種明顯有罪的案子裡，我不想向法官要求資金、僱用調查員或是其他什麼的。他們一定會不屑一顧。」

如果我們最後終於找到夠有力的證據證明當事人的清白，辯護律師的反應也不一。有些律師會很關心或是覺得不好意思，而且盡可能地提供協助。但許多律師則會持續認為他們的前當事人一定有罪，他們無法接受或許是自己做得不夠多，或是因為他們的失誤造成一個無辜的人被判有罪。隧道視野看起來真的很難動搖，就算是對律師來說。而律師該做的事，本應包括替受到隧道視野侵害的被害人維護權利。

高尚導致的腐敗

當然，任何領域都有害群之馬。刑事司法制度中的諸般角色也免不了這個問題。近幾年來，大眾看到一些警察射殺手無寸鐵的嫌犯的影像都大感震驚。（原注29）也有一些報導說警察會陷害無辜的人，栽贓或用電擊等方法虐待嫌犯以得到自白。（原注30）甚至我們也不乏會聽到檢調單位抓到實驗室的鑑識人員做出偽造結果的情事，甚至可能完全沒有進行檢驗就提供有利於檢方的結論。例如麻州的鑑識實驗室化驗員安妮·多坎（Annie Dookin）就在二〇一三年被判刑入獄，因為她捏造的檢驗結果竟然多達上千件。（原注31）

被告的律師會跑到牢裡賄賂證人或是鼓勵他們離開城鎮，這樣他們就無法在審判時做出對他當事人不利的證詞了。還有其他辯護律師甚至會為他們的當事人做出犯罪行為，顯然他們無法抗拒金錢的誘惑。（原注32）

就連法官界有時候也會出現敗壞風氣者。賓州一名法官最近就因為所謂的「孩子換金錢」（Kids for Cash）醜聞而被判有罪。他被控接受一個私立監獄公司的回扣，每判處一名青少年進少年拘留所就可以收到一筆回扣，因為該公司每接收一名少年犯就可以向州政府請領監禁費用。（原注33）

大眾也知道有時候壞人——人格異常或是有犯罪心理的人——會滲透進刑事司法制度中，他們的角色可能是警察、檢察官、辯護律師、法官或其他角色。就像是精神異常的人有時候也會當上醫生、會計師或老師，這件事不可能完全避免；我們都知道這種事會發生，即便我們已竭盡全力阻止它發生。

但刑事司法制度中的大部分不正義仍然是出自好人的行動，而不是那些罕見的害群之馬。受制於隧道視野的好警察和檢察官確實可能帶來悲劇的不正義，如果他們確定自己找到了犯罪者，有時候就會抄近路，甚至是做出一些顯然不誠實的事，以得到他們從整體圖像來看是正確的結果，這個現象叫作「高尚導致的腐敗」（noble-cause corruption）。（原注34）警察和檢察官會因為心懷高尚而導致腐敗，他們的起心動念是覺得自己有重要的使命要保護大眾，那樣的「調查文化是以目標作為根據，它會讓調查員對自己不適當的行為視而不見，而且還覺得他們的行為很正當，因為他們在追求重要的公眾利益」。（原注35）

高尚導致的腐敗和絕對的腐敗不同，例如接受賄賂駁回指控。因為目標高尚而導致腐敗的人並不是為了一己的私利，他們認為自己是為了一個值得讚賞的原因而做出這件事。一名警察可能心裡想的是：「如果讓這個有罪的殺人犯逃掉這一次，對於被害人和社會整體而言都是一個悲劇。就算要違反幾條規則，我也要為被害人帶來正義，拯救下一個可能的受害者。」

在《謀殺犯的形成》裡，迪恩．斯特蘭（Dean Strang）律師所作的辯護之一，就是警察栽贓了他的當事人史蒂芬．艾佛瑞，但他也說這件事對人類的誘惑是可以理解的：「我沒有親眼看到警察栽贓……但是你問我警察會不會因為情感而想要強化或是確認他們的信念（他們認為一定是史蒂芬殺了泰瑞莎），這件事很難理解嗎？其實我覺得人的那些情感一點都不難理解。」迪恩還說：「其實很少看到警察明明知道某個人是無辜的，還故意栽贓給他。如果有的話，就是絕對無法容忍的邪惡之舉。」迪恩認為警察在史蒂芬案中的所有不當行為都不是出自壞心，而是他們認為一定要將真正的犯人定罪。（原注36）

大部分人都不只一次被問過這個問題：「如果有時光機，你第一件要做的事情是什麼？」我曾聽過有人的回答是：「我要回到希特勒取得權力之前阻止他，就算那代表我要殺了他。」我可以了解人們會受到鼓動而想要做這件事。最近當真有一個民意測驗是調查，如果有時光機的話，人們會不會想要殺死襁褓中的希特勒；有百分之四十二的人說會，百分之三十說不會，還有百分之二十八的人說不確定。（原注37）

這就說明了警察和檢察官很容易因為高尚的目的而做出錯誤行為。如果一個人相信他在調查的嫌疑犯是一個令人髮指的殺人犯，不稍微破壞規則就會讓他逃脫刑罰，那麼打破規則的誘惑可能就很高，那是人性。用羅賓漢「劫富濟貧」的作為來看，執法人員會說服自己只要是為了提升重要的公眾利益，一些不誠實的小動作是必要的，如果他們不願意這樣做的話，社會大眾就會承受巨大的痛苦。

雖然警察和檢察官總是以為他們在追捕一名窮凶惡極的罪犯，嫌犯一定是既危險又邪惡，歷史證明他們經常是錯的。

高尚導致的腐敗有許多明顯的例子，例如栽贓或是藏匿有利於被告的證據。封鎖有利證據（這在法律上叫作違反布萊迪法則）實在太過普遍，以至於最近在法官意見中，一名美國聯邦第九巡迴上訴法院的法官說這根本就是常態：「我希望我可以說在這裡發生的檢察官不專業行為只是特例，也就是檢察官會尋求捷徑，而且無視於倫理和法律上的責任。我希望這只是偶見的汙點，會讓全國其他勤奮而一絲不苟的檢察官蒙羞。但是事情並不是這樣的，近幾年來，違反布萊迪法則的狀況已經成為通例了，聯邦和州的報導都證明這個令人不安的趨勢正在上演。」（原注38）我處理的幾個冤案，包括前文討論過的吉利斯皮案，都肇因於嚴重違反布萊迪法則；而我在俄亥俄州無辜計畫中也有三名當事人都因為布萊迪法則被嚴重違反而深受其害。

惠特、格洛弗和詹森都是因為單一證人的指認而被控以謀殺罪，並遭判有罪。那是在東克利夫蘭街頭發生的一起槍擊案，案發之後不久，在他們的衣服上零星找到一些據說是槍砲射擊後的殘餘物。一個人開槍之後，常會因「後座力效果」而在他的手或衣服上留下射擊殘跡。檢察官沒有說明這三個人槍殺被害人的動機是什麼，也沒有其他證據。這三名被告自稱是「東克利夫蘭三人」，他們在被判有罪的前後都堅稱自己是無辜的。

他們被關了幾年之後，當年的證人翻供了，說她是受到警察的壓力才做出指認。原審法官聽到證人翻供的事，也覺得可信，於是就推翻了三人的有罪判決；法官後來承認，其實在多年前陪審團做出三名被告有罪的決定之後，她就一直在關注這個案子。但檢方上訴，而上訴法院覺得射擊殘跡已經足以表示東克利夫蘭三人與該起謀殺案有關，所以又恢復了他們的有罪判決。

俄亥俄州無辜計畫在此時介入，因為我們知道讓他們有罪的唯一證據槍擊殘跡很有問題。三人被判有罪後又過了幾年，發現當時審判用的測試其實很容易產生「偽陽性」，也就是雖然測試結果顯示有射擊殘跡，但那其實可能只是環境中的其他物質，與受測者是否開槍無關。

更重要的是，東克利夫蘭三人是在上了手銬、被警車載到警察局接受偵訊之後，才從手和衣服上驗出射擊殘跡。最近的研究顯示，警車和警察局，甚至連警察制服，都有很多射擊殘跡，因為警察持續在進行槍枝訓練，（原注39）這樣一來就會造成汙染，用警車載運嫌犯之後，如果在嫌犯衣服上驗出射擊殘跡，可能只是在警車裡沾到的。有一位評論員就說，如果一名嫌犯被逮捕之後是用警車載到警察局的，並在警察局裡採驗射擊殘跡，然後就用驗到的少量殘餘物說他有罪，這無異於在一個嫌犯的鞋底發現幾顆沙子，就說他到過海邊。（原注40）發現這些事之後，已建議全國執法人員要更改對這類殘餘物的採樣守則，在嫌犯一被逮捕、帶上警車之前，就要先採驗。如果要在警察局採驗的話，就要先把他們的手包起來，免得受到汙染。（原注41）

既然證人翻供了，科學上的這些新發現也削弱了物證（射擊殘跡）的證明價值，我們便著手想要推翻東克利夫蘭三人的有罪判決。

結果我們失敗了。案件進到上訴法院後也沒有成功。這個案子與我們所想的相距甚遠，東克利夫蘭三人還關在牢裡。

幾年後，我們對國家檔案局提出聲請，想要調閱原本的警察檔案。東克利夫蘭三人這幾年來在獄中一直試著聲請檔案，但警方總是拒絕交出來。不過這一次，出於某種我們也不知道的理由，我們竟然意外地收到了檔案。翻看檔案之後，我們發現了一件很驚人的事，警方的初步調查報告透露了兩件事。首先是在謀殺案發生的幾天前，有一群不知名的男性曾經想要殺害被害人和他弟弟。其實就在幾天前，還真的有人駕車並從車裡朝被害人開槍，這與他最後遭到殺害的手法類似。凶手在那次事件中開的車和東克利夫蘭三人沒有任何關聯，而且在初步的調查中，警察還有把三個人的照片拿給被害人的弟弟看，但是他說三個人都不是先前想要射殺他們的人，所以顯然在被害人遭到謀殺時，確實是有別人想殺害他，而且並非我的當事人。

雖然在原本的調查中，的確有證人指認東克利夫蘭三人中的其中一人是凶手，但她後來也翻供了，說她作證時受到警察的壓力。同時也有其他兩名證人和這位證人說了完全相反的話，他們所指認的凶手是完全不同的第三人，是與這些證人同一個社區的人。

這些證據全都清楚指向東克利夫蘭三人是無辜的，但是這些證據都被警察藏起來了，而且從來不曾在審判前交給辯方。這違反了被告的憲法權利。原審的辯護律師根本無法詢問這幾名證人或是傳喚他們作證，因為律師完全不知道有這些人存在。

東克利夫蘭三人被判有罪之後又過了幾年，他們曾經在牢裡向警察機關提出聲請，要求警署提供完整的警方檔案，但是他們的要求遭到拒絕。不過當我們終於在幾年後要到這份檔案時，發現裡面有一封檢察官辦公室寫給警察機關的信，那是在東克利夫蘭三人要求提供檔案之後寫的。信件內容是叫警察機關拒絕這個要求。其實那封信還要求警方將檔案送到檢察官辦公室，由檢方進行妥善的保管。不過出於某種我們不知道的理由，警察機關並沒有遵照信裡的要求把檔案送到檢察官辦公室，所以當我們幾年後又對警察機關提出提供檔案的聲請時，才能夠要到。

因此在原審之前，警察機關的某個人已經決定不要把足以證明被告無罪的警方報告透露出去，而這違反了布萊迪法則的要求；而在審判之後，換檢察官決定要確保警察的檔案絕對不會見到天日。

保護自己竟然可以保護到這個程度。

從後見之明來看，或許很容易說這些行為是為了製造一個假的有罪判決，讓它不至於被拆穿，甚至說這是一個邪惡的行為。但是我認為最有可能的理由是，做出這些行為的人嚴重受制於隧道視野，他們自己也相信東克利夫蘭三人是有罪的，並且覺得如果扭曲某些規定可以確保三人被判有罪並終生待在牢裡，才是符合公眾利益的。這就是高尚導致的腐敗。

我們援引了新證據說明檢察官和警察違反布萊迪法則，才又重新讓東克利夫蘭三人獲得平反。二〇一五年三月，承審法官撤銷他們的有罪判決，三人終於重獲自由。那時他們每個人都已經在牢裡待了二十年。上訴審也維持這個判決，檢察官後來也撤回所有對他們的指控。

高尚導致的腐敗也可能以更微妙的方式發生。我在前文提過「合成的證詞」，這個問題是指警察或檢察官找到的證人最初做出對嫌疑犯有利的證詞，不過由於警察或檢察官受制於隧道視野，相信證人一定是錯的，所以就會用一些既定觀點的問題暗示證人一定是記錯了。有些證人受到這樣的指點後，就會開始質疑自己的記憶，有時候他們會更改陳述，讓內容符合警察顯然相信一定發生過的事。他們會「想起來」事情的確是這樣子發展的。

更糟的是，最初這些有利於被告的說法還不見得會被執法人員寫下來。布萊迪法則要求執法人員將所有在調查時發現，在實質上有利的證據揭露給被告。不過如果證人原本講的陳述有利於被告，但在警察對他提出有既定觀點的問題後卻更改說詞以符合警察的理論，他原本的說法通常就不會被寫下來。當證人在審判中作證時，被告的律師完全不會知道證人原本有為他的當事人提供不在場證明，只是在警察偵訊後就修改了陳述。

當我還是新手檢察官的時候，負責帶我的上級告訴我如果認為證人有部分的陳述不正確，而且對我的案子有害，就不要寫下來，直到證人終於「靈光乍現」說出「正確」的故事。上級告訴我如果把最初這個「錯誤的」陳述寫下來，就得轉交給被告方，那麼在法庭上，被告的律師就可以把證人的說詞批評得一無是處，並且改變最後的故事。上級交代我不能夠讓這種憾事發生，不能因為幾位漫不經心的證人在通盤想清楚前就開口亂講話，而讓一名有罪的嫌犯逃脫。我覺得這個作法可以確保罪人得到應得的懲罰，也不會因為某些愚蠢的錯誤而被辯護律師抓到把柄，讓律師在審判時利用這些錯誤小題大作，最後讓罪人逃脫。

高尚導致的腐敗甚至還有更幽微和無形的形式。在《謀殺犯的形成》中，我們看到十六歲的布蘭登・達西自白說他是史蒂芬・艾佛瑞對泰瑞莎・哈里貝犯下那起恐怖謀殺案的共犯。隔天肯・克拉茲檢察官就召開記者會，對外描述那件案子中充滿戲劇性且令人不寒而慄的犯案細節，他說那些都是出自布蘭登的自白。克拉茲還告訴電視觀眾，他會講到一些非常恐怖的細節，提醒十五歲以下的觀眾應該轉台。他接著根據布蘭登的自白，帶領觀眾走了一遍他認為的謀殺案發生過程，而且似乎沉浸在那個毛骨悚然又卑劣的故事情節裡。

但是，等一下，「自白」是有錄影的，而錄影內容顯示布蘭登對於犯罪細節一無所知。他看起來只是跟隨一些誘導性的問題，給出了偵訊者想要的答案。布蘭登在錄影帶中的自白很顯然就是典型的不實自白，他會一直答錯，直到偵訊者告訴他「正確的」答案，讓他照著說。舉例來說，偵訊者希望他說出大眾都還不知道的重要事實，也就是泰瑞莎是怎麼被殺的，於是便問道：「你們對她的頭做了什麼？」布蘭登顯然不知道正確答案，所以答不出來，警察重複問題好幾次後，他才終於猜說：「我們剪了她的頭髮。」但因為這不是警察想要聽到的答案，所以他們還是一直問：「你們還對她的頭做了什麼……告訴我們吧，布蘭登，你們還對她的頭做了什麼？」他又猜了一次：「我們打了她。」依然不是正確答案，於是有一名警察終於失去了耐性：「好吧，我要說了。到底是你們哪一個人開槍射了她的頭？」那時候布蘭登才回答：「是他。」他指的是史蒂芬．艾佛瑞。

錄影畫面也清楚透露出布蘭登並不清楚他在做或是說的事情到底有什麼重要性，因為在偵訊結束時，他還問警察是不是可以在一點半前回到學校，他得去交作業。他當然沒有被允許離開，而且從那一天開始，他就一直待在牢裡。偵訊結束後，當警察步出偵訊室時，換他的母親進去，做母親的問兒子為什麼要承認一些他沒有做過的事。布蘭登的回答是：「他們改變了我的想法。」接下來搜查史蒂芬的東西時，發現與布蘭登所說的荒唐故事——或者比較正確的來說，是他為了回應警察的偵訊而採用的「合成」故事——完全不符。布蘭登事後告訴母親，他只是「猜到」了警察在偵訊時希望他說的答案。

雖然這份自白顯然有問題，克拉茲檢察官還是上了電視，根據自白對大眾說了一個極令人髮指的故事。這決定了史蒂芬在公眾眼中的命運，而陪審團最終也的確給了他這個命運。《謀殺犯的形成》剪輯了記者會與對一些社會大眾做的新聞採訪，有些人說在記者會前，他們並不確定史蒂芬是不是有罪，但在聽到那份「自白」之後，他們很確定就是他做的。雖然在接下來的審判中，布蘭登的自白甚至沒有被採為證據，但是檢察官已經讓這件事深入大眾心中，因此也深植於陪審員心中，甚至是在還沒有檢驗它的可靠性，也不知道它會不會被採為證據之前。

克拉茲檢察官的隧道視野實在太過嚴重，以至於他在記者會上忽略了那份自白光用看的就知道完全不可靠，而且我很確定他心裡覺得那份自白不可能是假的。克拉茲看起來對他所說的話信心十足，在記者會上講出那種血淋淋的細節也更牽動人心。專家指責他的行為很不道德，因為它汙染了當地所有的陪審團人選，但司法界也不曾對他這樣違反審判前不得公開的規定採取任何行為，（原注42）大部分做出這種舉動的檢察官都不會受到懲處。在我居住城市附近的郡也的確常有檢察官要起訴一些受到高度矚目的案子時，會在審判前做出這類公然宣傳的驚人之舉，而這當然也會汙染可能的陪審員，造成對自己有利的結果。

但當檢察官這麼做的時候，他們總覺得那是為了社會好。他們覺得自己是為了一個正當的理由在奮鬥。他們是為了要保護公眾，以及確保壞人會受到處罰，而舉辦這種性質的記者會是能夠往「正義」更靠近一步的好方法。

或許在某些案件中，如果警察不稍微扭曲規定，有罪之人的確可以逃過處罰。我也理解如果一個人的親友遭到謀殺，而他很確定某個嫌疑犯有罪，那麼他一定希望可以稍微變通行事，確保犯罪者被繩之以法。這種想法當然具有誘惑力，那是完全可以理解的。

但我們的刑事司法制度不應該根據被害人這種本能且極具報復性的直覺運作，尤其是在他們深受驚嚇也最悲傷的時候。如果我們的司法制度是根據這樣的直覺，那我們可能也會在逮捕十惡不赦的罪犯後就當場加以射殺。如果我的小孩被謀殺了，我最本能的直覺也會希望對我認為的凶手做這樣的處置。雖然我的理智會有不同的聲音，但我確定許多父母都是這麼想的。但是我們當然不能聽從這樣報復性的直覺，我們應該遵循內心更深處的感受，以及對於公平程序更理性的認識。

對於高尚導致的腐敗睜一隻眼、閉一隻眼，也表示我們要讓警察和檢察官決定被指控者的命運，而不是司法制度和審判程序。當警察或檢察官用高尚導致的腐敗決定嫌犯的命運，例如操縱證人的記憶以打破嫌犯的不在場證明，那通常是在檯面下發生的，並不是像用審判決定一個人有罪與否那樣，攤開在大眾眼前。因此這個行為無法受到檢討或是監督。

最重要的是，警察和檢察官有時候的確是錯的，即便他們堅信自己是對的。他們也是人，也會受制於隧道視野，這就代表他們會把焦點誤放在無辜的嫌犯身上。如果我們真的服膺那句格言同時也是我們的刑事司法制度的前提：「寧可錯放一百，不可誤殺一人。」（原注43）那麼這種行為就絕對不可饒恕。

制度性腐敗的證據類型

執法人員要面對解決犯罪的龐大壓力，這通常會造成他們的隧道視野和因高尚而導致的腐敗。隨著時間的經過，這也會製造出一系列制度性腐敗的證據，其中包括證人的指認證詞、自白證詞、受到誘因吸引的證人證詞，以及鑑識證詞。我說這幾類證詞都有腐敗的例子，當然不是在說法庭中每一位證人的指認都是錯的、每一段自白都是不實自白，或是鑑識「專家」／有誘因的證人每一段陳述都是受到誤導或是偽造。絕對不是這樣。

但是這類證據的確有時候並不可靠，甚或是假的；又或者總是在審判時被檢察官當作對這件案子最堅實且完全可靠的證據；或者有實質改善和更可靠的空間，但是我們的制度卻無法讓它們進一步獲得改善。如果某些類型的證據有時候並不可靠，但是我們誠實的告訴陪審團這件事，而且我們也的確沒有辦法做什麼事加以改善，那麼我其實不認為這些證據有什麼問題。你不能夠因為某些類型的證據不可能完美，就誰都不起訴。在這樣的情況下，我們就是盡量做到最好，並且對我們的侷限保持誠實。但是我們反其道而行，我們誇大了這幾類證據的可靠性，這等於在欺騙陪審團，同時也無法採取有效的步驟改善它們的可靠程度。

證人的指認證詞

研究顯示其實只需要簡單幾個步驟，就可以改善證人指認的可靠性。（原注44）有許多原因會造成證人的錯誤。如果一名警察讓證人相信他知道凶手是誰，無論如何都希望證人可以選到那個人，並且給了一些明顯或不明顯的暗示，讓證人得知他希望哪一張照片被選到，那麼程序就發生了錯誤。這個暗示可能很隱微，例如：「我看你很仔細地在看第二張照片，是不是第二張讓你覺得可能就是那個人？」它也可能是無意識的，例如每次證人的目光停留在第二張時，警察就會突然緊張起來、屏住呼吸，並且將嫌犯的照片折起來，一副想要好好看到「正確」答案被選到的樣子，渾然不覺他其實是在向證人傳遞一個強烈的訊息：第二張的確就是「正確」答案。我們的身體語言透露的訊息會比我們用嘴巴講出來的更多，職業的撲克牌玩家就是因為這個理由而總

是戴著墨鏡和帽子；就算是刻意練習過「撲克臉」的人，還是有可能會在不經意間動了聲色。（原注45）

或是在證人作好選擇之後，警察的反應也可能會告訴證人他選到了嫌疑犯。前文討論過，證人選好照片之後的確認回饋會增加證人的信心水準。這會讓證人從原本覺得「我選第二張，是因為他看起來最像那個凶手，但我也不確定」，一下子就變成「我百分百確定第二張就是凶手」。

為了防止警察這樣的舉動改變了證人的記憶，指認過程必須要是雙盲。也就是說在證人指認照片時，不要讓負責引導的警察知道六張照片中哪一張是警方認為的嫌疑犯。應該讓一個不是負責此案的警察主導證人的指認過程。就算還是由負責的警察主持指認過程，也有其他簡單的方法可以防止他看到那些照片，如此一來就不會在無意間動搖了指認結果。

雙盲過程可以消除偏誤，是基本的科學方法。（原注46）如果有其他領域的檢驗不是在受試者事先不知道詳情的前提下進行，我們根本不會接受檢驗結果。舉一個好笑的例子：如果百事可樂和可口可樂想要對賣場中的顧客進行口味調查，而執行調查的卻是可口可樂的員工，而且他也知道哪一杯是可口可樂，我們勢必會認為調查結果不科學而拒絕承認。就連在賣場進行口味調查的人都知道如果想要得到可靠的結果，必須要雙盲，但是我們卻用選擇題的答案，好比說「這六張照片裡誰是凶手？」，就對公民以重罪起訴並加以定罪，有時甚至還把他們送上死刑檯。科學方法原本可以幫助我們消除隱微的偏誤，並將可靠性提升到最高，但是這個選擇題卻完全沒有遵照科學方法的核心原則。

除此之外，在證人說出「我選第二張」的時候，應該依適當的程序立刻定義他的信心水準。舉例來說，如果證人在選出照片時只有百分之六十確定，通常到了出庭作證時，對自己的選擇已經有百分百的信心，因為在他們選擇之後會得到一些肯定的回應。如果證人選的人後來被逮捕，而且檢察官要求證人在審判時做出對他不利的證詞，這大概就是最強有力的肯定回饋了。同時也許證人會在新聞上看到嫌犯的臉，或是聽說又出現其他對該嫌犯不利的證據，但如果證人選完照片之後，就由一個雙盲的警察立刻記錄下他真正的信心水準，這個問題就會盡可能得到減輕。被告律師可以抗辯證人挑選照片之後只有百分之六十的確定，他後來增加的信心程度都是外部因素所造成。

研究也顯示，應該一次只給證人看一張照片，而不是同時把所有照片給他看，（原注47）這稱作「順序法」。這個程序背後的原理是：如果證人一次看到六張照片，他就會在心裡互相比較，最後選出一個長得最像犯罪者的人。比較六張不同的臉然後才選出犯罪者，這個過程會改變證人的記憶，在他做出決定並說出是「第二張」之後，他就會「記得」第二張臉是犯罪者的臉，反而取代了他真正看到的犯罪者。如果警察搞錯了嫌犯人選，沒有把真正的犯罪者照片放到提供指認的照片裡，就會造成證人選到一個無辜的人，從此就認為這個無辜的人才是犯罪者。不只是實證研究證明了這個問題，在許多實際案例中也出現了這樣的情況。

研究顯示，如果把照片一張一張地給證人看，他的腦袋就只能夠拿眼前這張照片和記憶裡凶嫌的臉互相比較，因此就減少了傳統上把六張照片排在一起混合比較所造成的影響。如果警察懷疑的對象其實是一個無辜的人，這種作法增加了證人會說「凶手不在這幾張照片裡」的機會。有許多心理學家和研究者都建議採用這種順序法，不過美國國家科學院在二〇一四年發表的報告中指出他們還需要更多研究，才能夠確定要推薦這種程序。（原注48）

如果在給陪審團的指示中，說明記憶會有一些潛藏問題，證人也不總是正確，那麼審判中的證人指認程序就會顯得比較公平且更可靠。如果我們對於記憶有比較公允的認知，而且在審判時讓心理學家告訴陪審團指認是如何進行，以及證人的證詞應該具有多少價值，這一切也都可以獲得改善。指認過程應該全程錄影，記錄下初步指證是在什麼環境下進行的。（原注49）

但是以現行的方式來說，證人的指認證詞存在制度性的腐敗，因為大體上來說，除了特定的區域之外，都沒有遵守這些程序。陪審團通常也不知道證人的證詞原本就有一些缺陷。相反的，檢察官總是告訴陪審團他們可以完全相信這類證據，以及在本案中作證的證人也是百分百可靠。

自白

用一個相對簡單的方法就可以大幅降低不實自白的問題：偵訊過程必須全程錄影。藉由這個方式，陪審團就可以看到偵訊階段的流程，也會知道自白到底是不是自然產生的、能否令人信服，或是警察有沒有施壓嫌犯，要他重複警察告訴他的犯罪資訊。現在警方的作法通常不會錄下整段偵訊過程，他們會先施壓幾個小時，等嫌犯終於決定要從頭到尾背誦出警察「合成」的自白時，才會打開錄影機。陪審團只會看到最後的成品，它們通常經過改寫，不是嫌犯原來說的話，而是被操作過的結果。

布蘭登．達西自白參與了泰瑞莎．哈里貝克的謀殺，並暗指史蒂芬．艾佛瑞才是殺人案的首腦，這個過程從頭到尾都有錄影，但這是因為威斯康辛州當時才剛根據《艾佛瑞法案》對警方提出這個要求。而這個法案的出現，正是因為史蒂芬．艾佛瑞稍早前被誤判犯下潘尼．貝倫斯頓性侵案，後來因為DNA鑑定而獲得平反。根據我的經驗，我知道如果偵訊沒有全程錄影，某些能夠判斷它不可靠的細節就永遠不會攤在大眾的目光下。在審判中，警察將會把它呈現成堅不可破的自白，而不會說是經過警方的提示，也不會說警方曾直接告知犯罪的細節。由於隧道視野和高尚導致的腐敗，警察從來不認為是他們在偵訊時向嫌犯提供了資訊。他們總是認為接受偵訊的那個人是有罪的，等到最後終於出現自白時，他們也相信自白是可靠的。

即便審判中陪審團已經看到布蘭登大部分的自白都不可靠，他還是被判有罪。不過如果偵訊錄影帶存在，某些應判無罪的案件就有機會被判無罪。而且後來聯邦法院也推翻這個有罪判決，因為從錄影帶中可以看出警察用了不當的偵訊方式。（原注50）如果這場偵訊沒有全程錄影，布蘭登根本不可能有翻身的機會。

和證人指認一樣，只要能對陪審團做出適當的指示，並且允許專家證人評估和討論偵訊過程中必然會有的心理壓力，自白證據的可靠性就可以獲得改善。

警察機關也應該探尋其他方法來取代里德偵訊法，例如 HIG 或 PEACE 偵訊法。里德偵訊法很容易造成不實自白，因為它會創造一個高度強制的環境，偵訊者會預設嫌犯是有罪的，所以他們會故意扭曲嫌犯所說的話，無論他說的是不是真的，因為「真實」也是由偵訊者定義的，而偵訊者又經常受制於隧道視野。除此之外，里德偵訊法還很容易讓有罪的人（精明的犯罪者）保持沉默或是要求請律師，而無辜的人反而比較容易受到操縱或是做出不實自白，因為他們覺得沒有什麼好隱瞞的，所以多講無妨。相較之下，HIG 和 PEACE 偵訊法偏重在建立和諧的關係、讓嫌犯自由發言。（原注51）採用里德偵訊法時，許多精明的犯罪者都會確保自己在「律師的保護」之下，然而如果 HIG 和 PEACE 偵訊法運用得宜，就連精明的犯罪者都會被說服開口講話。「HIG 偵訊法」的全名為「高價值被拘留者偵訊小組」（High-Value Detainee Interrogation Group），是聯邦調查局、中央情報局及五角大廈近年來為了反恐戰爭，希望找到一個比里德偵訊法更有效的新偵訊方法而發展出來的。類似的「PEACE 偵訊法」在英國已經用了十年以上，各字母分別是代表「計畫與準備」（Planning and preparation）、「建立關係及說明」（Engaging and explain）、聽取「描述」（Account）、「結束」（Closure）與「評估」（Evaluation），使用這些技巧的偵訊者都會竭盡全力地讓嫌犯覺得舒服些，「促使」他開誠布公地提供資訊，再拿他的陳述和已經確定的客觀事實互相比較，許多有罪的嫌疑犯最後都會自掘墳墓。研究發現，如果要取得有價值的自白，這些技巧比里德偵訊法更有效，更重要的是它們也比較不容易造成不實自白。洛杉磯警察局便使用 HIG 偵訊法的經驗，不過到目前為止，他們也是美國境內唯一用過的警察機關。（原注52）

就目前的型態來說，自白證據仍然是一種系統性腐敗的證據，因為檢察官往往把自白當作鐵證，即便它其實不太可靠，或者會造成誤導。而大部分法院轄區從未採取任何簡單的方法來改善自白證據的正確性。

有誘因的證人

美國的刑事司法制度高度仰賴受誘因吸引的證人，在法律行話裡，通常把這些人稱作線民或者「告密者」，他們會替檢察官作證，以換取自己的刑事案件獲得某些寬免。這些證人通常具有很強烈的說謊動機，他們很願意說出檢察官想要聽到的話，好替自己爭取協議。雖然常識告訴我們，陪審團一定會對這類證人的證詞半信半疑，不過檢察官總是告訴陪審團這件案子裡的告密者說的是實話，他們還會很熱切地鼓勵陪審團相信這些告密者。由於陪審團通常會聽信檢察官的話，因為他們覺得比起自己，檢察官一定對這個案子更加了解，結果就是，當這些有誘因的證人說謊，就很容易構陷無辜的人入罪。實際上，在最初的三百二十五個DNA平反的案件中，就有百分之十四的冤錯案件牽涉到這類證人的說詞。（原注53）美國平反案件登錄中心的統計也顯示，全美國有超過五成的冤案牽涉到偽證的問題，而其中有相當比例的證詞就是來自有誘因的證人。（原注54）

我擔任檢察官的時候，從來不擔心找不到告密者。在某些案件中，甚至還有多名共犯或是共同被告爭著要在下一次審判中做出對對方不利的證詞。我會訪談他們，或者應該說面試，看誰才是對案件最合適的證人。我會搞清楚誰講得最詳細，誰又能講得最具有說服力。我們會教告密者怎麼講，才能夠讓陪審團覺得身歷其境，這幾乎已經算是我們辦公室的例行公事。我們會教導告密者要「承認你過去的所有犯罪，不要對任何事輕描淡寫地帶過，不要和被告律師爭論。你就低下頭、一副很羞愧的樣子，承認他套到你頭上的任何事。這麼做是為了讓陪審團相信你已經改過自新了，你決定要好好做人，而且你也知道邁向誠實人生的第一步，要將人生重新導回正軌的方法，就是毫不隱瞞、全盤托出你對這個案子知道的所有細節。」

我們會為告密者塑造一個特定的形象，告訴他們如果要站上證人席講述他們的故事，就必須要對過去的所有行為表現出謙卑、懊悔的姿態，把頭低下去，表現出「畢恭畢敬」的樣子。他們應該要說：「是的，是的。」、「我過去做了一些壞事。但我想要重新來過，我想要有一個新的開始。這就是我站到好人這邊的方法，我終於明白要反抗那些壞傢伙，要幫忙把他們關進監獄裡，不要讓我自己陷進去。我是鼓起很大的勇氣才決定這麼做的，這件事並不容易。」

這整件事當然都是排演過的，彷彿是一場歷經了戒斷的十二部曲，進行自我發現和自我改造計畫後所取得的重大成果，好讓陪審團買單，相信該名告密者。我們在協助這些證人準備時，跟劇場總監在百老匯訓練演員沒什麼兩樣。如果成功了，陪審團就會相信那些告密者，陪審團會覺得自己能夠了解他們的掙扎，也體會到一個過去與犯罪為伍的人想要翻轉人生，想要幫好人逮到壞人，是多麼困難的一件事。陪審團會同情告密者，或者至少會想要團結起來支持他，支持他這股想要自我改造的努力，於是陪審團就會相信告密者。而這也正是我們希望發生的事。由於我們幾乎總是能得到有罪判決，這招看起來似乎確實有效。

不過告密其實就是一場生意，透過協商改善自己的命運。當我還是檢察官的時候，有一名我時常對上的律師因為涉嫌販賣告密資料而遭到起訴。舉例來說，如果他的當事人握有三件聯邦案件的資訊，而他知道當事人只需要提供兩個案件的資訊就足以讓他不受起訴，或至少可以大幅度減刑，那麼根據指控的內容所述，這名律師就會向這位當事人取得第三案的資訊，然後將其賣給另一個兩手空空的當事人，因為他沒有任何情報可以告密。如此一來，他的兩名當事人就都有一些事情可以告訴聯邦檢察官，可以提供證詞以爭取減刑。據說他還會和賣給他內幕的當事人共享利潤。

類似的故事還有很多。在吉姆・德懷爾（Jim Dwyer）、巴里・舍克（Barry Scheck）和彼得・紐菲爾德合著的書《真實無辜》（*Actual Innocence*）中，〈告密者〉這個章節就講了許多受到誘因吸引的證人造成冤案的生動故事。每當有一名新的囚犯被關進牢裡等待受審，這類證人就會從報紙上記下該案的細節，然後他們會通知檢察官，不實地宣稱那名囚犯已經向他們坦承犯案。供述的內容會包括具體的犯罪細節，因為告密者都已經從報紙上搜集到這些東西了，所以聽起來會像是真的一樣。甚至有一名囚犯被稱作「告密教授」，因為他不只是自己這麼做了好幾次，還教導其他囚犯怎樣操作這件事，才能夠將自己的利益最大化。

我的當事人德威・瓊斯也是因為告密者的證詞而被誤判有罪。當他因為謀殺罪被捕，並在牢裡等待審判的時候，一名叫作威利・卡頓（Willie Caton）的囚犯出面說他和德威關在一起時，他已經向他承認了。德威被關了十九年之後，透過ＤＮＡ鑑定平反，鑑定結果不只顯示他是無辜的，也顯示對方在說謊。威利・卡頓為德威的審判作證後變得聲名狼藉，因為他一次又一次的靠著在刑案中作證，與警察和檢察官達成協議，以換取自己免受牢獄之災；只要當地執法人員很想要起訴誰，他就可以憑空想出那個人的「自白」。這種犯罪後再用作證交換寬免的模式，最後是因為一場與警察的飛車追逐而以悲劇劃下句點，那場飛車追逐最後演變成車禍和槍戰，造成兩名年輕人和威利・卡頓死亡。威利之所以可以跑到街上遊蕩，部分原因是他學會了操作制度，而在這個過程中，他至少造成一個無辜的人被誤判有罪。

有些案件只能藉由有誘因的證人來解決，這是可以理解的，所以我並不贊同某些學者說要完全禁止這類證人。不過的確需要更小心地控管和規範。美國聯邦第九巡迴上訴法院的法官亞歷克斯・科金斯基等人就呼籲要更嚴格的控制，(原注55)他提到在一九九〇年，洛杉磯郡制定新規定要求成立一個委員會，在法院傳喚這類證人前，必須根據一些客觀指標來審查他們的可靠性。(原注56)於是使用這類證人的案件數量大幅減少，表示的確有許多不可靠的告密者被剔除。(原注57)

由於警察和檢察官有很大的壓力要獲得有罪判決，所以我們的制度才會依賴告密者的證詞。也因為隧道視野或甚至是高尚導致的腐敗，特定案件才會經常使用不可靠的告密者證詞。執法人員都相信，如果是一名罪犯做出對另一個嫌犯不利的證詞，然後在陪審團面前稍微演一點戲，讓陪審團覺得作證的那名罪犯可以相信，那麼就有助於把一個壞人驅離街頭。這是一件好事，因此它有了一個充分的理由。

但是任何人只要知道我們現在是如何利用這些受到誘因吸引的證人，並且了解這類作法是怎樣運作的，就會覺得它並不是個好作法，而且會讓證詞遭到偽造。但在體制內的人並不這麼想，這不只是因為他們的隧道視野，也因為這個作法由來已久，所以大家就這麼接受了。就像是如果傢俱上一直有個汙點，只要它存在的時間夠久，你就不會注意到它。但是目前運作的方法確實不客觀，也不可靠。

鑑識證詞

目前有些鑑識證詞不太可靠的原因，一方面是因為受制於確認偏誤，另一方面則是因為其基本方法並未經過有效的驗證。檢察官會告訴同為公務人員的專家他們需要什麼結果，而這類確認偏誤確實就會帶來錯誤，且總是偏向檢方的結果。許多研究以及眾多的實際冤案都已經一再證實這點。不過問題還不只有確認偏誤，整個鑑識科學的各分支都已出現系統性的腐敗，就連沒有確認偏誤的案件也是如此。

如同證人指認證據、自白證據、告密者證詞，鑑識科學目前也有很深且複雜的問題，要伸張其中的正義可能得寫上一整本書。實際上也已經有許多書籍專門討論目前鑑識科學和其他證據類型的問題，（原注58）鑑識相關的文獻汗牛充棟。簡言之，過去的刑事司法制度所採用、現在仍繼續使用的大部分鑑識方式，都不是根據一些能夠掌握錯誤率的科學原則。好幾年來，我們一直是用「專家」證詞說服美國人民，包括咬痕證詞（專家宣稱嫌犯的牙齒與被害人屍體上的咬痕相符）、鞋印比對證詞（專家宣稱犯罪現場泥地上留下來的鞋印與被害人的鞋印相符）、射擊殘跡證詞（專家宣稱槍擊案發後在嫌犯的衣服上找到射擊殘跡）、胎痕比對證詞、彈道指紋證詞（專家宣稱犯罪現場的子彈是從嫌犯的槍裡射出來的）、指紋證詞中的手指凹凸紋路分析，還有許多其他所謂的鑑識「科學」。

目前，除了DNA鑑定之外，其他的鑑識領域都不夠客觀，並未經過適當的驗證過程，也不知道錯誤率為何。例如，就會有專家作證表示，在被告屋裡找到的那根鐵棍可以造成被害人門框上的特定痕跡，而且只有被告的那根鐵棍可以，世界上所有其他的鐵棍都不行。俄亥俄州無辜計畫有一個案件，當事人就是因為這樣的主張而被判有罪，決定性的證據似乎確實就是那根鐵棍，但如果這世界上的每一根鐵棍看起來都差不多，到底怎麼會有人在作證時可以絕對確定是被告的鐵棍造成門框上的刮痕呢？沒有人可以回答這個問題。沒有任何研究顯示這類鑑定方法的正確或錯誤率為何，也無法證明這類聲明為何站得住腳。我們現在已經知道這類主張確實不具有正當性，許多當初因為這類誇大且不科學的「專家」證詞而被判有罪的人，後來都透過DNA平反了。伊帝爾．卓爾等心理學家的研究也告訴我們，這些「專家」在開始鑑定之前，就會被人引導要相信某些「正確」的答案，他們也會根據「正確」的答案，以驚人的速度改變他的答案，例如從「相符」變成「不符」。

這並非我一人之言。前文提及的美國國家科學院，二〇〇九年就曾針對美國的鑑識科學提出一個令人擔憂的報告，該報告幾乎對所有鑑識準則的基礎都有所懷疑，唯一及格的是DNA鑑定。它還建議美國國會創立國家鑑識科學研究所，好緩解這個問題。美國國家科學院希望鑑識科學研究所可以建立指導方針和制定規則，以確保法庭內的所有鑑識證詞都是根據科學，能夠確知錯誤率，而且要有認可的標準，以保證所有這類證據的正確性和可靠性。它還建議所有犯罪鑑識實驗室都不要再交由執法機構或是檢察官辦公室控制，而是要完全獨立，也要想出一些辦法消除目前這個領域的確認偏誤。它也提出一些改善方法，例如當專家要判斷犯罪現場的指紋是否符合時，必須提供六個不同人的指紋給他（不能只有嫌犯的指紋），而且不能夠透露「正確」答案，以免造成專家的偏誤。

但是直到今天為止，總體來說，美國國家科學院所提出的十三項建議並沒有受到重視。（原注59）大部分鑑識領域還是存在系統性的腐敗，而法院仍然經常引用其結果，即便這樣的結果經常是隧道視野和偏誤的產物，但在陪審團面前卻偽裝成絕對正確的樣子，彷彿《CSI犯罪現場》所演的那樣令人驚嘆連連。

讓我們看一下紀錄片《謀殺犯的形成》裡的另一個例子。史蒂芬·艾佛瑞在面對謀殺泰瑞莎·哈里貝克的指控時，他的辯詞之一是警察說在泰瑞莎的車子裡發現了史蒂芬的血跡，但那其實是警察栽贓的。警察栽贓並非不可想像，因為他們的確可以從史蒂芬之前的冤案中取得他的血液樣本。為了反駁這個論點，檢察官將泰瑞莎車裡發現的血跡送到聯邦調查局作EDTA檢測——EDTA是一種防腐劑，如果是在先前案件中的血液，應該就驗得出這個成分；如果車裡發現的血跡檢測不出EDTA，檢察官推測這就足以證明血液並不是來自前一案的血液樣本。被告律師傑瑞・布汀（Jerry Buting）聽到這個計畫時，語帶嘲諷地說：「我根本不相信聯邦調查局。我覺得他們會進行一項不誠實的檢測，然後宣布保存的血液樣本和現場發現的血跡不一樣。」（原注60）

當我看到這幕時，忍不住大笑出聲，因為我知道傑瑞的感受，他也和我一樣投入這類工作非常久了，所以他知道檢察官通常是怎麼用鑑識科學作為達到目的的手段。而他的擔心未必是空穴來風。聯邦調查局本來說早在幾年前，這類檢測就因為可靠性的疑慮而停用了，必須為此案專門創立一個新的檢測機制，所以檢測必須費時數個月。但當檢察官表示馬上需要知道結果時，他們就神奇地在幾週內完成檢測，並且得到一個有利檢方的結果。在審判中，傑瑞也指出在實驗室的分析人員開始檢測之前，檢方就已經告訴他們應該要做出什麼答案了。送驗證物的表格上已記載著鑑定目的是要「駁斥警察栽贓的主張」。

在該案審判中，一名辯方專家作證說調查局的檢測並不可靠；實際上，這類檢測結果在雙方之前的交鋒中從未獲得法庭承認，就是因為有不可靠的疑慮。除此之外，辯方專家還指出聯邦調查局的結果無法受到監督，因為他們替這個案件建立了新的檢測方式，卻拒絕交出檢測細節與流程。不過陪審團通常不會注意到這些細節。他們看到的只是一名看似專業的分析人員從華盛頓哥倫比亞特區飛來作證，所以通常就會把這類證詞當作真理全盤接受。我之前曾經把這個現象描述為「反面CSI效應」（Reverse-CSI Effect）。（原注61）而正如同傑瑞所擔心的，或許那正是該案中發生的事。

艾佛瑞案的血跡專家甚至還對他沒有檢測過的幾個血液樣本發表了意見！在專家意見中，他說那些樣本都不包含EDTA，這表示警察栽贓根本是無稽之談。這個陳述讓傑瑞大感驚訝，他還因此要求專家重複一遍，而在那名專家又把他的主張說了一遍之後，傑瑞的評論是：「那好，我倒要看看你還能扯到多遠。」

滾雪球效應

在冤案中，隧道視野的效果就如同滾雪球一般，起初只有一個被錯誤解讀的證據，但在審判中就會演變成一種幾乎無法擋的態勢。（原注62）舉例來說，如果一個證人從幾張照片中錯誤指認了一個無辜的人，警察可能就會更確信他們找到了正確的嫌犯，於是便會對鑑識專家施壓，要他們從犯罪現場遺留的各種跡證中找到相符的指紋。而如果專家給出警察想要的結果，認定指紋相符，警察會比之前更確信那名嫌犯是有罪的，接下來就會開始訪談該案的可能證人，並且「建議」他們對陳述做一些增補或修改，好讓整體圖像更符合那名嫌犯有罪。而當被問了夠多有既定觀點的問題之後，可能就會有幾名證人開始用警察期望的方式「記起」一些事情。

警方現在已經有了目擊證人和指紋結果，還有其他證人所提供的細節，足以削弱嫌犯的不在場證明，證明他的罪行。接下來，警察可能會去找和嫌犯關在一起的囚犯，問他們有沒有人剛好在無意中聽到嫌犯吐露了犯罪事實。由於囚犯都急於免除自己的刑責，所以警察通常不難找到某個人願意編出一個故事，說他在無意中聽到嫌犯如何策畫該件犯罪；又或者，警察可能直搗黃龍，誘使嫌犯本人說出不實的自白，例如告訴嫌犯說已經有證人指認他了，也在現場找到他的指紋，藉此施壓，讓他覺得趕快認罪、請求減刑才是逃過死刑的唯一方法。

到最後，案件就會發展得對無辜者越來越不利，但其實每一項證據都是在一個「回饋循環」（feedback loop）中，由前一個證據創造出來的，（原注63）而每一個證據都能往回追溯到最初那個被錯誤解讀的證據，也就是第一片雪花。但是到最後，它就滾成了一顆巨大的雪球。

第八章

看到及接受人類的侷限

要改善美國的司法制度，必須改變兩件事。首先，我們必須承認刑事司法制度不是自動運轉的機器，且歷經了幾十年的校準後，它仍然無法達到完美的正義。我們必須承認這個制度是由人類組成的，所以充滿了人類心理的缺陷。我們應該要擁抱人性，不要害怕承認人類錯誤，以降低錯誤出現的機率。換句話說，我們必須謙卑，並且接受人是有侷限的。

在《謀殺犯的形成》第九集中，史蒂芬．艾佛瑞的辯護律師迪恩．斯特蘭說：「我們的司法制度最大的問題，就是對警察和檢察官毫無根據的確信，辯護律師和法官、陪審團都相信檢警就是對的，他們會找到正確的答案。刑事司法制度的每個人都缺乏謙卑的態度，這真是個悲劇。」迪恩後來在接受《紐約時報》的訪問時，被問到：「我們要如何改變那個文化？」他回答說：「我想應該從謙卑開始，承認刑事司法制度是由制度中的每個人共同構成的，我們都有缺點，我們都不完整……我想我們必須足夠謙卑地承認這件事，然後改正一些嚴重的錯誤。」（原注1）

如果拿這個問題問我，我也會立刻說出同樣的答案。實際上，我之所以體會到這一點，完全出於偶然。我離開檢察官職位時還很自大，對制度的缺點視而不見，實際上，要到我成為學術新人，被迫協助指導肯塔基州無辜計畫時，它帶給我的一些震撼教育才讓我終於承認改變是必要的。

接下來，我們必須對刑事司法制度展開結構和程序上的改變，以彌補人類心理的缺陷。無論是錯誤的證人指認、不實自白或者拙劣的鑑識結果，其實都有清楚和明確的步驟可以減少或去除這些人為影響所造成的不正義結果。

這兩種態度上和程序上的改變必須互相配合。我們越清楚知道這個制度中充滿人性弱點，就會更願意擁抱旨在降低這些問題的程序改革。

本書各處已經寫到許多亟需改革的程序，每項改革的主題大可成為一章，甚至自成一書。實際上，本書就是根據某個類型的證據要靠哪些程序改善的架構所書寫的，這些證據包括自白證據、證人指認證據、告密證詞，以及鑑識證詞。（原注2）

整體而言，需要改革的程序有下列幾項：

指認程序：警察應該以雙盲且一張接一張的方式執行照片指認程序。給證人的指令應該標準化，而且在指認完成之後，要立刻記下證人的信心聲明。指認過程應該全程錄影。

偵訊程序：所有重罪的偵訊過程必須全程錄影，不可以中斷。警察機關應該發展比里德偵訊法更有效，也比較不會造成不實自白的新偵訊方法，像是HIG或PEACE偵訊法。

有誘因的證人（告密者）：這類證人的使用必須受到嚴格控管，且必須實施提升可靠性的相關程序，例如洛杉磯郡和加拿大某些地方使用過的方法。

鑑識科學：美國國家科學院二〇〇九年提出的報告以及重要學者們都曾建議，應該運用「盲目」的程序來去除鑑識分析中的確認偏誤。（原注3）舉例來說，鑑識機構不應該歸執法單位管轄，（原注4）而且在專家進行分析之前，不應該給他們太多資訊，以免他們在開始之前就已經知道「正確」答案。第一次分析的結果應該由一名「盲目的」（什麼都不知道的）上級來覆核。這類程序在蘇格蘭已見推行。（原注5）除此之外，應該要發展出可認證和檢驗鑑識方法之效度的標準，並且確實執行，以確保鑑定方法基本的可靠性。

辯護律師：我們的工作是要確保檢察官和被告有公平競爭的環境，而且被告律師要有適當的資源進行調查和進行鑑識分析。（原注6）

警察與檢察官：應該正式訓練檢警認識到隧道視野，以及本書中概述的其他常見心理學錯誤可能帶來的風險，並且訓練他們如何克服。（原注7）加拿大的某些司法轄區已經開始進行相關培訓。（原注8）

法官與檢察官的選舉：我們必須修改法官和檢察官的選任方法，讓他們不至於受政治壓力的影響。我們必須嘗試從選舉制朝向由兩黨委員會進行的任命制，如同聯邦制度和某些州（例如亞利桑那州）所採取的制度。（原注9）

要發現並指出現行體制需要哪些結構性改革其實很容易，也有許多不同的出版品曾有完整闡述。舉例來說，無辜計畫的網站上就有一個頁面在闡述這些程序改革，而各個主題也都提供了詳細資訊的連結。(原注10) 有些改革所費不貲，因此可能要費時數年才能達成，例如增加資源給被告進行調查。也有其他相對而言執行費用較少也較容易執行的項目，例如改革證人指認和鑑識實驗室的程序，以削減人為偏誤。

因此，問題其實並不在於指出需要改革之處，而在於如何讓體制同意執行這些改革。改革需要讓那些體制中的人睜開雙眼，我們才能夠從自大與抗拒轉向開放和警惕，始終不忘尋找改善的方法，並且致力於追求更好的正義。不過到目前為止，似乎還是說得容易做起來難，就連那些要價不高、不需太大變動的改革也是如此。

刑事司法制度需要全面檢討

每當有空難發生時，國家運輸安全委員會和美國聯邦航空總署一定會立刻成立一個橫跨多面向的專案小組，一方面調查空難的起因，另一方面也會提出改革建議，以減少未來發生類似空難的可能。(原注11) 不論是修正空中運輸的管制程序，或是改善飛機的製造，只要需要就都會被下令改革。

以私人企業來說，如果東海岸某間連鎖餐廳的主管決定把公司擴張到西南岸，這個決定通常會面臨內部的挑戰。公司高層會吹毛求疵地要求在實際投入公司資產之前，全面地檢視這個想法和所有可能的替代方案；有時還會成立外部焦點小組，檢視該主管的假設是否正確。西南岸的人會喜歡我們這個品牌的食物嗎？該區域現在已經有哪些競爭對手？

舉例來說，啤酒釀造公司安海斯布希（Anheuser-Busch）、IBM、荷蘭皇家石油（Royal Dutch Petroleum）和3M這些大型企業，甚至把「全面檢討」（devil's advocate）納為正式的決策流程。其他多數公司一定都有類似的設計，不論有多正式，也不論怎麼稱呼。（原注12）我的鄰居是一名寶橋企業（P&G）的技師，他的工作是分析產品製造，並檢討既有的生產過程是不是夠節省能源。他唯一的工作，就是要全面檢討與挑戰現狀，也就是找到一個方式，讓過程中的每一個步驟都能夠節省能源。他的工作重點是不要接受過去慣用的方式，積極地挑戰它。

暢銷書《追尋卓越：向美國經營最好的公司學習》（*In Search of Excellence: Lessons from America's Best-Run Companies*）也鼓吹私人企業的全面檢討有多重要。（原注13）商業雜誌的文章不只同聲宣揚企業要戰勝隧道視野的必要性，其中也不乏一些怵目驚心的破產企業實例，它們放任隧道視野發生，也未察覺自身的「團體迷思」。（原注14）

過去二十五年間，我們已經發現了數以百計的冤錯案件，刑事司法制度應該把這視為一場災難，一場浩劫。每週都有無辜的人為他們自己沒有犯的罪坐了二十、三十、甚或四十年的牢後走出監獄。以航空業來譬喻，這就像是到處都有空難發生；用經營餐廳來比喻，就是不斷地開新分店、不斷地倒閉，造成相當大的財務危機，最後甚至破產。私人企業絕對不可能長期坐視這種狀況，但刑事司法制度卻一直拒絕反省和改變。如果警察或檢察官很重視某個案件，而且格外關注某個嫌犯，接下來就會反覆確認自己的假設，隧道視野就會肆無忌憚地發展，然後整個警察機關和檢察官辦公室還可能會一起把假設轉換成有罪判決。如果一名已經在牢裡關了二十年的囚犯聲稱他被錯誤定罪，還舉出新證據說他是無罪的，刑事司法制度內部的人可能會直覺地拒絕他的主張，幾乎不會有客觀的調查。刑事司法制度不存在全面檢討這回事。

為什麼刑事司法制度好像自成體系，可以完全拒絕自我反省和改革呢？簡單來說，很大一個原因是制度內的行動者不需要回應市場需求。以私人企業來說，如果墜機了、如果產品有瑕疵造成人員受傷，或者如果企業做出了輕率決定而損失上百萬元，市場壓力絕對會迫使公司採取行動，確保這類風險在未來減到最小。為了達到這個目標，企業會在制度上設計各種制衡機制，要求在將所有假設或直覺付諸實行之前，必須受到某種程度的挑戰和檢驗。

但是刑事司法制度的行動者，包括警察、檢察官、法官等等，卻不需要以同樣的方式回應市場。他們在一個刻意營造出來的環境中運作。他們的行為所傷害的人（遭錯誤定罪的人）不是他們產品的顧客；他們不需要做出任何修正或調整，以吸引曾經被他們傷害過的人（那些無辜者）再度回來消費。他們的體制不是那樣運作的。美國最高法院在近幾十年間還慷慨地讓檢警獲得有限的豁免權，保護他們不用因為失職而必須負起民事賠償責任，這讓他們鮮少需要負擔金錢賠償或是其他任何形式的責任。如果一個遭到誤判的人還是突破了有限豁免權的保護傘，並且對警察機關或檢察官辦公室取得要求賠償的裁判，這筆金額通常會由保險公司支出。刑事司法制度的行動者幾乎從來不需要為他們的行為負責，這點和其他專業領域的成員截然不同。

刑事司法制度是在一個想要「嚴厲打擊犯罪」的政治環境下運作，所以大眾會很高興看到政府官員展現他們的執法能力有多強，政府還會告訴民眾偶發的冤錯案件實屬反常，不可能發生在一般老百姓身上。大眾的確想要聽到這樣的話，他們也真的相信了，直到這件事有一天發生在自己身上。我已經數不清有多少次接到來自當事人母親或是妻子的電話，她們想要把自己的兒子或丈夫被錯判的事告訴我，而她們開口所說的第一件事，都是這個審判有多麼不公平、她們碰到的檢察官表現得過分熱中，以及她們從來沒有想過美國也會有這樣的獵巫事件。她們在告訴我這些事時總是情緒激昂，我猜她們都以為我是第一次聽到這種事，以為她們向我揭露了什麼天大的祕密。

我會說：「是的，妳就像其他人一樣，在不知不覺中陷進迷霧裡。歡迎妳來到我的世界。很不幸的，現在妳知道我們制度的真實運作狀態，很遺憾妳也成了知曉真相的其中一人。」

改變總是來得很慢

我在本書的一開頭提過，這不是一本末日審判書。確實如此。好消息是，儘管刑事司法制度好像在一個封閉的體系中運作，不過改變也開始出現了。改變雖然很慢，但確實看得到，因為持續推動無辜運動已經產生了一些動能，社會也漸漸注意到冤案的問題。目前為止，已經有十四個州展開了指認程序的改革，（原注15）還有二十三個州的政策要求偵訊必須全程錄影。（原注16）在二十年前，根本不會有司法轄區想到要採取任何步驟解決冤錯案件的問題。想要採取這些「最佳行為準則」（best practices）的轄區每年持續增加，不論是自發的或是透過立法／法院行動。一間主要提供美國警察機關偵訊訓練的公司在二〇一七年宣布放棄採用里德偵訊法，因為它很可能造成不實自白，（原注17）這可以說是對里德偵訊法的重要一擊，因為過往里德偵訊法曾被認為是絕不可能動搖的。

二〇一五年，聯邦調查局宣布有兩千多件因毛髮顯微比對被判有罪的判決必須重新審查，因為後來認為毛髮比對這種鑑定方法有缺陷。（原注18）審查還在進行中，也確實有些案件開始獲得平反。（原注19）美國司法部在二〇一三年創立了國家鑑識科學委員會，以「強化鑑識科學的施行，改善其可靠程度」為宗旨。（原注20）令人遺憾的是，川普政府在二〇一七年上台後就砍掉了這個委員會，但希望這個行動只是暫時的——原本的趨勢雖然轉得很緩慢，但是的確朝著正確的方向在走。（原注21）

俄亥俄州無辜計畫在二〇〇三年成立後，我開始遊說俄亥俄州的議員，告訴他們有必要針對指認和偵訊程序做出改革。我碰到的反應通常就是對方茫然地看著我，也沒什麼耐心聽我說，但我還是會繼續告訴他們這件事有多迫切。我獲得的待遇也一年比一年好一點。二〇一〇年，州議會通過了由我辦公室起草的一個法案，其中包括指認程序改革、偵訊錄影政策、擴大定罪後聲請DNA檢測的途徑以及必須保留DNA的法律，因此執法機關必須從案發之後就將DNA證據一直保留到囚犯釋放出來為止。本法案最後由州長簽署生效。這讓俄亥俄州成為無辜運動改革的「全國楷模」，還有倡議者稱它是「本世紀以來美國刑事司法法規中最重要的一環」。（原注22）

我從這個過程中學到了寶貴的一課：改變的發生非常緩慢。推動者必須知道，就算起初面臨抵抗，但有時候人們就是需要重複聽到一個問題好幾遍，甚至聽個好幾年，那個訊息才會進入他們心中，被他們注意到。舉例來說，行銷領域的「有效頻率」（effective frequency）理論就認為，當人們第一次聽到某個新想法時，通常會直覺地把它丟在一邊，但之後每多聽一遍，那個想法聽起來就越不奇怪了，最後人們就會開始覺得那個想法聽起來很「正常」，而且可以公開考慮和辯論。（原注23）

無辜運動改革也是如此。推動者有時候會因為無法立竿見影而覺得沮喪，甚至放棄，但改變總是來得很慢，尤其是要讓刑事司法制度這個龐然大物做出如此大規模的改變。只要我們保持堅定，一直「大聲疾呼、一喊再喊」，它就一定會發生。就像是我的朋友以及平反的無辜者迪恩．吉利斯皮總是掛在嘴邊的：直到真理最終獲勝的那一天。

民權運動也都是如此。一九八〇年代初期，當我還是高中生的時候，有個同學不斷在演講課堂上發表同性戀是禍害的內容，但課堂上的所有人都無動於衷，甚至包括老師。三十年後，當人們聽到這類演講時，態度勢必已截然不同。在我的一生中，也的確看到社會觀點有著極大的轉變，從同性戀權利到大麻合法化都是如此。無辜運動的改革也勢必如此。我相信只要我們繼續帶來壓力、繼續進行再教育，就會看到刑事司法的重大轉變，看到它朝向更正確、公平和正義的方向前進。

這些試圖改變程序的力量也開啟了態度的轉變——走向謙卑。舉例來說，在最近幾年間，全美國有超過二十五個檢察官辦公室開設了「定罪完善小組」（Conviction

Integrity Unit, CIU），這個小組會探究定罪後聲請平反的主張，嘗試挽救蒙冤錯判的案件，例如布魯克林區地方檢察官辦公室的「重審定罪小組」（Conviction Review Unit）在開始運作的頭兩年內，就替二十名囚犯平反。創立這個小組的地方檢察官肯恩・湯姆森（Ken Thompson）稱這是「全國典範」，他是對的。令人惋惜的是，肯恩在二〇一六年底以五十歲之壯齡辭世。他的辦公室在二〇一四和一六年間解救的無辜者，比俄亥俄州無辜計畫還要多，大概比這個世界上的所有無辜組織都多。（原注24）唯一超越的是德州休士頓檢察官辦公室的ＣＩＵ，光是在二〇一五年，他們就成功讓四十二名無辜的囚犯獲釋。（原注25）沒有任何一個法律學院的無辜組織能夠達到類似的平反案件數量。

布魯克林和休士頓的ＣＩＵ當然是無辜運動感到歡迎也亟需的新組織，它們會與獨立的無辜組織（像是俄亥俄州無辜計畫）結合，提供一個藍圖，好讓我們最終能夠克服冤錯案件的問題。但是其他司法管轄區卻無法成立這樣的單位，顯示這樣的成功在其他地區仍是難以企及。到目前為止，許多其他ＣＩＵ對冤錯案件的問題都還停留在口頭提倡而已，因為負責的檢察官可能無法超越他們自己的心理障礙，用新的眼光適當地重新審視舊案。賓州大學法學院的「夸特羅內公平司法中心」（Quattrone Center for the Fair Administration of Justice）在二〇一六年提出的報告就承認了這個問題，它還提出了一系列改善CIU效能的建議，指出要如何做到和布魯克林及休士頓的CIU一樣。報告中有一項建議是，應該僱用刑事辯護律師等來自檢察官辦公室外部的人，這樣才能夠對抗人類在重新檢視自己以及同僚所做的工作時，免不了會有的確認偏誤和隧道視野。（原注26）

不過在二〇一五年，全國平反的一百四十九個案件中，有五十八件是由檢察官辦公室下的CIU做到的。那五十八件是由少數證明有效的單位達成的，它們似乎跨越了心理層面的障礙。由這少數幾個有效的單位在二〇一五年成功平反的無辜者人數，幾乎和所有法學院、獨立的無辜組織加起來一樣多。我們可以想像如果美國每個主要城市的CIU都像布魯克林和休士頓一樣有效，最後的結果就完全不是今天這樣了，全國每年平反的人數大概會很驚人。這是我們未來可以冀望的事。

社會正義運動

俄亥俄州無辜計畫的當事人里奇·傑克遜，含冤入獄三十九年後，於二〇一四年十一月獲得平反。有兩年多的時間，里奇都被列在待執行死刑的名單上，很有可能在幾個月內就被處死，最後是因為在他服刑期間幸運地出現文書工作的錯誤，才讓他逃過死劫。這三十九年讓里奇擁有另一種意義的殊榮——他是美國史上服刑最久的平反者。里奇和兩名兒時最好的玩伴在一九七五年被判有罪，因為一名十二歲的男孩艾得．弗農（Ed Vernon）作證說他看到里奇和朋友犯下了一起謀殺案。我們能夠在將近四十年後幫里奇等人平反，是因為當時已經五十幾歲的艾得．弗農翻供了。他說當初之所以在審判中說謊，是因為警方施壓與操弄。他後來在克里夫蘭的聽審中出庭作證時，他表示那個謊言毀了他的一生。

在平反里奇的那場法庭聽審前，我其實覺得情勢對我們非常不利。像是里奇這樣的案子，如果沒有能夠證明無辜的鐵證，例如DNA鑑定結果，其實很難打贏。根據經驗，即便艾得翻供，其實檢察官和法官也不會買單，他們會直覺地認為是有人施壓證人或者付錢要他翻供。簡單來說，他們通常無法用開放的心態重新審視這類案子，因為他們也是人，所以往往就是極其粗暴地直接打回票。

在法院舉辦聽審之前，克里夫蘭的檢察官詢問他們是否可以在聽審之前單獨與艾得．弗農會面，了解一下他說的是不是實話。我在前文提過，在另一個案件中也發生過類似的事，但該案的證人出席會面時，檢察官不但沒有問他任何事，反而以他有許多交通罰單未繳清為由加以逮捕，企圖威脅他不能作證。說要和他面談的要求只不過是個幌子。

不過在里奇的案子，我們還是同意讓證人在聽審前與檢察官會面。我們之所以會同意，是因為在與克里夫蘭檢察官的頻繁往來中，感受到他們對無辜者的態度在過去幾年間有所轉變。在我們最初向他們提出一些案子時，俄亥俄州無辜計畫才剛成立沒多久，我們常被同樣的保守心態拒之門外，但這種心態在這幾年來似乎有些改變了。雖然不是每個案子的檢察官都有變化，不過我們的確感受到克里夫蘭的幾位檢察官變得比較願意傾聽無辜運動的訊息，也會盡全力以開放的心態達到個案中的正義。瑪麗・麥格拉斯（Mary McGrath）就是這樣一位檢察官，她也是被指派要為里奇・傑克遜的有罪判決辯護的檢察官。

當瑪麗與艾得・弗農會面時，並沒有想要逮捕他或想辦法嚇阻他。她反而選擇傾聽他。全心全意地傾聽。

聽審在二〇一四年十一月召開，艾得・弗農也出庭作證，艾得解釋他在孩提時說了怎樣的謊。他說一九七五年時他曾告訴警察他說的不是實話，但警察對他咆哮、威脅他接下來都要堅持他原本的說詞，而在過去近四十年來，他如何背負著這個謊言過日子。瑪麗和她的同事對艾得進行詰問，對他的說法提出質疑，但艾得從頭到尾都不改他的說法。接下來換里奇・傑克遜作證了，他說他是清白的，並且描述了這幾十年來他為了自己沒有犯過的罪而被關在鐵窗後的生活。我覺得艾得和里奇的證詞都讓人深深感嘆，他們的故事實在太觸動人心，幾位在法庭上聽到的人都流下了眼淚。但我猜不到檢察官或法官實際上是怎麼看的。

證人講完證詞後，法官宣布他會在中午休息後聽取終結辯論。午休時間，負責本案的俄亥俄州無辜計畫的律師布萊恩．浩威（Brian Howe）繼續準備他的終結辯論，我們全部人都對里奇的命運感到不安。我們一直在想法官聽審時的表情是什麼意思、揣測他會怎麼看待那些證據，畢竟這將決定里奇如何度過他的餘生——是得待在牢裡，還是能夠成為自由人。

當我們在預定時間回到法庭時，卻看不到檢察官和法官。過了三十幾分鐘之後，還是沒有消息。我們只能夠坐在法庭裡空等，心裡充滿困惑，但更多的則是緊張。

等了大約四十五分鐘之後，法庭的門終於打開了，瑪麗和她的檢察官團隊走了進來。由選舉產生的檢察官辦公室首長也和他們一起走進法庭，而法官則是從法官席後面的專屬入口進來，彷彿他們說好要一起進來。檢察官逕自走向法官席，說了類似下面的這番話：「我們同意里奇．傑克遜是無辜的，這件案子充斥巨大的不正義。我們撤回所有起訴，也同意他應獲得釋放。」

在我為冤案無辜者追求平反的這些歲月中，從來沒有這麼震驚過。里奇抬頭仰望，接著哭出聲來，救援團隊也都哭了。檢察官和法官繼續闡述一些行政流程，例如完成平反還需要一些文書作業、釋放里奇還需要多久時間等等，但我們已經沒有人在聽他們說什麼了，我們就是一直哭，帶著震驚、不可置信的心情彼此擁抱。

幾天後，瑪麗和她的團隊同意為里奇聲請賠償，他們所提交的文件再次指明里奇．傑克遜是無辜的，他因為俄亥俄州而受到的所有痛苦，都應該獲得完整的賠償。

直到今天為止，我依然對瑪麗和她的團隊在里奇案中所做的事感到尊敬。在從事冤案救援的經驗中，我知道由於確認偏誤、隧道視野、認知失調、去人格化和官僚政治中的檢察官心態，任何一名檢察官都很難客觀地衡量在定罪後出現的平反證據，即便該證據是堅如磐石的鐵證，例如DNA鑑定結果。然而他們卻能夠讓自己跨出那個角色，擺脫所有心理壓力，不再一心只想著確認自己的檢察官辦公室先前認定里奇有罪的結論，而能夠客觀並公平地看待案件事實，即使它沒有足以平反的鐵證。這真的是令人敬佩的人類成就。我不知道我自己當檢察官的時候有沒有辦法做到這一點，我很懷疑。

里奇獲釋後，馬上說他有一件很重要的事要做。他向布萊恩．浩威問到了艾得．弗農的牧師的電話。牧師是第一個告訴我們艾得其實很痛苦的人，牧師說艾得想要糾正自己小時候鑄下的悲劇性錯誤。布萊恩把牧師的電話號碼給了里奇，里奇後來告訴我們，他打電話給牧師，希望牧師安排他和艾得在教堂見面。牧師也真的安排了。會面那天，里奇看到走進禮拜堂的艾得就和幾天前走進法庭作證的那個人一模一樣——一個衰弱、佝僂、沮喪的人，他一直生活在謊言中，顯得憔悴又疲倦。那個謊言在近四十年前把里奇和另外兩個無辜的人送到待執行死刑的名單上，實際上艾得在為里奇的聽審作證時曾描述，那是個「來自地獄深處的謊言」。

那天艾得走進禮拜堂之後，里奇站起來迎向他、擁抱他，並且在他耳邊輕聲說：「我原諒你了，希望你能好好地過下去。」里奇抱住在他懷裡啜泣的艾得。里奇後來告訴我，當艾得啜泣時，他懷裡的他好像輕了一些，也漸漸站得挺直些。隨著重擔卸下，艾得似乎也出現了一些身體變化。

里奇告訴我，在獄中的三十九年，他一直恨著艾得．弗農。他把「敵人意象」套用到艾得身上（雖然他沒有用這個詞），並且想像艾得在外面自由自在的生活、結婚生子、有一份好工作，擁有里奇被痛苦剝奪的所有東西。

但里奇在獄中研讀了偉大哲學家的著作和所有宗教理念，在這個過程中，他也接受了這些哲學和宗教要傳達的寬容和坦誠的教條。他漸漸了解每一件事都有兩面，也同意每一個人，不論他們做了什麼，都值得受到適當的對待和尊重，以及原諒。里奇用這種態度挑戰自己，克服他最大的偏見，這個偏見比我們大部分人在整個人生中面臨的偏見都來得巨大。里奇給自己的挑戰是，看待世界，尤其是看待艾得．弗農時，要擺脫幾十年來根深柢固的恨，以及幾十年來自以為的確信。他想這麼做並不只是因為艾得，也是為了他自己。他想看看自己有沒有辦法立刻為艾得帶來真正的公義——雖然那是我們的刑事司法制度三十九年來都沒有辦法為里奇做到的。

刑事司法制度開始朝向好的方向改變，也有一些缺陷開始獲得修正。瑪麗・麥格拉斯檢察官以開放的心態與胸襟釋放了里奇・傑克遜，就證明了這個改變的力量。但我們不能夠停止勸說、書寫、推廣、教育和改革。就如同獲得平反的迪恩・吉利斯皮所說的，我們還要繼續「大聲疾呼」。我們還要鼓勵其他人認同這個理想，這樣才能夠掀起一股巨浪。群聚效應才能造成社會思潮的轉變，就像是我們看到過去幾十年來，已經有其他社會正義運動正在朝向那個方向邁進。現在才正要開始，轉變才正在萌芽，然而如果我們不用戒慎的心堅定前進，恐怕改變就會中途夭折了。

謝辭

本書獻給我的父母，因他們的開放思考與坦誠足為表率。獻給我父母的母校肯塔基州的伯里亞學院（Berea College），因它讓我的家庭步上重視教育、渴求知識並勇於提問的道路。本書獻給俄亥俄州無辜計畫的工作人員、學生、當事人、平反者、律師團和所有支持者，特別獻給我們堅定的戰友羅森塔爾（Rosenthal）家族。最後，本書也獻給我的妻子蜜雪兒・貝莉・戈希（Michele Berry Godsey），謝謝她做為與我分享心理謎團、齊力對抗不公的人生伴侶。

還要謝謝以下這些人為本書的研究與潤飾提供莫大協助：麗莎・迪特里克（Liza Dietrich）、湯姆・威爾斯（Tom Wells）、泰勒・弗里德（Taylor Freed）、貝琪・泰勒（Beckie Taylor）、蘿拉・希爾斯（Laura Hills）、馬丁・楊特（Martin Yant）、菲爾・洛克（Phil Locke）、明迪・謝克特（Mindy Schechter）、吉姆・麥克森（Jim Maxson）、凱西・布林克曼（Kathy Brinkman）、理查德・萊奧（Richard Leo）、布蘭登・葛雷特（Brandon Garrett）、南希・佩特羅（Nancy Petro）、吉姆・佩特羅（Jim

Petro）、洛烏・比力歐尼斯（Lou Bilionis）、巴里・舍克（Barry Scheck）、羅布・沃登（Rob Warden）、安妮・廸利歐斯（Anne DeLyons）、卡拉・霍爾（Karla Hall）、約翰・克蘭利（John Cranley）、蜜雪兒・貝莉（Michele Berry）、迦勒・鮑姆（Caleb Baum）、雷切爾・巴爾（Rachelle Barr）與梅根・沃姆斯利（Megan Wamsley）。

原文注釋

第一章

1. Registry of Exonerations, www.law.umich.edu/special/exoneration/Pages/about.aspx（瀏覽日期 2017/04/29）。

第二章

1. 法官後來發現犯罪現場的 DNA 符合厄爾．曼的 DNA 之後，就同意為克拉倫斯平反。若非出現與厄爾相關的新證據，很可能在法官第一次對此案做出錯誤裁決之後，就要讓一個無辜的人在牢裡度過餘生。值得稱讚的是，該名法官在下一次碰到俄亥俄州無辜計畫的案件時，就推翻了檢察官的反對意見，以論證嚴謹的見解為當事人道格拉斯．普拉德（Douglas Prade）平反。參見 "Former Police Captain Freed after Murder Conviction Overturned," *Cleveland News 19*, www.cleveland19.com/story/20761689/judge-overturns-douglas-prades-murder-conviction（瀏覽日期 2016/11/19）；*State v. Prade,* 2013 WL 658266 (Ohio Com.Pl.)。這個判決經上訴後被推翻，俄亥俄州無辜計畫現仍繼續對普拉德案提起訴訟，尋求獲釋的途徑。
2. Elizabeth Mendes, "Americans Down on Congress, OK with Own Representative," Gallup, May 9, 2013, www.gallup.com/poll/162362/americansdown-congress-own-representative.aspx.
3. Daniel S. Medwed, *Prosecution Complex: America's Race to Convict and Its Impact on the Innocent* (New York: New York University Press, 2012), 163; Dahlia Lithwick, "When Prosecutors Believe the Unbelievable," *Slate,* Jul 16, 2015, www.slate.com/articles/news_and_politics/jurisprudence/2015/07/mark_weiner_conviction_vacated_chelsea_steiniger_text_case_finally_overturned.html
4. Oren Yaniv, "Brooklyn Jury Acquits Man of Murder 24 Years after He Was Jailed for the Crime," *New York Daily News,* Nov 18, 2013, www.nydailynews.com/new-york/nyc-crime/brooklyn-jury-acquits-man-murder-24-years-jail-article-1.1521151.
5. 同上註。
6. Medwed, *Prosecution Complex,* 119-21.
7. "Innocence Lost: The Plea," Frontline, PBS and WGBH/Frontline, www.pbs.org/wgbh/pages/frontline/shows/innocence/etc/other.html（瀏覽日期 2017/04/04）；"Outcomes of High Profile Daycare Sexual Abuse Cases of the 1980s," Frontline, PBS and WGBH/Frontline, www.pbs.org/wgbh/pages/frontline/shows/fuster/lessons/outcomes.html（瀏覽日期 2017/04/04）。Mark Pendergrast, Victims of Memory: Sex Abuse Accusations and Shattered Lives (Hinesburg, Vt.: Upper Access Books, 1996)。
8. "Haunted Memories, Part 1," Dateline, NBC News, Apr 9, 2012, www.nbcnews.com/video/dateline/46994994/#46994994.
9. 相關參考資料可見 Eddie Harmon-Jones and Judson Mills, "Introduction to Cognitive Dissonance Theory and an Overview of Current Perspectives on the Theory," in *Cognitive Dissonance: Progress on a Pivotal Theory in Social Psychology,* ed.

Eddie Harmon-Jones and Judson Mills (Washington D.C.: American Psychological Association, 1999)；Leon Festinger, *A Theory of Cognitive Dissonance* (Evanston, Ill.: Row, Peterson, 1957)。

10. Harmon-Jones and Mills, “Introduction to Cognitive Dissonance,” 6-7.
11. Carol Tarvis and Elliot Aronson, *Mistakes Were Made but Not by Me* (San Diego: Harcourt, 2007), 12-13.
12. 同上註，頁 22。
13. Steve Orr and Gary Craig “Ruling Alters Legal Landscape in NY Shaken-Baby Cases,” *Democrat and Chronicle,* Nov 16, 2016, www.democratandchronicle.com/story/news/2016/11/16/ruling-alters-legal-landscape-ny-shaken-baby-cases/93952304.
14. “Doctor Who Denies Shaken Baby Syndrome Struck Off,” *The Guardian,* Mar 21, 2016, www.theguardian.com/uk-news/2016/mar/21/doctor-waney-squier-denies-shaken-baby-syndrome-struck-off-misleadingcourts.
15. Michael Mansfield et al., “General Medical Council Behaving Like a Modern Inquisition,” *The Guardian,* March 21, 2016, www.theguardian.com/society/2016/mar/21/gmc-behaving-like-a-modern-inquisition-by-strikingoff-dr-waney-squier.
16. Brandi Grissom, “Texas Science Commission Is First in the U.S. to Recommend Moratorium on Bite Mark Evidence,” Trail Blazer’s Blog, *Dallas Daily News,* Feb 12, 2016, http://trailblazersblog.dallasnews.com/2016/02/texas-science-commission-is-first-in-the-u-s-to-recommend-moratorium-onbite-mark-evidence.html.
17. Radley Balko, “A Bite Mark Matching Advocacy Group Just Conducted a Study That Discredits Bite Mark Evidence,” The Watch, *Washington Post,* Apr 8, 2015, www.washingtonpost.com/news/the-watch/wp/2015/04/08/abite-mark-matching-advocacy-group-just-conducted-a-study-that-discreditsbite-mark-evidence.
18. Radley Balko, “Attack of the Bite Mark Matchers,” The Watch, *Washington Post,* Feb 18, 2015, www.washingtonpost.com/news/the-watch/wp/2015/02/18/attack-of-the-bite-mark-matchers-2/?tid=a_inl.
19. Balko, “Bite Mark Matching Advocacy Group.”
20. Balko, “Attack of the Bite Mark Matchers.”
21. Andrew Wolfson, “Louisville to Pay Whistleblower Cop $450,000,” *The Courier-Journal,* Apr 16, 2014, www.courier-journal.com/story/news/crime/2014/04/16/louisville-pay-whistleblower-cop/7771933/; “Detective Demoted after He Helps Kentucky Innocence Project,” Wrongful Convictions Blog, Oct 17, 2012, http://wrongfulconvictionsblog.org/2012/10/17/detective-demotedafter-he-helps-kentucky-innocence-project.
22. Paige Lavender, “Sharon Snyder, Court Clerk Fired for Helping Free Wrongly Convicted Man: ‘I Would Do It Again,’ ” *Huffington Post,* Aug 15, 2013, www.huffingtonpost.com/2013/08/15/sharon-snyder-robert-nelson_n_3759185.html.
23. Guy B. Adams, “The Problem of Administrative Evil in a Culture of Technical Rationality” (abstract), *Public Integrity* 13 (Sum 2011): 275–85, doi: 10.2753/PIN1099–9922130307.
24. Guy B. Adams and Danny L. Balfour, *Unmasking Administrative Evil,* 4th ed. (New York: Routledge, 2014), 152.
25. 同上註，頁 277。

26. Michelle Maiese, "Dehumanization," Beyond Intractability, Jul 2003, www.beyondintractability.org/essay/dehumanization.
27. " 'Less Than Human': The Psychology Of Cruelty," *Talk of the Nation,* National Public Radio, Mar 29, 2011, www.npr.org/2011/03/29/134956180/criminals-see-their-victims-as-less-than-human.
28. 同上註。
29. Medwed, *Prosecution Complex,* 79-80.
30. "Lead Prosecutor Apologizes for Role in Sending Man to Death Row," *Shreveport Times,* Mar 20, 2015, www.shreveporttimes.com/story/opinion/readers/2015/03/20/lead-prosecutor-offers-apology-in-the-case-of-exonerateddeath-row-inmate-glenn-ford/25049063.
31. Raeford Davis, "Why I Hated Being a Cop," *Life Inside,* Marshall Project, Apr 21, 2016, www.themarshallproject.org/2016/04/21/why-i-hatedbeing-a-cop#.cN1tPIBto.
32. Upton Sinclair, *I, Candidate for Governor: And How I Got Licked* (Oakland: University of California Press, 1994), 109.

第三章

1. Hilary Hylton, "The Tale of the Texting Judge," *Time,* Nov 1, 2013, http://nation.time.com/2013/11/01/the-tale-of-the-texting-judge.
2. "Fact Sheet on Judicial Selection Methods in the States," American Bar Association, www.americanbar.org/content/dam/aba/migrated/leadership/fact_sheet.authcheckdam.pdf（瀏覽日期 2016/04/27）。
3. Madeline Meth, "New Report Finds Explosive Campaign Spending and 'Soft-on-Crime' Attack Ads Impact State Supreme Court Rulings in Criminal Cases," Center for American Progress, Oct 28, 2013, www.americanprogress.org/press/release/2013/10/28/78184/release-new-report-finds-explosivecampaign-spending-and-soft-on-crime-attack-ads-impact-state-supremecourt-rulings-in-criminal-cases.
4. *Woodward v. Alabama,* 134 S. Ct. 405（Sotomayor, J.，不同意見書）。
5. 同上註，頁 409。
6. Christie Thompson, "Trial by Cash," Marshall Project, Dec 11, 2014, www.themarshallproject.org/2014/12/11/trial-by-cash#.bzdp2LFiT."State Supreme Court Judges Are on the Ballots, and Outside Groups Have Broken the Record on TV Ad Spending," *USA Today,* Oct 26, 2016, www.usatoday.com/story/opinion/2016/10/26/judicial-elections-2016-editorialsdebates/92788886。
7. Thompson, "Trial by Cash."
8. *Elected Judges,* YouTube video, 13:26，出自 *Last Week Tonight with John Oliver*，發佈者 "LastWeekTonight," Feb 23, 2015, www.youtube.com/watch?v=poL7l-Uk3I8（瀏覽日期 2017/04/28）
9. 引用自 Thompson, "Trial by Cash"。
10. 同上註。
11. Billy Corriher, "Criminals and Campaign Cash," Center for American Progress, Oct 2013, www.americanprogress.org/wp-content/uploads/2013/10/CampaignCriminalCash-6.pdf.

12. Kate Berry, "How Judicial Elections Impact Criminal Cases," Brennan Center for Justice at New York University School of Law (2015), www.brennancenter.org/sites/default/files/publications/How_Judicial_Elections_Impact_Criminal_Cases.pdf.
13. 有關企業和超級政治行動委員會在司法選舉中扮演何種角色的討論，尤其是刑事議題，可參見 Thompson, "Trial by Cash"。
14. Adam Liptak and Janet Roberts, "Campaign Cash Mirrors a High Court's Rulings," *New York Times,* Oct 1, 2006, www.nytimes.com/2006/10/01/us/01judges.html?pagewanted=all&_r=0.
15. Andrew Cohen, " 'A Broken System': Texas's Former Chief Justice Condemns Judicial Elections," *The Atlantic,* Oct 18, 2013, www.theatlantic.com/national/archive/2013/10/a-broken-system-texass-former-chief-justicecondemns-judicial-elections/280654.
16. Joanna M. Shepherd, "Money, Politics, and Impartial Justice," *Duke Law Journal* 58 (Jan 2009): 623.
17. 關於州法官的統計資料，參見 David A. Harris, *Failed Evidence: Why Law Enforcement Resists Science* (New York: New York University Press, 2012), 110；關於聯邦法官的統計資料，參見 "The Homogeneous Federal Bench," *New York Times,* Feb 6, 2014, www.nytimes.com/2014/02/07/opinion/the-homogeneousfederal-bench.html?_r=0。
18. 參見 Ronald F. Wright, "How Prosecutor Elections Fail Us," *Ohio State Journal of Criminal Law* 6 (2009): 581–610; Bryan C. McCannon, "Prosecutor Elections, Mistakes, and Appeals," *Journal of Empirical Legal Studies* 10 (Oct 2013): 696–714, doi: 10.1111/jels.12024; Siddartha Bandyopadhyay and Bryan C. McCannon, "The Effect of the Election of Prosecutors on Criminal Trials"，尚未發表，完成後將發表於 *Public Choice,* http://ideas.repec.org/p/bir/birmec/11–08.html。
19. Daniel S. Medwed, *Prosecution Complex: America's Race to Convict and Its Impact on the Innocent* (New York: New York University Press, 2012), 78.
20. 同上註，頁 78-79。
21. 同上註，頁 77。
22. 同上註。
23. Saki Knafo, "How Aggressive Policing Affects Police Officers Themselves," *The Atlantic,* Jul 13, 2015, www.theatlantic.com/business/archive/2015/07/aggressive-policing-quotas/398165.
24. Jim Hoffer, "NYPD Officer Claims Pressure to Make Arrests," ABC, WABC-TV New York, Mar 2, 2010, http://abc7ny.com/archive/7305356.
25. Joel Rose, "Despite Laws and Lawsuits, Quota-Based Policing Lingers," *Weekend Edition Saturday,* National Public Radio, Apr 4, 2015, www.npr.org/2015/04/04/395061810/despite-laws-and-lawsuits-quota-based-policinglingers.
26. Mensah M. Dean, "Retired Philly Cop Recalls the Blue Wall of Silence," *The Inquirer,* Oct 26, 2016, www.philly.com/philly/news/20161026_Retired_Philly_cop_recalls_the_Blue_Wall_of_Silence.html. Stephanie Clifford, "An Ex-Cop's Remorse," *New Yorker,* Oct 24, 2016, www.newyorker.com/magazine/2016/10/24/an-ex-cops-remorse.
27. "ISU Team Calculates Societal Costs of Five Major Crimes; Finds Murder at $17.25 Million," Iowa State University News Service, Sept 27, 2010, www.news.iastate.edu/news/2010/sep/costofcrime#sthash.7Znl39yJ.dpuf。"Trial Proceedings: Length and Cost," Washington Courts, www.courts.wa.gov/newsinfo/index.cfm?fa=newsinfo.

displayContent&theFile=content/deathPenalty/trial.
28. Lincoln Caplan, "The Right to Counsel: Badly Battered at 50," *New York Times,* Mar 9, 2013, www.nytimes.com/2013/03/10/opinion/sunday/the-rightto-counsel-badly-battered-at-50.html?_r=1.
29. Julia O'Donoghue, "Plaquemines Parish Public Defenders Office to Close after State Cuts," *Times-Picayune,* Feb 16, 2016, www.nola.com/politics/index.ssf/2016/02/louisiana_public_defenders.html；Oliver Laughland, "When the Money Runs Out for Public Defense, What Happens Next?" Marshall Project, Sept 7, 2016, www.themarshallproject.org/2016/09/07/when-the-money-runs-out-for-public-defense-what-happensnext#.nQIRnitGk
30. Brentin Mock, "Why the ACLU Is Suing the New Orleans Public Defenders Office," *The Atlantic* City Lab, Jan 20, 2016, www.citylab.com/crime/2016/01/why-the-aclu-is-suing-new-orleans-public-defenders-office/424689; Ailsa Chang, "Not Enough Money or Time to Defend Detroit's Poor," *All Things Considered,* National Public Radio, Aug 17, 2009, www.npr.org/templates/story/story.php?storyId=111811319.
31. Matt Ford, "A Governor Ordered to Serve as a Public Defender," *The Atlantic,* Aug 5, 2016, www.theatlantic.com/politics/archive/2016/08/whenthe-governor-is-your-lawyer/494453.
32. Tina Peng, "I'm a Public Defender: It's Impossible for Me to Do a Good Job Representing My Clients," *Washington Post,* Sept 3, 2015, www.washingtonpost.com/opinions/our-public-defender-system-isnt-just-broken—its-unconstitutional/2015/09/03/aadf2b6c-519b-11e5–9812–92d5948a40f8_story.html.
33. "Minor Crimes, Massive Waste: The Terrible Toll of America's Broken Misdemeanor Courts," National Association of Criminal Defense Lawyers, Apr 2009, https://www.nacdl.org/reports/misdemeanor.
34. Ben Myers, "Orleans Public Defender's Office to Begin Refusing Serious Felony Cases Tuesday," *Times-Picayune,* Jan 11, 2016, www.nola.com/crime/index.ssf/2016/01/orleans_public_defenders_to_be.html. James Fuller, "Kane County Public Defender: We Can't Always Provide Rigorous Defense," *Daily Herald,* May 13, 2016, www.dailyherald.com/article/20160513/news/160519415.
35. "Innocents Have Gone to Jail, Say Nola Public Defenders," CBS News, Apr 13, 2017, www.cbsnews.com/news/innocents-have-gone-to-jail-say-nolapublic-defenders（瀏覽日期 2017/05/08）。
36. Alexa Van Brunt, "Poor People Rely on Public Defenders Who Are Too Overworked to Defend Them," *The Guardian,* Jun 17, 2015, www.theguardian.com/commentisfree/2015/jun/17/poor-rely-public-defenders-too-overworked; Andrew Cohen, "How Much Does a Public Defender Need to Know about a Client?" *The Atlantic,* Oct 23, 2013, www.theatlantic.com/national/archive/2013/10/how-much-does-a-public-defender-need-to-know-about-a-client/280761. Justin A. Hinkley and Matt Mencarini, "Court-Appointed Attorneys Paid Little, Do Little, Records Show," *Lansing State Journal,* Nov 4, 2016, www.lansingstatejournal.com/story/news/local/watchdog/2016/11/03/courtappointed-attorneys-paid-little-do-little-records-show/91846874.
37. Chang, "Not Enough Money or Time to Defend Detroit's Poor."
38. 同上註。

39. Daniel S. Medwed, "Anatomy of a Wrongful Conviction: Theoretical Implications and Practical Solutions," *Villanova Law Review* 51, no. 2 (2006): 370, http://digitalcommons.law.villanova.edu/vlr/vol51/iss2/3; Allen St. John, "The $40/Hr Defense Lawyer: 'Making a Murderer' Attorney Dean Strang Discusses the Economics of Innocence," *Forbes,* Jan 24, 2016, www.forbes.com/sites/allenstjohn/2016/01/24/the-40hr-defense-lawyer-making-a-murderattorney-dean-strang-discusses-the-economics-of-innocence/#11064a0dca18.
40. https://www.washingtonpost.com/opinions/our-public-defender-system-isnt-just-broken—its-unconstitutional/2015/09/03/aadf2b6c-519b-11e5-9812-92d5948a40f8_story.html?utm_term=.e36a74de8ee9
41. Keith Findley, "The Presumption of Innocence Exists in Theory, Not Reality," *Washington Post,* Jan 19, 2016, www.washingtonpost.com/news/in-theory/wp/2016/01/19/the-presumption-of-innocence-exists-in-theory-not-reality.
42. Hon. Alex Kozinski, "Preface: Criminal Law 2.0," *Georgetown Law Journal Annual Review of Criminal Procedure* 44 (2015): iii–xliv, https://georgetownlawjournal.org/assets/kozinski-arcp-preface-9a990f08f3f006558eaa03ccc440d3078f5899b3426ec47aaedb89c606caeae7.pdf.

第四章

1. Raymond S. Nickerson, "Confirmation Bias: A Ubiquitous Phenomenon in Many Guises," *Review of General Psychology* 2, no. 2 (1998): 175-220.
2. J. M. Darley and P. H. Gross, "A Hypothesis Confirming Bias in Labelling Effects," *Journal of Personality and Social Psychology* 44 (1983): 20-33.
3. E. J. Langer and R. P. Abelson, "A Patient by Any Other Name—Clinician Group Difference in Labeling Bias," *Journal of Consulting and Clinical Psychology* 42 (Feb 1974): 4-9.
4. Brendan Nyhan and Jason Reifler "When Corrections Fail: The Persistence of Political Misperceptions," *Political Behavior* 32 (Jun 2010): 303–30, doi:10.1007/s11109-010-9112-2.
5. D. Kuhn, "Children and Adults as Intuitive Scientists," *Psychological Review* 96 (Oct 1989): 674-89.
6. N. Pennington and R. Hastie, "The Story Model for Juror Decision Making," in *Inside the Juror: The Psychology of Juror Decision Making,* ed. R. Hastie (New York: Cambridge University Press, 1993), 192-221.
7. P. C. Wason, "On the Failure to Eliminate Hypotheses in a Conceptual Task," *Quarterly Journal of Experimental Psychology* 12, no. 2 (1960): 129-40.
8. Nickerson, "Confirmation Bias," 175.
9. 同上註，頁 205。
10. "The Causes of Wrongful Conviction," Innocence Project, www.innocenceproject.org/causes-wrongful-conviction（瀏覽日期 2016/05/01）。
11. Itiel E. Dror, David Charlton, and Ailsa E. Péron, "Contextual Information Renders Experts Vulnerable to Making Erroneous Identifications," *Forensic Science International* 156 (2006): 74-78, doi:10.1016/j.forsciint.2005.10.017.

12. 同上註。
13. Federal Bureau of Investigation and J. Edgar Hoover, *The Science of Finger-Prints: Classification and Uses* (Washington, D.C.: United States Government Printing Office, 2006), iv, www.gutenberg.org/files/19022/19022-h/19022-h.htm.
14. D. R. Ashbaugh, "The Premise of Friction Ridge Identification, Clarity, and the Identification Process," *Journal of Forensic Identification* 44 (1994): 499-516.
15. Sherry Nakhaeizadeha, Itiel E. Dror, and Ruth M. Morgana, "Cognitive Bias in Forensic Anthropology: Visual Assessments of Skeletal Remains Is Susceptible to Confirmation Bias," *Science and Justice* 54 (May 2014): 208-14, doi:10.1016/j.scijus.2013.11.003.
16. R. D. Stoel, I. E. Dror and L. S. Miller, "Bias among Forensic Document Examiners: Still a Need for Procedural Changes," *Australian Journal of Forensic Sciences* 46, no. 1 (2014): 91-97.
17. Itiel E. Dror and Greg Hampikian, "Subjectivity and Bias in Forensic DNA Mixture Interpretation," *Science and Justice* 51 (Dec 2011): 204-8, doi:10.1016/j.scijus.2011.08.004.
18. 有關於布蘭登・梅菲爾德案的完整評論，參見 "A Review of the FBI's Handling of the Brandon Mayfield Case," Office of the Inspector General, Jan 2006, https://oig.justice.gov/special/s0601/exec.pdf。
19. Itiel E. Dror and Simon A. Cole, "The Vision in 'Blind' Justice: Expert Perception, Judgment, and Visual Cognition in Forensic Pattern Recognition," *Psychonomic Bulletin and Review* 17, no. 2 (2010): 163, doi:10.3758/PBR.17.2.161.
20. Itiel E. Dror, "Practical Solutions to Cognitive and Human Factor Challenges in Forensic Science," *Forensic Science Policy and Management* 4 (2013): 1-9, doi: 10.1080/19409044.2014.901437.
21. 這份表格是由伊帝爾・卓爾博士提供給作者的，他在進行研究時從某案卷宗中取得。
22. Sandra Guerra Thompson, *Cops in Lab Coats: Curbing Wrongful Convictions through Independent Forensic Laboratories* (Durham, N.C.: Carolina Academic Press, 2015), 130-31.
23. Linda Geddes, "Forensic Failure: 'Miscarriages of Justice Will Occur,' " *New Scientist,* Feb 11, 2012, www.newscientist.com/article/mg21328514-600-forensic-failure-miscarriages-of-justice-will-occur.
24. 有關這個議題的進一步討論，參見 Radley Balko, "New Study Finds That State Crime Labs Are Paid per Conviction," *Huffington Post,* Aug 8, 2013, www.huffingtonpost.com/2013/08/29/in-some-states-crime-labs_n_3837471.html。亦可參見 Roger Koppl and Meghan Sacks, "The Criminal Justice System Creates Incentives for False Convictions," *Criminal Justice Ethics* 32, no. 2 (2013): 126-62, doi:10.1080/0731129X.2013.817070。
25. Sandra Guerra Thompson, *Cops in Lab Coats: Curbing Wrongful Convictions through Independent Forensic Laboratories* (Durham, N.C.: Carolina Academic Press, 2015), 127.
26. Mike Wagner et al., "Scientist's Work Records Show Litany of Problems, but Praise from Cops," *Columbus Dispatch,* Dec 7, 2016, www.dispatch.com/content/stories/local/2016/10/30/records-show-litany-of-problems-butpraise-from-cops.html.

27. Jill Riepenhoff, Lucas Sullivan, and Mike Wagner, "State Crime Lab: Do Thank You Notes Hint at Impropriety?" *Columbus Dispatch,* Nov 19, 2016, www.dispatch.com/content/stories/local/2016/11/19/domissin-thank-you-noteshint-at-impropriety.html.
28. Committee on Identifying the Needs of the Forensic Sciences Community, National Research Council, *Strengthening Forensic Science in the United States: A Path Forward,* available at the National Criminal Justice Reference Service, www.ncjrs.gov/pdffiles1/nij/grants/228091.pdf（瀏覽日期 2017/05/08）。
29. 同上註，頁 22、24。
30. Jordan Smith, "FBI and DOJ Vow to Continue Using Junk Science Rejected by White House Report," *The Intercept,* Sept 23, 2016, https://theintercept.com/2016/09/23/fbi-and-doj-vow-to-continue-using-junk-science-rejected-bywhite-house-report.
31. Jessica Gabel Cino, "Sessions's Assault on Forensic Science Will Lead to More Unsafe Convictions," *Newsweek,* Apr 20, 2017, www.newsweek.com/sessionss-assault-forensic-science-will-lead-more-unsafe-convictions-585762.
32. 關於瑞伊・克羅案詳情，參見美國平反案件登錄中心，www.law.umich.edu/special/exoneration/Pages/casedetail.aspx?caseid=3365（更新日期 2015/01/04）。
33. 後來克羅案進行再審，但是他二度被判有罪。第二次有罪時，克羅被判處無期徒刑。
34. 關於本案的完整事實，參見美國平反案件登錄中心，www.law.umich.edu/special/exoneration/Pages/casedetail.aspx?caseid=3656 的賴瑞案（瀏覽日期 2016/04/18）。
35. 關於本案的完整事實，參見美國平反案件登錄中心，www.law.umich.edu/special/exoneration/Pages/casedetail.aspx?caseid=3666 的羅伯特案（更新日期 2014/04/09）。
36. "Two Innocent Men Cleared Today in Separate Murder Cases in Mississippi, 15 Years after Wrongful Convictions," Feb 15, 2008, www.innocenceproject.org/Content/Two_Innocent_Men_Cleared_Today_in_Separate_Murder_Cases_in_Mississippi_15_Years_after_Wrongful_Convictions.php.
37. 關於本案的完整事實，參見美國平反案件登錄中心，www.law.umich.edu/special/exoneration/Pages/casedetail.aspx?caseid=4091 的喬治・艾倫案（更新日期 2013/01/18）。
38. 關於本案的完整事實，參見美國平反案件登錄中心，www.law.umich.edu/special/exoneration/Pages/casedetail.aspx?caseid=4283 的沃爾特・齊默案（更新日期 2014/04/07）。
39. 本案的完整事實，參見美國平反案件登錄中心，www.law.umich.edu/special/exoneration/Pages/casedetail.aspx?caseid=3245 的鮑勃・岡多和蘭迪・瑞希案（更新日期 2016/01/13）。
40. 詹姆士・帕森斯案的相關文件由作者提供。
41. Riepenhoff, Sullivan, and Wagner, "State Crime Lab: Do Thank You Notes Hint at Impropriety?"
42. 艾德・艾莫瑞克案的相關文件由作者提供。
43. 萊恩・威德默案的相關文件由作者提供。

第五章

1. Brandon Garrett, *Convicting the Innocent: Where Criminal Prosecutions Go Wrong*

(Cambridge, Mass.: Harvard University Press, 2012), 66.
2. "John Jerome White," National Registry of Exonerations, www.law.umich.edu/special/exoneration/pages/casedetail.aspx?caseid=3735（瀏覽日期 2017/04/18）。
3. Germain Lussier, "/Film Interview: Sarah Polley Explains Secrets of Her Brilliant Documentary 'Stories We Tell,' " /Film, May 17, 2013, www.slashfilm.com/film-interview-sarah-polley-explains-secrets-of-her-brilliantdocumentary-stories-we-tell.
4. D. L. Schacter, J. L. Harbluk, and D. R. McLachlan, "Retrieval without Recollection: An Experimental Analysis of Source Amnesia," *Journal of Verbal Learning and Verbal Behavior* 23 (Sept 1984): 593–96.
5. Dan Simon, *In Doubt: The Psychology of the Criminal Justice Process* (Cambridge, Mass.: Harvard University Press, 2012), 100.
6. Leon Festinger, *A Theory of Cognitive Dissonance* (Evanston, Ill.: Row, Peterson, 1957).
7. Elizabeth F. Loftus and John C. Palmer, "Reconstruction of Automobile Destruction: An Example of the Interaction between Language and Memory," *Journal of Verbal Learning and Verbal Behavior* 13 (Sept 1974): 585–89, doi: 10.1016/S0022-5371(74)80011-3.
8. 同上註，頁 585。
9. 同上註，頁 587。
10. 同上註，頁 588。
11. Elizabeth F. Loftus and Jacqueline E. Pickrell, "The Formation of False Memories," *Psychiatric Annals* 25 (Dec 1995): 720-25; 720.
12. 同上註。
13. 同上註，頁 721。
14. 同上註，頁 723。
15. 同上註，頁 724。
16. 同上註，頁 724-725。
17. "Elizabeth Loftus: How Reliable Is Your Memory?" *TED Conferences, LLC*, filmed Jun 2013, www.ted.com/talks/elizabeth_loftus_the_fiction_of_memory（瀏覽日期 2016/04/20）。
18. 參見 "The Causes of Wrongful Conviction," Innocence Project, www.innocenceproject.org/causes-wrongful-conviction（瀏覽日期 2016/05/01）。圖表也出自該網頁。
19. "% Exonerations by Contributing Factor," National Registry of Exonerations, www.law.umich.edu/special/exoneration/Pages/ExonerationsContribFactorsByCrime.aspx（瀏覽日期 2016/12/10）。
20. 同上註。根據二〇一六年四月的數據，在已知的冤錯案件中，百分之五十七是因為偽證或誣告。
21. Siegfried L. Sporer, *Psychological Issues in Eyewitness Identification* (New York: Taylor and Francis, 1996); Brian L. Cutler and Margaret Bull Kovera, *Evaluating Eyewitness Identification* (Oxford: Oxford University Press, 2010); Committee on Scientific Approaches to Understanding and Maximizing the Validity and Reliability of Eyewitness Identification et al., *Identifying the Culprit: Assessing Eyewitness Identification* (Washington D.C.: National Academies Press, 2015).
22. 出自查爾斯・古澤爾博士在作者承辦的道格拉斯・普拉德一案中所提出的口供書，檔案由作者提供。
23. Morgan et al., "Misinformation Can Influence Memory for Recently Experienced,

Highly Stressful Events," International Journal of Law and Psychiatry 36 (2013): 11–17； Jon B. Gould and Richard A. Leo, "One Hundred Years Later: Wrongful Convictions after a Century of Research," Journal of Criminal Law and Criminology 100 (Summer 2010): 841。

24. N. M. Steblay, "A Meta-Analytic Review of the Weapon Focus Effect," *Law and Human Behavior* 16, no. 4 (1992): 413–24; K. L. Pickel, "Unusualness and Threat as Possible Causes of 'Weapon Focus,' " *Memory* 6, no. 3 (1998): 277–95.
25. Radley Balko, "NYPD Shooting Demonstrates Flaws in Eyewitness Identification," *Washington Post,* May 15, 2015, www.washingtonpost.com/news/the-watch/wp/2015/05/15/nypd-shooting-demonstrates-the-flaws-ineyewitness-memory.
26. 出自查爾斯．古澤爾博士的口供書，頁 4，*Ohio v. Prade,* Court of Common Pleas Summit County Ohio (Case No. CR 1998-02-0463); E. F. Loftus, "Creating false memories," *Scientific American* 277 (1997): 70-75; E. F. Loftus and K. Ketcham, *The Myth of Repressed Memory* (New York: St. Martin's Press, 1994); E. F. Loftus and J. C. Palmer, "Reconstruction of Automobile Destruction: An Example of the Interaction between Language and Memory," *Journal of Verbal Learning and Verbal Behavior,* 13 (1974): 585-89; J. T. Wixted and E. B. Ebbesen, "On the Form of Forgetting," *Psychological Science* 2 (1991): 409-15; J. T. Wixted and E. B. Ebbesen, "Genuine Power Curves in Forgetting: A Quantitative Analysis of Individual Subject Forgetting Functions," *Memory and Cognition* 25 (1997): 731-39; A. D. Yarmey, M. J. Yarmey, and A. L. Yarmey, "Accuracy of Eyewitness Identification in Showups and Lineups," *Law and Human Behavior* 20 (1996): 459-77。
27. J. W. Shepherd, H. D. Ellis, and G. M. Davies, *Identification Evidence: A Psychological Evaluation* (Aberdeen: Aberdeen University Press, 1982).
28. 出自查爾斯．古澤爾博士的口供書，以及道格拉斯．普拉德案的其他相關文件，檔案由作者提供。
29. Daniel L. Schacter, "The Seven Sins of Memory: Insights from Psychology and Cognitive Neuroscience," *American Psychologist* 54, no. 3 (1999): 182-203, http://scholar.harvard.edu/files/schacterlab/files/schacter_american_psychologist_1999.pdf.
30. 類似研究的討論，參見 Jeffrey S. Neuschatz et al., "The Effects of Post-Identification Feedback and Age on Retrospective Eyewitness Memory," *Applied Cognitive Psychology* 19 (Mar 2005): 435–53, doi: 10.1002/acp.1084。參見 Amy Bradfield, Gary Wells, and Elizabeth Olson, "The Damaging Effect of Confirming Feedback on the Relation between Eyewitness Certainty and Identification Accuracy," Journal of Applied Psychology 87 (Feb 2002): 112–20。
31. "The State of Wisconsin vs. Steven A. Avery," *Dateline,* NBC News, Jan 29, 2016, www.nbcnews.com/dateline/video/full-episode-the-state-of-wisconsinvs-steven-a-avery-618615875727.
32. Laura Ricciardi and Moira Demos, "Eighteen Years Lost," *Making a Murderer,* Netflix Streaming, Dec 18, 2015. Documentary web series, episode 1, sixty minutes.
33. The Justice Project, "John Willis' Story," in *Eyewitness Identification: A Policy Review,* 12-14, https://public.psych.iastate.edu/glwells/The_Justice%20Project_Eyewitness_Identification_%20A_Policy_Review.pdf（瀏覽日期 2017/05/08）；"25 Years after Wrongful Conviction, Steven Phillips Set to Be Exonerated in Dallas Based on DNA

and Other Evidence," Innocence Project, Aug 4, 2008, www.innocenceproject.org/25-years-after-wrongfulconviction-steven-phillips-set-to-be-exonerated-in-dallas-based-on-dna-andother-evidence。
34. 關於具暗示性的指認過程範例，參見 Brandon Garrett, *Convicting the Innocent: Where Criminal Prosecutions Go Wrong* (Cambridge, Mass.: Harvard University Press, 2012), 61。
35. Laura A. Bischoff, "Sometimes I Wonder If Death Ain't Better," *Dayton Daily News,* Jun 3, 2007.
36. Elizabeth F. Loftus, "Juries Don't Understand Eyewitness Testimony," *New York Times,* Sept 1, 2011, www.nytimes.com/roomfordebate/2011/08/31/can-we-trust-eyewitness-identifications/juries-dont-understand-eyewitnesstestimony.
37. Christie Thompson, "Penny Beerntsen, the Rape Victim in 'Making A Murderer,' Speaks Out," Marshall Project, Jan 5, 2016, www.themarshallproject.org/2016/01/05/penny-beernsten-the-rape-victim-in-making-a-murdererspeaks-out?ref=hp-3–121#.fJu9vltXt.
38. Jennifer Thompson-Cannino, Ronald Cotton, and Erin Torneo, *Picking Cotton: Our Memoir of Injustice and Redemption* (New York : St. Martin's Press, 2009); "Eyewitness, Part 1," 60 *Minutes,* CBS News, Jul 12, 2009; "Eyewitness, Part 2," 60 *Minutes,* CBS News, Jul 12, 2009.
39. Lesley Stahl, " "Eyewitness: How Accurate Is Visual Memory?" CBS News, Mar 6, 2009, www.cbsnews.com/news/eyewitness-how-accurate-isvisual-memory/2.
40. "Eyewitness, Part 2."
41. "The Words 'Guilty Your Honor' May Hold Far Less Authority Now That the 300th Person Has Been Exonerated by DNA Evidence," *Sky Valley Chronicle,* Oct 1, 2012, www.skyvalleychronicle.com/FEATURE-NEWS/THEWORDS-GUILTY-YOUR-HONOR-FROM-A-JURY-MAY-HOLD-LESSAUTHORITY-BR-Now-that-the-300th-person-has-been-exonerated-by-DNA-evidence-1132961.
42. 同上註。
43. 同上註。
44. 同上註。
45. 同上註。
46. Douglas A. Blackmon, "Louisiana Death-Row Inmate Damon Thibodeaux Exonerated with DNA Evidence," *Washington Post,* Sept 18, 2012, www.washingtonpost.com/national/louisiana-death-row-inmate-damon-thibodeaux-is-exonerated-with-dna-evidence/2012/09/28/26e30012-0997-11e2-afffd6c7f20a83bf_print.html.
47. 同上註。
48. 同上註。
49. "Words 'Guilty Your Honor' May Hold Far Less Authority."
50. Blackmon, "Louisiana Death-Row Inmate Damon Thibodeaux Exonerated."
51. 同上註。
52. "Words 'Guilty Your Honor' May Hold Far Less Authority."
53. 同上註。
54. 同上註。
55. "The Causes of Wrongful Conviction," Innocence Project, 2016, www.innocenceproject.

org/causes-wrongful-conviction（瀏覽日期 2016/05/01）。
56. "% Exonerations by Contributing Factor," National Registry of Exonerations, www.law.umich.edu/special/exoneration/Pages/ExonerationsContribFactorsByCrime.aspx（更新日期 2016/12/10）。
57. *Colorado v. Connelly,* 479 U.S. 157.
58. 參見"John Mark Karr and the False Confession: Why?" WebMD, www.webmd.com/mental-health/features/john-mark-karr-false-confession-why（瀏覽日期 2016/04/20）。
59. Richard A. Leo, *Police Interrogation and American Justice* (Cambridge, Mass.: Harvard University Press, 2009): 201-10; Tom Wells and Richard A. Leo, *The Wrong Guys: Murder, False Confessions, and the Norfolk Four* (New York: New Press, 2008); John Grisham, *The Innocent Man: Murder and Injustice in a Small Town* (New York: Doubleday, 2006).
60. Ken Burns, David Mcmahon, and Sarah Burns, *The Central Park Five* (PBS, Florentine Films, WETA-TV, 2012)，為片長一百二十分鐘的紀錄片。
61. 參見Leo, *Police Interrogation and American Justice,* 210–25; Saul M. Kassin, "Internalized False Confessions," *Handbook of Eyewitness Psychology* 1 (2007), http://web.williams.edu/Psychology/Faculty/Kassin/files/Kassin_07_internalized%20confessions%20ch.pdf。
62. Kassin, "Internalized False Confessions," 171.
63. Julie Shaw and Stephen Porter, "Constructing Rich False Memories of Committing Crime," *Psychological Science* (Jan 2015).
64. 同上註，頁 298。
65. Kassin, "Internalized False Confessions," 176.
66. 同上註，頁 177。
67. 有關彼得・萊利案的完整事實，參見 Donald S. Connery, in *True Stories of False Confessions,* ed. Rob Warden and Steven A. Drizin (Evanston, Ill.: Northwestern University Press, 2006), 47–70; Kassin, "Internalized False Confessions," 175–94; D. S. Connery, *Guilty until Proven Innocent* (New York: Putnam, 1977), 173。
68. Douglas T. Kenrick, Steven L. Neuberg, and Robert B. Cialdini, *Social Psychology: Unraveling the Mystery,* 3rd ed. (Boston: Pearson, 2005), 173.
69. John Wilkens and Mark Sauer, "Haunting Questions: The Stephanie Crowe Murder Case," parts 1 and 2, SignOnSanDiego.com, Union-Tribune Publishing, May 11–12, 1999, http://legacy.utsandiego.com/news/reports/crowe/crowe2.html.
70. Frances E. Chapman, "Coerced Internalized False Confessions and Police Interrogations: The Power of Coercion," *Law and Psychology Review* 37 (2013): 159–92, http://heinonline.org/HOL/Page?handle=hein.journals/lpsyr37&div=8&g_sent=1&collection=journals.
71. 同上註，頁 185。
72. "Rock Hill Man Convicted of 2001 Rape, Murder of Daughter Seeks New Trial," *The Herald,* Jul 20, 2015, www.heraldonline.com/news/local/crime/article27957517.html.
73. Simon, *In Doubt,* 146.
74. Barry Berke and Eric Tirschwell, "New Rule Proposed on Note Taking in Criminal Cases," *New York Law Journal* 238, no. 47 (2007): 4.
75. Dan Simon, "The Limited Diagnosticity of Criminal Trials," *Vanderbilt Law Review* 64, no. 143 (2011): 150–51.

76. Danielle M. Loney and Brian L. Cutler, "Coercive Interrogation of Eyewitnesses Can Produce False Accusations," *Journal of Police and Criminal Psychology* 31, no. 1 (Mar 2016): 29–36, http://link.springer.com/article/10.1007/s11896-015-9165-6.
77. Wendy Gillis, "Aggressive Police Questioning May Boost False Accusations, Study Finds," *Toronto Star,* Feb 2, 2015, www.thestar.com/news/crime/2015/02/15/aggressive-police-questioning-may-boost-false-accusationsstudy-finds.html.
78. Stéphanie B. Marion et al., "Lost Proof of Innocence: The Impact of Confessions on Alibi Witnesses," *Law and Human Behavior* (Aug 24, 2015), http://dx.doi.org/10.1037/lhb0000156.
79. Simon, *In Doubt,* 95.
80. 同上註。
81. Marisol Bello, "Brian Williams Not Alone in Having False Memories," *USA Today,* Feb 6, 2015, www.usatoday.com/story/news/2015/02/05/brianwilliams-helicopter-memory/22928349；Brittny Mejia, "Scientists Explain How Brian Williams' Memory May Have Failed Him," *Los Angeles Times,* Feb 6, 2015, www.latimes.com/science/sciencenow/la-sci-sn-memoryblame-brian-williams-20150206-story.html
82. Luke Johnson and Sam Stein, "Mitt Romney Recalls Parade That Occurred Before He Was Born," *Huffington Post,* Feb 27, 2012, www.huffingtonpost.com/2012/02/27/mitt-romney-remembers-golden-jubilee_n_1305110.html.
83. Nicholas Thompson, "Lie or Mistake, Paul Ryan's Marathoning Past," *New Yorker,* Sept 1, 2012, www.newyorker.com/news/news-desk/lie-ormistake-paul-ryans-marathoning-past.
84. Daniel Greenberg, "President Bush's False Flashbulb Memory of 9/11/01," Applied Cognitive Psychology 18 (2004): 363–70, doi: 10.1002/acp.1016.

第六章

1. *U.S. v. Scheffer,* 523 U.S. 303.
2. 例如：可參見 4-76 *Modern Federal Jury Instructions—Civil P* 76.01（「證人看起來如何；他／她的舉動如何，例如他／她在作證時的態度、行為、舉止和表情是怎樣的？通常我們要看的不是一個人說了什麼，而是他／她怎麼說的」）；3-3-43 *Instructions for Virginia and West Virginia § 114–115; 1-II Criminal Jury Instructions for DC Final Instructions Instruction* 2.200。
3. Steve Drizin, "Dancing Eyebrows, Amanda Knox, and Jerry Hobbs: Assessing Guilt Based on Body Language Is a Dangerous Game," Huffington Post Crime Blog, Jul 14, 2014, www.huffingtonpost.com/steve-drizin/dancingeyebrows-amanda-k_b_5291451.html.
4. John Ferak, "Politician: Steven Avery's Eyes Prove He's Guilty," USA Today Network, Apr 6, 2016, www.postcrescent.com/story/news/local/stevenavery/2016/04/06/politician-averys-eyes-prove-hes-guilty/82586402.
5. 大衛・阿爾斯案的相關文件由作者提供。
6. Laura Ricciardi and Moira Demos, "Eighteen Years Lost," *Making a Murderer,* Netflix Streaming, Dec 18, 2015. Documentary web series, episode 1, sixty minutes.
7. Dave D'Marko, "Kansas Man Who Maintained His Innocence in Murder Case Released

from Prison," WDAF-TV, Dec 8, 2015, http://fox4kc.com/2015/12/08/kansas-man-who-maintained-his-innocence-in-murdercase-released-from-prison. 更多詳情可參見 Maurice Possley, "Floyd Bledsoe," National Registry of Exonerations, www.law.umich.edu/special/exoneration/pages/casedetail.aspx?caseid=4809（更新日期 2015/12/14）。
8. 關於本案的完整事實，參見美國平反案件登錄中心，www.law.umich.edu/special/exoneration/Pages/casedetail.aspx?caseid=4283 沃爾特・齊默案（更新日期 2014/04/07）。
9. Paul Ekman, *Telling Lies: Clues to Deceit in the Marketplace, Politics, and Marriage* (New York: W. W. Norton, 2001).
10. Samantha Mann, Aldert Vrij, and Ray Bull, "Detecting True Lies: Police Officers' Ability to Detect Suspects' Lies," *Journal of Applied Psychology* 89, no. 1 (2004): 137-49, University of Portsmouth, http://eprints.port.ac.uk/id/eprint/23; R. E Kraut, "Humans as Lie Detectors: Some Second Thoughts," *Journal of Communication* 30 (1980): 209-16.
11. Charles F. Bond, Jr., and Bella M. DePaulo, "Accuracy of Deception Judgments," *Personality and Social Psychology Review* 10, no. 3 (2006): 214–34, www.communicationcache.com/uploads/1/0/8/8/10887248/accuracy_of_deception_judgments.pdf.
12. Mann, Vrij, and Bull, "Detecting True Lies," 137-49.
13. F. E. Inbau et al., *Criminal Interrogation and Confessions,* 4th ed. (Gaithersburg, Md.: Aspen, 2001).
14. Joel Seidman, "GAO: $1 Billion TSA Behavioral Screening Program 'Slightly Better than Chance,' " NBC News, Nov 13, 2013, www.nbcnews.com/news/other/gao-1-billion-tsa-behavioral-screening-program-slightly-betterchance-f2D11588343.
15. "Aviation Security TSA Should Limit Future Funding for Behavior Detection Activities," *United States Government Accountability Office,* Nov 2013, http://msnbcmedia.msn.com/i/msnbc/sections/news/GAO-TSA_SPOT_Report.pdf. Italics added.
16. Seidman, "GAO: $1 Billion."
17. 有關本案的完整事實，參見 David Grann, "Trial by Fire: Did Texas Execute an Innocent Man?" *New Yorker,* Sept 7, 2009, www.newyorker.com/magazine/2009/09/07/trial-by-fire 的威林罕案。
18. "Cameron Todd Willingham: Wrongfully Convicted and Executed in Texas," Innocence Project, Sept 13, 2010, www.innocenceproject.org/newsevents-exonerations/cameron-todd-willingham-wrongfully-convicted-andexecuted-in-texas.
19. Douglas J. Carpenter et al., "Report on the Peer Review of the Expert Testimony in the Cases of State of Texas v. Cameron Todd Willingham and State of Texas v. Ernest Ray Willis," *Arson Review Committee: A Peer Review Panel Commissioned by the Innocence Project,* www.innocenceproject.org/wpcontent/uploads/2016/04/file.pdf（瀏覽日期 2016/05/01）；Craig L. Beyler, "Analysis of the Fire Investigation Methods and Procedures Used in the Criminal Arson Cases against Ernest Ray Willis and Cameron Todd Willingham," Hughes Associates, Aug. 17, 2009, www.scribd.com/doc/20603037/Analysis-of-the-Methods-and-Procedures-Used-in-the-Cameron-Todd-Willingham-Arson-Case; Grann, "Trial by Fire".
20. Beyler, "Analysis of the Fire Investigation."

21. Sarah Koenig, *Serial,* episode 9, "To Be Suspected," podcast audio, Nov 20, 2014, https://serialpodcast.org/season-one/9/to-be-suspected.
22. Pamela Colloff, "The Innocent Man, Part One," *Texas Monthly* (Nov 2012), www.texasmonthly.com/politics/the-innocent-man-part-one/#sthash.2HNay7ea.dpuf.
23. "Michael Morton," National Registry of Exonerations, www.law.umich.edu/special/exoneration/pages/casedetail.aspx?caseid=3834（瀏覽日期 2016/04/21）。
24. Maurice Possley, "Russell Faria," National Registry of Exonerations, www.law.umich.edu/special/exoneration/Pages/casedetail.aspx?caseid=4792（瀏覽日期 2015/11/16）。
25. 除非另有說明，否則本案的案件事實均出自：*Lee v. Tennis*, 2014 U.S. Dist. LEXIS 110736, 2014 WL 3894306 (M.D. Pa. Jun 13, 2014); Transcript of Record, *Commonwealth v. Lee,* 433 Pa. Super. (No. CP-45-CR-0000577-1989)。
26. Transcript of Record at 162, 621, *Commonwealth v. Lee,* 433 Pa. Super. (No. CP-45-CR-0000577-1989).
27. 同上註，頁 156。
28. 同上註，頁 257。
29. Appellant's Brief at 33, Lee v. Cameron, 2014 U.S. Dist. LEXIS 117115 (2015) (No. 14-3876) Doc. 003111853826.
30. 除非另有說明，否則本案的案件事實均出自：Transcript of Record, *Georgia v. Debelbot,* Superior Court of Muscogee County (Indictment No. SU-09-CR-1843)。
31. 同上註，頁 251。
32. 同上註，頁 250-52。
33. 同上註，頁 288-89。
34. Defendant's Brief in Support of Amended Motion for New Trial, *Georgia v. Debelbot,* Superior Court of Muscogee County (Indictment No. SU-09-CR-1843).
35. Tim Chitwood, "Whether Parents Crushed Infant's Skull Subject of New Trial Hearing," *Ledger Enquirer,* Jan 12, 2015, www.ledger-enquirer.com/news/local/crime/article29383837.html#storylink=cpy.
36. 除非另有說明，否則本案的案件事實均出自：Judge (ret.) Leslie Crocker Synder et al., *Report on the Conviction of Jeffrey Deskovic: Prepared at the Request of Janet DiFiore, Westchester County District Attorney* (Jun 2007), www.westchesterda.net/Jeffrey%20Deskovic%20Comm%20Rpt.pdf。
37. "Jeff Deskovic," Innocence Project, www.innocenceproject.org/casesfalse-imprisonment/jeff-deskovic#sthash.UnH4jzsp.dpuf（瀏覽日期 2016/04/22）。
38. Synder et al., *Report on the Conviction,* 16.

第七章

1. Keith Findley and Michael S. Scott, "The Multiple Dimensions of Tunnel Vision in Criminal Cases," *Wisconsin Law Review* 2 (Jun 2006): 307, http://ssrn.com/abstract=911240.
2. 同上註，頁 309。
3. 同上註，頁 317。
4. 這個脈絡中的隧道視野泛稱我們都會發生的「一般性捷思和邏輯的謬誤」，它會讓刑事司法制度中的行動者「把焦點集中在某一名嫌犯，挑選並過濾出能『說服別人』他有罪的證據，並且忽略或隱瞞無法導出有罪這個結論的證據」。這個過程會讓偵辦者、檢察官、法官和被告律師都只專注在某個特定的結論，並且透過那個結論的濾鏡，篩選所有證據。在這個濾鏡下，只要是能夠支持所要採取結論的資訊，重要性都會獲得提升、被視為與其他證據相符，也被看作是相關且有證明力的證據。與理論不符的證據就很容易被忽略，或是被當作無關、不可信或不可靠的證據，因而不予考慮。正確來說，隧道視野比較像是人性和制度以及文化壓力下的產物，而不是出自惡意或冷漠。參見 Keith Findley, "Tunnel Vision," in *Conviction of the Innocent: Lessons from Psychological Research,* ed. Brian Culter (Washington, D.C.: APA Press, 2010), http://ssrn.com/abstract=1604658。

5. 有關捷思和決斷的更多內容，參見 Amos Tversky and Daniel Kahneman, "Judgments under Uncertainty: Heuristics and Biases," *Science* 185 (Sept 1974): 1124-31。doi:10.1126/science.185.4157.1124; Amos Tversky and Daniel Kahneman, "Availability: A Heuristic for Judging Frequency and Probability," *Cognitive Psychology* 5 (Sept 1973): 207-33, doi:10.1016/0010-0285(73)90033-9; Daniel Kahneman and Gary Klein, "Conditions for Intuitive Expertise: A Failure to Disagree," *American Psychologist* 64 (Sept 2009): 515-26, doi:10.1037/a0016755。
6. MatthewAid.com, "Analyst Liabilities and the Iraqi WMD Intelligence Failure," blog entry by Matthew Aid, Sept 7, 2013, www.matthewaid.com/post/31058119160/analyst-liabilities-and-the-iraqi-wmd-intelligence.
7. The Commission on the Intelligence Capabilities of the United States Regarding Weapons of Mass Destruction, Rep. to the President (Mar 31, 2005),P162, https://fas.org/irp/offdocs/wmd_report.pdf.
8. 同上註，頁 3。
9. Carol Tavris and Elliot Aronson, *Mistakes Were Made (But Not by Me): Why We Justify Foolish Beliefs, Bad Decisions, and Hurtful Acts* (New York: Houghton Mifflin Harcourt Publishing, 2015), 3–7.
10. 同上註，頁 7。
11. MatthewAid.com, "Analyst Liabilities and the Iraqi WMD Intelligence Failure."
12. Tavris and Aronson, *Mistakes Were Made,* 175.
13. 同上註。
14. Findley and Scott, "The Multiple Dimensions of Tunnel Vision," 325.
15. 除非另有說明，否則本案的案件事實均出自：Pamela Colloff, "The Innocent Man, Part One," *Texas Monthly* (Nov 2012), www.texasmonthly.com/politics/the-innocent-man-part-one/#sthash.2HNay7ea.dpuf；Colloff, "The Innocent Man, Part Two," *Texas Monthly* (Dec 2012), www.texasmonthly.com/articles/the-innocent-man-part-two。
16. "Michael Morton," National Registry of Exonerations, www.law.umich.edu/special/exoneration/pages/casedetail.aspx?caseid=3834（瀏覽日期 2016/04/28）。
17. 事實部分摘要自 Findley, "Tunnel Vision"。
18. 事實部分摘要自 Tom Wells and Richard A. Leo, *The Wrong Guys: Murder, False Confessions, and the Norfolk Four* (New York: New Press, 2008)。
19. "Convictions Vacated for Two Cases of the So-Called 'Norfolk Four,' " Associated Press / WAVY, Oct 31, 2016, http://wavy.com/2016/10/31/judge-tohold-hearing-in-norfolk-four-cases; Priyanka Boghani, "Norfolk Four Pardoned 20 Years after False Confessions," *Frontline,* PBS/WGBH, Mar 22, 2017, www.pbs.org/wgbh/frontline/

article/norfolk-four-pardoned-20-years-after-falseconfessions.
20. Findley and Scott, "The Multiple Dimensions of Tunnel Vision," 305–7.
21. Syndney H. Schangberg, "A Journey through the Tangled Case of the Central Park Jogger," *Village Voice,* Nov 19, 2002, www.villagevoice.com/news/a-journey-through-the-tangled-case-of-the-central-park-jogger-6436053.
22. Findley and Scott, "The Multiple Dimensions of Tunnel Vision," 305–7.
23. Schangberg, "Journey through the Tangled Case of the Central Park Jogger."
24. 同上註。
25. Findley and Scott, "The Multiple Dimensions of Tunnel Vision," 305-7.
26. 同上註，頁 335。參見 Adam Benforado, *Unfair: The New Science of Criminal Injustice* (New York: Penguin Random House, 2015), 31。
27. Carrie Sperling, "Defense Lawyer Tunnel Vision: The Oft-Ignored Role Defense Counsel Plays in Wrongful Convictions," *The Defender* (Fall 2010): 19, http://ssrn.com/abstract=1802654.
28. Wendy J. Coen, "The Unparalleled Power of Expert Testimony," in *Forensic Science Testimony: Science, Law, and Expert Evidence,* ed. C. Michael Bowers (Oxford: Academic Press, 2014), 221.
29. Michael Martinez, "South Carolina Cop Shoots Unarmed Man: A Timeline," CNN, Apr 9, 2015, www.cnn.com/2015/04/08/us/south-carolinacop-shoots-black-man-timeline.
30. Matt Gelb, "Former Philly Narcotics Cop Jeffrey Walker Sentenced to 3 1/2 Years in Prison," Philadelphia Media Network, Jul 31, 2015, www.philly.com/philly/news/20150730_Former_Philly_narcotics_cop_Jeffrey_Walker_sentenced_to_31_2_years_in_prison.html; Michael E. Miller, "Cop Accused of Brutally Torturing Black Suspects Costs Chicago $5.5 Million," *Washington Post,* Apr 15, 2015, www.washingtonpost.com/news/morning-mix/wp/2015/04/15/closing-the-book-on-jon-burge-chicago-cop-accused-of-brutallytorturing-african-american-suspects.
31. Dahlia Lithwick, "Crime Lab Scandals Just Keep Getting Worse," *Slate Magazine,* Oct 19, 2015, www.slate.com/articles/news_and_politics/crime/2015/10/massachusetts_crime_lab_scandal_worsens_dookhan_and_farak.html.
32. Katie Mulvaney, "R.I. Criminal Defense Lawyer Sentenced to 6 Years in Prison for Bribery Scheme," *Providence Journal,* Sept 11, 2013, www.providencejournal.com/article/20130911/News/309119971; Debra Cassens Weiss, "California Criminal Defense Lawyer Convicted of Laundering Money for Client," *ABA Journal,* Jul 21, 2010, www.abajournal.com/news/article/california_defense_lawyer_convicted_of_laundering_money_for_client; Martha Neil, "Attorney Is Convicted of Conspiring to Bilk Criminal Defense Clients Out of Big Bucks," *ABA Journal,* May 29, 2015, www.abajournal.com/news/article/defense_attorney_is_convicted_of_conspiring_to_dupe_criminal_clients_into_p.
33. Eyder Peralta, "Pa. Judge Sentenced to 28 Years in Massive Juvenile Justice Bribery Scandal," *The Two-Way,* National Public Radio, Aug 11, 2011, www.npr.org/sections/thetwo-way/2011/08/11/139536686/pa-judge-sentencedto-28-years-in-massive-juvenile-justice-bribery-scandal.
34. Bruce A. MacFarlane, "Wrongful Convictions: The Effect of Tunnel Vision and Predisposing Circumstances in the Criminal Justice System," *Prepared for theInquiry*

into Pediatric Forensic Pathology in Ontario, the Honourable Stephen T. Goudge, Commissioner (2008), 20, www.attorneygeneral.jus.gov.on.ca/inquiries/goudge/policy_research/pdf/Macfarlane_Wrongful-Convictions.pdf.

35. 同上註。
36. Brigit Katz, "*Making a Murderer* Lawyer Says Humility Is Needed to Change a Flawed Legal System," *New York Times,* Jan 29, 2016, http://nytlive.nytimes.com/womenintheworld/2016/01/29/making-a-murderer-lawyersays-humility-is-the-answer-to-flawed-legal-system.
37. Matt Ford, "The Ethics of Killing Baby Hitler," *The Atlantic,* Oct 24, 2015, www.theatlantic.com/international/archive/2015/10/killing-baby-hitlerethics/412273.
38. Tim Lynch, "An 'Epidemic' of Prosecutorial Misconduct," Cato Institute, Dec 12, 2013, www.policemisconduct.net/epidemic-prosecutorial-misconduct.
39. Diana M. Wright and Michael A. Trimpe, "Summary of the FBI Laboratory's Gunshot Residue Symposium," *Forensic Science Communications* 8, no. 3 (2005), www.fbi.gov/about-us/lab/forensic-science-communications/fsc/july2006/research/2006_07_research01.htm. R. E. Berk et al., "Gunshot Residue in Chicago Police Vehicles and Facilities: An Empirical Study," *Journal of Forensic Science* 52 (July 2004): 838–41; B. Cardinetti et al., "X-ray Mapping Technique: A Preliminary Study in Discriminating Gunshot Residue Particles from Aggregates of Environmental Occupational Origin," *Forensic Science International* 143 (Jun 2004): 1-14。
40. Dennis L. McGuire, "The Controversy Concerning Gunshot Residues Examinations," *Forensic Magazine,* Aug 1, 2008, www.forensicmag.com/articles/2008/08/controversy-concerning-gunshot-residues-examinations.
41. Wright and Trimpe, "Summary of the FBI Laboratory's Gunshot Residue Symposium."
42. John Ferak, "Legal Experts Blast Avery Prosecutor's Conduct," USA Today Network—Wisconsin, Jan 24, 2016, www.postcrescent.com/story/news/local/steven-avery/2016/01/15/kratzs-pretrial-behavior-called-unethical/78630248.
43. Vidar Halvorsen, "Is It Better That Ten Guilty Persons Go Free than That One Innocent Person Be Convicted?" *Criminal Justice Ethics* 23, no. 2 (2004): 3–13.
44. Amy Klobuchar, Nancy K. Steblay, and Hilary Lindell Caligiuri, "Improving Eyewitness Identifications: Hennepin County's Blind Sequential Lineup Pilot Project," *Cardozo Public Law, Policy, and Ethics Journal* 4 (2006): 381–413; Gary L. Wells et al., "Eyewitness Identification Procedures: Recommendations for Lineups and Photospreads," *Law and Human Behavior* 22 (Dec 1998): 603-47, www.psychology.iastate.edu/FACULTY/gwells/Wells_articles_pdf/whitepaperpdf.pdf
45. 撲克牌玩家的比喻出自 Justin Brooks, "The Role of the Innocence Project in the United States and the Current Situation," keynote speech, Ritsumeikan University, Osaka Japan, Mar 20, 2016。
46. *Farlex Partner Medical Dictionary,* s.v. "double-blind study," http://medical-dictionary.thefreedictionary.com/double-blind+study（檢索日期 2016/05/09）。
47. 參見 R. C. Lindsay and Gary L. Wells, "Improving Eyewitness Identifications from Lineups: Simultaneous versus Sequential Lineup Presentation," *Journal of Applied Psychology* 70 (Aug 1985): 556–64, http://dx.doi.org/10.1037/0021–9010.70.3.556; R. C. Lindsay et al., "Biased Lineups: Sequential Presentation Reduces the Problem,"

Journal of Applied Psychology 76 (Dec 1991): 796–802, http://dx.doi.org/10.1037/0021-9010.76.6.796。不過美國國家科學院出版的報告認為還需要更多研究，才能夠確定這個方法的確優於其他方法。Thomas D. Albright et al., *Identifying the Culprit: Assessing Eyewitness Identification,* National Academy of Sciences (Washington D.C.: National Academies Press, 2014), 3。

48. "Report Urges Caution in Handling and Relying upon Eyewitness Identifications in Criminal Cases, Recommends Best Practices for Law Enforcement and Courts," National Academies, Oct 2, 2014, www.8.nationalacademies.org/onpinews/newsitem.aspx?RecordID=18891.
49. 同上註。
50. 直到二〇一七年初，檢方還在對這個裁決提起上訴，該案目前仍繫屬於美國聯邦第七巡迴上訴法院的待決案。參見 Steve Almasy, "Making a Murderer: Brendan Dassey Conviction Overturned," CNN, Aug 12, 2016, www.cnn.com/2016/08/12/us/making-a-murdererbrendan-dassey-conviction-overturned。
51. 關於 HIG 和 PEACE 偵訊法，參見 James L. Trainum, *How the Police Generate False Confessions: An Inside Look at the Interrogation Room* (Lanham, Md.: Rowman and Littlefield, 2016); Kelly McEvers, "In New Age of Interrogations, Police Focus on Building Rapport," *All Things Considered,* National Public Radio, May 23, 2016, www.npr.org/2016/05/23/479207853/in-new-age-of-interrogations-police-focus-onbuilding-rapport; "Symposium Facilitates Exchange of Research on Lawful Interrogations," FBI, Oct 27, 2015, www.fbi.gov/news/stories/symposiumfacilitates-exchange-of-research-on-lawful-interrogations; Robert Kolker, "Nothing but the Truth," Marshall Project, May 24, 2016, www.themarshallproject.org/2016/05/24/nothing-but-the-truth#.IkBS3CvTk。
52. Robert Kolker, "A Severed Head, Two Cops, and the Radical Future of Interrogation," *Wired,* May 24, 2016, www.wired.com/2016/05/how-tointerrogate-suspects.
53. "Contributing Causes of Wrongful Convictions (First 325 DNA Exonerations)," Innocence Project, www.innocenceproject.org/causes-wrongfulconviction（瀏覽日期 2015/05/05）。
54. "% Exonerations by Contributing Factor," National Registry of Exonerations, www.law.umich.edu/special/exoneration/Pages/ExonerationsContribFactorsByCrime.aspx（瀏覽日期 2016/12/10）。
55. Hon. Alex Kozinski, "Preface: Criminal Law 2.0," *Georgetown Law Journal Annual Review of Criminal Procedure* 44 (2015): iii–xliv, http://georgetownlawjournal.org/files/2015/06/Kozinski_Preface.pdf.
56. 同上註。參見 Henry Weinstein, "Use of Jailhouse Testimony Is Uneven in State," *Los Angeles Times,* Sept 21, 2006, http://articles.latimes.com/2006/sep/21/local/me-jailhouse21。
57. 同上註。參見 Russell D. Covey, "Abolishing Jailhouse Snitch Testimony," *Wake Forest Law Review* 49 (Jan 2014): 1375。
58. 參見 David A. Harris, *Failed Evidence: Why Law Enforcement Resists Science* (New York: New York University Press, 2012); Kevin J. Strom and Matthew J. Hickman, *Forensic Science and the Administration of Justice: Critical Issues and Directions* (New York: Sage Publications, 2014)。也可參見 Sandra Guerra Thompson, *Cops in Lab Coats: Curbing Wrongful Convictions through Independent Forensic Laboratories*

(Durham, N.C.: Carolina Academic Press, 2015)。

59. Stephen A. Cooper, "D.C. Judge Rejects Junk Science but the Law Is Slow to Follow," *Huffington Post,* Jan 25, 2016, www.huffingtonpost.com/stephen-a-cooper/dc-judge-rejects-junk-sci_b_9063476.html.
60. Laura Ricciardi and Moira Demos, "The Last Person to See Teresa Alive," *Making a Murderer,* Netflix Streaming, Dec 18, 2015.Documentary web series, episode 5, sixty minutes.
61. Mark A. Godsey and Marie Alou, "She Blinded Me with Science: Wrongful Convictions and the 'Reverse CSI-Effect,' " *Texas Wesleyan Law Review* 17 (2011): 481.
62. 在不實自白的案件中最常發現這個「連鎖效應」（cascading effect）。Saul M. Kassin, Daniel Bogart, and Jacqueline Kerner, "Confessions That Corrupt: Evidence from the DNA Exoneration Case Files," *Psychological Science* 23 (Jan 2012): 41-45, doi: 10.1177/0956797611422918。
63. Findley, "Tunnel Vision."

第八章

1. Brigit Katz, "*Making a Murderer* Lawyer Says Humility Is Needed to Change a Flawed Legal System," *New York Times,* Jan 29, 2016, http://nytlive.nytimes.com/womenintheworld/2016/01/29/making-a-murderer-lawyersays-humility-is-the-answer-to-flawed-legal-system.
2. 參考文獻可見：Siegfried L. Sporer, *Psychological Issues in Eyewitness Identification* (New York: Taylor and Francis, 1996); Brian L. Cutler and Margaret Bull Kovera, *Evaluating Eyewitness Identification* (Oxford: Oxford University Press, 2010); Committee on Scientific Approaches to Understanding and Maximizing the Validity and Reliability of Eyewitness Identification et al., *Identifying the Culprit: Assessing Eyewitness Identification* (Washington D.C.: National Academies Press, 2015); Ethan Brown, *Snitch: Informants, Cooperators, and the Corruption of Justice* (New York: Public Affairs, 2007); David A. Harris, *Failed Evidence: Why Law Enforcement Resists Science* (New York: New York University Press, 2012); Sandra Guerra Thompson, *Cops in Lab Coats: Curbing Wrongful Convictions through Independent Forensic Laboratories* (Durham, N.C.: Carolina Academic Press, 2015); Richard A. Leo, *Police Interrogation and American Justice* (Cambridge, Mass.: Harvard University Press, 2009); Tom Wells and Richard A. Leo, *The Wrong Guys: Murder, False Confessions, and the Norfolk Four* (New York: New Press, 2008)。
3. Committee on Scientific Approaches to Understanding and Maximizing the Validity and Reliability of Eyewitness Identification et al., *Identifying the Culprit;* Itiel E. Dror and Simon A. Cole, "The Vision in 'Blind' Justice: Expert Perception, Judgment, and Visual Cognition in Forensic Pattern Recognition," *Psychonomic Bulletin and Review* 17 (2010): 163, doi:10.3758; Itiel E. Dror, "Practical Solutions to Cognitive and Human Factor Challenges in Forensic Science," *Forensic Science Policy and Management* 4 (2013), doi: 10.1080/19409044.2014.901437; Itiel E. Dror, "Cognitive Neuroscience in Forensic Science: Understanding and Utilizing the Human Element," *Philosophical Transactions of the Royal Society B* (Mar 2015), http://dx.doi.org/10.1098/

rstb.2014.0255; Kevin J. Strom and Matthew J. Hickman, *Forensic Science and the Administration of Justice: Critical Issues and Directions* (New York: Sage Publications, 2014); Harris, *Failed Evidence;* Thompson, *Cops in Lab Coats*.

4. 同上註，頁 198-99、211。
5. Sophie Stammers and Sarah Bunn, "Unintentional Bias in Forensic Investigation," *Postbrief,* Parliamentary Office of Science and Technology (Oct 2015), researchbriefings.files.parliament.uk/documents/POST-PB-0015/POST-PB-0015.pdf; Dror and Cole, "The Vision in 'Blind' Justice".
6. 不適任的辯護律師是造成冤錯案件的主因：「過勞的律師無法進行調查、傳喚證人或是好好準備審判，這會導致無辜的人被判有罪。如果辯護律師沒有完成他／她的工作，受害的是被告。公設辯護人和法院派任的律師資金短缺，也無法取得足夠的資源，這只會讓事情變得更糟。」"Inadequate Defense," Innocence Project, www.innocenceproject.org/causes/inadequate-defense（瀏覽日期 2016/05/20）。亦參見無辜計畫的下列報告：Dr. Emily M. West, "Court Findings of Ineffective Assistance of Counsel Claims in Post-Conviction Appeals among the First 255 DNA Exoneration Cases," Innocence Project, Sept 2016, www.innocenceproject.org/wp-content/uploads/2016/05/Innocence_Project_IAC_Report.pdf；"Inadequately Funded Public Defender Services Threaten Criminal Justice System, ACLU Testifies," American Civil Liberties Union, Mar 26, 2009, www.aclu.org/news/inadequately-funded-public-defender-services-threatencriminal-justice-system-aclu-testifies。
7. 企業主管通常也要做出一些高風險的決策，所以企業界已經有這種訓練。參考 Max H. Bazerman and Dolly Chugh, "Decisions without Blinders," *Harvard Business Review,* Jan 2006（內容在討論訓練個人承認決策過程的隧道視野有何好處），https://hbr.org/2006/01/decisions-without-blinders; Judith Winters Spain et al., "Tunnel Vision: A Multi-Perspective Model and Case Application of Organizational Social Responsibility"，提出報告的單位是 Department of Management, Marketing, and Administrative Communication at Eastern Kentucky University（建議主管要訓練員工承認他們自己的偏誤，才能做出更好的決策），http://people.eku.edu/englea/TunnelVisionconfproceed.htm。亦可參見 Daniel S. Medwed, *Prosecution Complex: America's Race to Convict and Its impact on the Innocent* (New York: New York University Press, 2012); Keith Findley, "Tunnel Vision," in *Conviction of the Innocent: Lessons from Psychological Research,* ed. Brian Culter (Washington, D.C.: APA Press, 2010), http://ssrn.com/abstract=1604658; Keith Findley and Michael S. Scott, "The Multiple Dimensions of Tunnel Vision in Criminal Cases," *Wisconsin Law Review* 2 (Jun 2006), http://ssrn.com/abstract=911240; Laurie L. Levenson, "The Cure for the Cynical Prosecutors' Syndrome: Rethinking a Prosecutor's Role in Post-Conviction Cases," *Berkeley Journal of Criminal Law* 20 (Aug 2015); Loyola Law School, Los Diegoes Legal Studies Research Paper No. 2015-27，可於下列網址取得：SSRN, https://papers.ssrn.com/sol3/papers.cfm?abstract_id=264829（瀏覽日期 2017/05/01）。
8. 參見 "Tunnel Vision," in *FPT Heads of Prosecutions Committee Report of the Working Group on the Prevention of Miscarriages of Justice,* Government of Canada Department of Justice, Jan 7, 2015, www.justice.gc.ca/eng/rp-pr/cj-jp/ccr-rc/pmj-pej/p4.html#s44。
9. "A Messy Supreme Court Case Shows Why Judges Should Be Appointed, Not Elected," *Washington Post,* Jan 21, 2015, www.washingtonpost.com/opinions/a-messy-supreme-

court-case-shows-why-judges-should-beappointed-not-elected/2015/01/21/dab54610-a0f6-11e4-9f89-561284a573f8_story.html; John L. Dodd et al., "The Case for Judicial Appointments," Federalist Society, Jan 1, 2003, www.fed-soc.org/publications/detail/the-case-for-judicialappointments。有關美國現行檢察官選舉制度的一般性討論，參見 Michael J. Ellis, "The Origins of the Elected Prosecutor," *Yale Law Journal* 121, no. 6 (Apr 2012): 1528-69。

10. "The Causes of Wrongful Conviction," Innocence Project, www.innocenceproject.org/causes-wrongful-conviction（瀏覽日期 2016/05/19）。
11. Phil Locke, "Why a Wrongful Conviction Is Like a Plane Crash—or Should Be," Wrongful Convictions Blog, Feb 16, 2015, https://wrongfulconvictionsblog.org/2015/02/16/why-a-wrongful-conviction-is-like-a-plane-crashor-should-be; Sarina Houston, "Inside the Aircraft Accident Investigation Process," *About Money,* Dec 19, 2014, http://aviation.about.com/od/Accidents/a/Inside-The-Aircraft-Accident-Investigation-Process.htm.
12. Fred C. Lunenburg, "Devil's Advocacy and Dialectical Inquiry: Antidotes to Groupthink," International Journal of Scholarly Academic Intellectual Diversity 14 (Nov 2012): 5-6.
13. Thomas J. Peters and Robert H. Waterman, Jr., *In Search of Excellence: Lessons from America's Best-Run Companies* (New York: Harper Business, 2006).
14. 參見 Max H. Bazerman and Dolly Chugh, "Decisions without Blinders," *Harvard Business Review,* Jan 2006, https://hbr.org/2006/01/decisionswithout-blinders。
15. "Eyewitness Misidentification," Innocence Project, www.innocenceproject.org/causes/eyewitness-misidentification（瀏覽日期 2016/05/19）。
16. Thomas P. Sullivan, "Compendium: Electronic Recording of Custodial Interrogations," National Association of Criminal Defense Lawyers, Jan 8, 2016, www.nacdl.org/criminaldefense.aspx?id=31573&libID=31542（可下載 pdf 檔案）。
17. Wicklander-Zulawski and Associates 新聞稿，"WZ Discontinues Reid Method," Mar 6, 2017, www.w-z.com/portfolio/press-release。
18. Spencer S. Hsu, "FBI Admits Flaws in Hair Analysis over Decades," *Washington Post,* Apr 18, 2015, www.washingtonpost.com/local/crime/fbioverstated-forensic-hair-matches-in-nearly-all-criminal-trials-for-decades/2015/04/18/39c8d8c6-e515-11e4-b510-962fcfabc310_story.html.
19. Spencer S. Hsu, "Santae Tribble Cleared in 1978 Murder Based on DNA Hair Test," *Washington Post,* Dec 14, 2012, www.washingtonpost.com/local/crime/dc-judge-exonerates-santae-tribble-of-1978-murder-based-ondna-hair-test/2012/12/14/da71ce00-d02c-11e1-b630-190a983a2e0d_story.html; "North Carolina Man Convicted Based on Erroneous Microscopic Hair Evidence Exonerated after Wrongly Serving 25 Years," Innocence Project, Mar 2, 2016, www.innocenceproject.org/north-carolina-man-convicted-based-onerroneous-microscopic-hair-evidence-exonerated-after-wrongly-serving-25-years; George Graham, "After 30 Years in Jail, George Perrot of Springfield Freed after Rape Conviction Overturned," Mass Live, Feb 11, 2016, www.masslive.com/news/index.ssf/2016/02/george_perrot_springfield_man.html。
20. "General Information," National Commission on Forensic Science, www.justice.gov/ncfs（瀏覽日期 2016/05/19）。

21. Spencer S. Hsu, "Sessions Orders Justice Dept. to End Forensic Science Commission, Suspend Review Policy," *Washington Post,* Apr 10, 2017, www.washingtonpost.com/local/public-safety/sessions-orders-justice-dept-to-endforensic-science-commission-suspend-review-policy/2017/04/10/2dada0ca-1c96-11e7-9887-1a5314b56a08_story.html?utm_term=.346af0d125aa.
22. "Ohio Enacts Historic Reforms," Innocence Project, Apr 5, 2010, www.innocenceproject.org/ohio-enacts-historic-reforms. 也可參見 Alana Salzberg, "Ohio Passes Major Package of Reforms on Wrongful Convictions; Governor Is Expected to Sign Bill, Making Ohio a National Model," Innocence Project, Mar 16, 2010, www.innocenceproject.org/ohio-passes-major-package-ofreforms-on-wrongful-convictions-governor-is-expected-to-sign-bill-makingohio-a-national-model。
23. Michael J. Naples, *Effective Frequency: The Relationship between Frequency and Advertising Effectiveness* (New York: Association of National Advertisers, 1979).
24. Conviction Review Unit, *Brooklyn District Attorney's Office,* http://brooklynda.org/conviction-review-unit（瀏覽日期 2016/05/19）。
25. Noah Fromson, "Conviction Integrity Units Expand beyond Texas Roots," *Texas Tribune,* Mar 12, 2016, www.texastribune.org/2016/03/12/conviction-integrity-units-expand-beyond-texas-roo.
26. "Quattrone Center Issues National Report on Best Practices for Conviction Review Units," 新聞稿，Penn Law, University of Pennsylvania Law School, Apr 28, 2016, www.law.upenn.edu/live/news/6125-quattrone- enter-issues-national-report-on-best#.VzEdGGDtye4。

國家圖書館出版品預行編目資料

審判的人性弱點：美國前聯邦檢察官從心理學與政治學角度解讀冤案成因
馬克・戈希 Mark Godsey 著　堯嘉寧 譯
初版. -- 台北市：商周出版：家庭傳媒城邦分公司發行
2021.02　面；　公分
譯自：Blind Injustice: A Former Prosecutor Exposes the Psychology and Politics of Wrongful Convictions
ISBN 978-986-477-975-8（平裝）

1. 刑法 2. 司法制度 3. 美國

585.952　　109020834

審判的人性弱點：美國前聯邦檢察官從心理學與政治學角度解讀冤案成因

原文書名／Blind Injustice: A Former Prosecutor Exposes the Psychology and Politics of Wrongful Convictions
作　　者／馬克・戈希Mark Godsey
譯　　者／堯嘉寧
責任編輯／陳玳妮
版　　權／黃淑敏、劉鎔慈

行銷業務／周丹蘋、黃崇華
總 編 輯／楊如玉
總 經 理／彭之琬
事業群總經理／黃淑貞
發 行 人／何飛鵬
法律顧問／元禾法律事務所 王子文律師
出　　版／商周出版　城邦文化事業股份有限公司
台北市中山區民生東路二段 141 號 4 樓
電話：(02) 25007008　傳真：(02)25007759
E-mail：bwp.service@cite.com.tw
Blog：http://bwp25007008.pixnet.net/blog
發　　行／英屬蓋曼群島商家庭傳媒股份有限公司城邦分公司
台北市中山區民生東路二段 141 號 2 樓
書虫客服服務專線：(02)25007718；(02)25007719
服務時間：週一至週五上午 09:30-12:00；下午 13:30-17:00
24 小時傳真專線：(02)25001990；(02)25001991
劃撥帳號：19863813；戶名：書虫股份有限公司
讀者服務信箱：service@readingclub.com.tw
歡迎光臨城邦讀書花園　網址：www.cite.com.tw
香港發行所／城邦（香港）出版集團有限公司
香港灣仔駱克道 193 號東超商業中心 1 樓
E-mail：hkcite@biznetvigator.com
電話：(852) 25086231　傳真：(852) 25789337
馬新發行所／城邦（馬新）出版集團【Cite (M) Sdn. Bhd.】
41, Jalan Radin Anum, Bandar Baru Sri Petaling,
57000 Kuala Lumpur, Malaysia.
Tel: (603) 90578822 Fax: (603) 90576622
Email: cite@cite.com.my

封面設計／李東記
排　　版／極翔企業有限公司
印　　刷／韋懋實業有限公司
經 銷 商／聯合發行股份有限公司
電話：(02)2917-8022　傳真：(02)2911-0053
地址：新北市 231 新店區寶橋路 235 巷 6 弄 6 號 2 樓

■ 2021 年 2 月 3 日初版　　Printed in Taiwan
■ 2023 年 7 月 14 日初版 2 刷
定價 480 元

城邦讀書花園
www.cite.com.tw

ISBN 978-986-477-975-8

商周出版

廣　告　回　函
北區郵政管理登記證
北臺字第000791號
郵資已付，免貼郵票

104　台北市民生東路二段141號2樓

英屬蓋曼群島商家庭傳媒股份有限公司城邦分公司　收

請沿虛線對摺，謝謝！

商周出版

書號：BJ0083　書名：審判的人性弱點　編碼：

請於此處用膠水黏貼

商周出版

讀者回函卡

感謝您購買我們出版的書籍！請費心填寫此回函卡，我們將不定期寄上城邦集團最新的出版訊息。

不定期好禮相贈！
立即加入：商周出版 Facebook 粉絲團

姓名：＿＿＿＿＿＿＿＿＿＿＿＿ 性別：□男 □女

生日：西元＿＿＿＿年＿＿＿＿月＿＿＿＿日

地址：＿＿＿＿＿＿＿＿＿＿＿＿

聯絡電話：＿＿＿＿＿＿＿＿ 傳真：＿＿＿＿＿＿＿＿

E-mail：

學歷：□ 1. 小學 □ 2. 國中 □ 3. 高中 □ 4. 大學 □ 5. 研究所以上

職業：□ 1. 學生 □ 2. 軍公教 □ 3. 服務 □ 4. 金融 □ 5. 製造 □ 6. 資訊
□ 7. 傳播 □ 8. 自由業 □ 9. 農漁牧 □ 10. 家管 □ 11. 退休
□ 12. 其他＿＿＿＿＿＿＿＿

您從何種方式得知本書消息？

□ 1. 書店 □ 2. 網路 □ 3. 報紙 □ 4. 雜誌 □ 5. 廣播 □ 6. 電視
□ 7. 親友推薦 □ 8. 其他＿＿＿＿＿＿＿＿

您通常以何種方式購書？

□ 1. 書店 □ 2. 網路 □ 3. 傳真訂購 □ 4. 郵局劃撥 □ 5. 其他＿＿＿

您喜歡閱讀那些類別的書籍？

□ 1. 財經商業 □ 2. 自然科學 □ 3. 歷史 □ 4. 法律 □ 5. 文學
□ 6. 休閒旅遊 □ 7. 小說 □ 8. 人物傳記 □ 9. 生活、勵志 □ 10. 其他

對我們的建議：＿＿＿＿＿＿＿＿＿＿＿＿

請於此處用膠水黏貼